トレルチとドイツ文化プロテスタンティズム

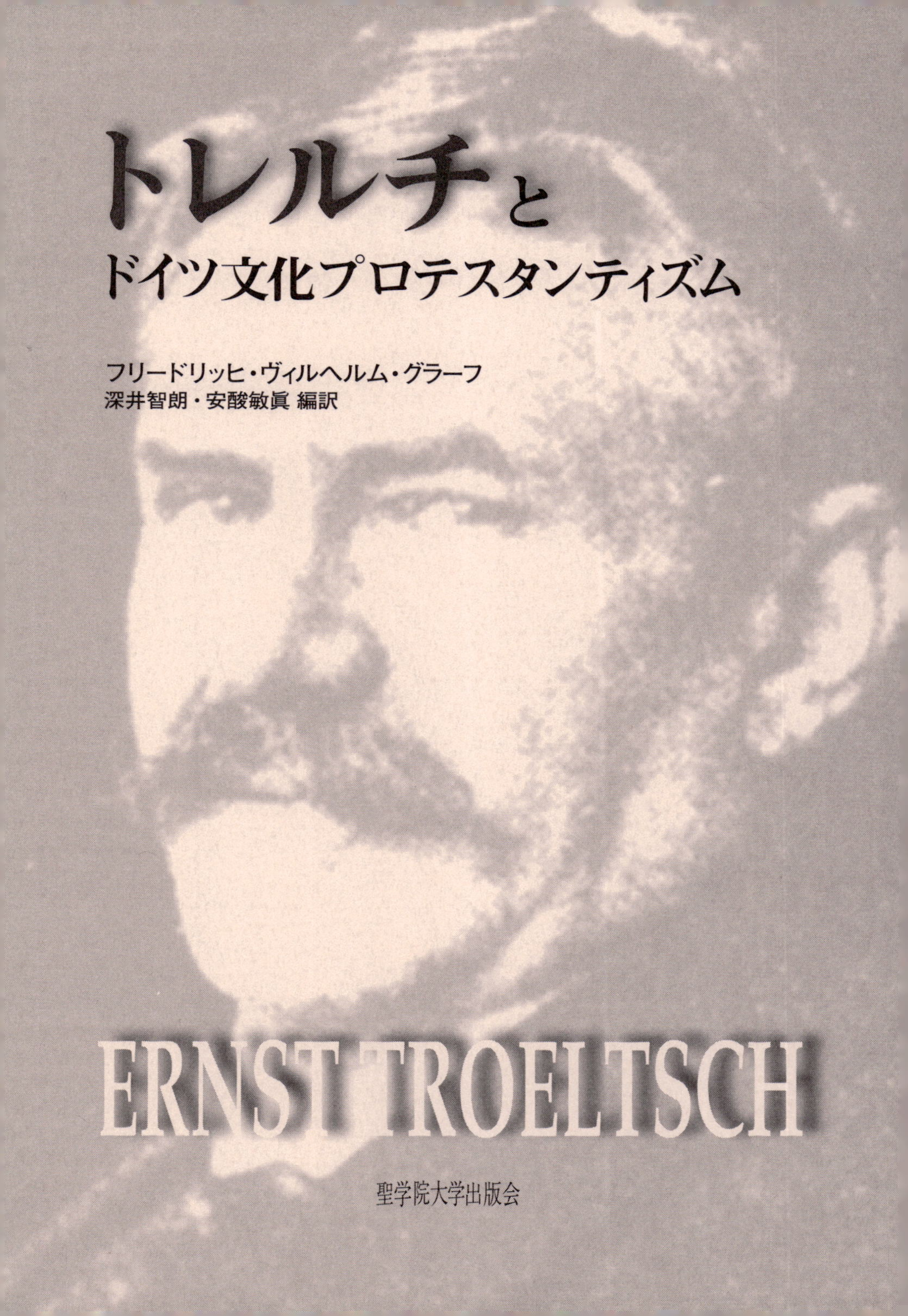

フリードリッヒ・ヴィルヘルム・グラーフ
深井智朗・安酸敏眞 編訳

ERNST TROELTSCH

聖学院大学出版会

目　次

序論 自由主義文化プロテスタンティズムのアクチュアルな意義について

わたしは自由主義文化プロテスタンティズムの伝統を研究しているが、それはわたしが自分を「自由主義神学者」として理解しているからである。自由主義神学の豊かな伝承は、近代世界におけるキリスト教の現代的状況をよりよく分析することができるための、ひとつの重要な助けを提供するものである。自由主義神学がわたしを魅了するのは、キリスト教信仰の真理を近代的な、個人の自由を促進する仕方で、定式化しようとする試みが、ここでなされたからである。しかしわたしはこの神学的伝統の限界もわきまえている。ドイツにおける自由主義文化プロテスタンティズムの歴史に関するわたしの研究は、批判的衝動によって規定されている。魅力ならびに批判はわたしの伝記的背景とある程度関係している。わたしは生粋の西ドイツ人の第一世代に属している。この世代は特別な仕方で知的態度決定をするよう迫られていた。彼らは「極端な行為の時代」（エリック・C・ホブスバウム）のドイツ史の破局と取り組み、国家社会主義者の躍進と勝利に対する解釈を展開しなければならなかった。

自由主義的伝統の研究はわたしの世代にとっては特に重要であった。その際、いずれにせよわたしの知的伝記においては、まずイギリスとアメリカの自由主義の古典的理論家たちが前面に立っていた。ウィリアム・ジェームズから近代的多元主義について教訓を得たり、アイザイア・バーリンの『自由の二概念』（一九五八年）を読むことは、解放的な経験であった。ずっと後になってからはじめて、わたしはミュンヘンの有名な神学者トゥルッツ・レントルフの影響下で、ドイツ文化プロテスタンティズムの伝統を知るようになった。F・D・E・シュライアーマッハー、F・C・バウル、D・F・シュトラウス、A・フォン・ハルナック、そしてとりわけE・トレルチといった神学者たちがわたしにとって大きな意義を獲得したが、それは彼らがキリスト教信仰を、近代自由主義社会に対するその基本的意義において、明らかにしようと試みたからである。まさにエルンスト・トレルチは、とりわけ『傍観者=書簡』ならびにワイマール共和国初期の他の文献において、自由主義的宗教的文化と近代議会制民主主義との間の連関を、繰り返し主題的に論じた。議会制民主主義は、その諸制度に対する積極的同意のエートスを頼みとしている。しかし議会制民主主義は、自分でこのエートスをつくることができず、またつくることが許されない。むしろそれは、教会やその他の宗教的共同体を頼みとしている。この意味において、自由主義文化プロテスタンティズムの研究は、わたしにとって政治的次元をも獲得した。すなわち、開かれた多元主義的社会ならびに議会制=民主主義の法治国家において、個人の自由を強化するために利用することができるような、ドイツ・プロテスタンティズムの諸伝統を批判的に再構成して自己化することが、わたしにとって肝要であった。

ドイツにおける自由主義神学の歴史を研究するなかで、わたしはある逆説的な事態に気づくようになった。一九七〇年以降、アメリカやイギリス、さらにまた日本の多くの神学者たちが、ドイツ文化プロテスタンティズムに関する重要な学位論文や学術論文を出版してきた。ドイツ国外の神学者たちは、F・D・E・シュライアーマッハー、A・リッチュル、W・ヘルマン、A・フォン・ハルナック、あるいはE・トレルチ級の宗教的自由主義の古典派をここに見いだすことができるという理由で、一八世紀以後のドイツ語圏のプロテスタント大学神学の歴史を好んで研究しているように思われる。実際、自由主義的な宗教的伝統は、とりわけドイツ教養市民階級の価値の方向性と生活態度に深い印象を及ぼした。

だからといって、ドイツは自由主義的な思惟の伝統が濃厚な国と見なされることができるであろうか。これについては疑念を挟むことが許されている。神学の外部では、ドイツは外国の観察者たちにとって、他のヨーロッパ社会にくらべて自由主義的な伝統が著しく貧弱に発展した国として現れる。政治学者、経済学者、社会学者、歴史学者たちは、通常ドイツのなかに決まりきって、自由主義的な理論よりも権威主義的な政治的思惟形式のほうがはるかに強い影響力をもった国を見る。政治学者たちはおおむね一致して、大抵のドイツの政治理論家は強度の官憲国家のモデルを構想した、ということを確信している。ドイツの政治的思惟においては、「普遍的なもの」――例えば、ルター主義的社会倫理における公共の福祉とかG・W・F・ヘーゲルの客観的精神など――が個人の自由の権利や市民的関与よりもはるかに高く評価されたという彼らの仮定に対しては、一九世紀のプロテスタント神学者たちの社会倫理のなかにも、それを裏づける多様な証拠が存在している。さらに強硬なのは世界中の経済学者たちで、彼らはドイツが伝統的には適切な自由主義をもたない国であったということを出発点としている。近代資本主義のさまざまな類型に関する現今の議論においては、いわゆる「ライン資本主義」とかドイツの「社会的市場経済」は、経済人の自由な活動範囲がいろいろな協調組合制度や多くの法的規制によって非常に強く制限される、ひとつのモデルであると見なされている。純粋な市場経済、競争資本主義、ならびに新自由主義は、大半のドイツ人にとっては相変わらず、彼らが道徳的理由から社会的平和のために拒絶するところの概念である。このように自由主義文化プロテスタンティズムの伝統を想起することは、多くのドイツ人が自由主義的な思惟形式に対して今なお感じる隔たり感を克服するのに役立つ、という意義をも有している。

二一世紀の神学研究に対するドイツ自由主義神学の永続的意義は、どのように叙述されうるであろうか。この問いに答えるためには、まず「自由主義神学」(liberale Theologie) の概念がより詳しく規定されなければならない。

どのような神学が「自由主義的」と見なされうるのであろうか。自由主義神学と非・自由主義神学との相違はいかなる点に存しているのだろうか。一八、一九、あるいは二〇世紀の神学の一定の綱領ないし立場を「自由主義神学」として判定しうるために、どのような判定基準をわれわれは自由に使えるのだろうか。二一世紀の幕開けにいるわれわれは、ドイツ自由主義神学の伝統から何を学ぶことができるだろうか。わたしはこうした問いに対する答えを、四つのステップを踏んで展開したいと思う。しかる後、わたしは五番目のステップにおいて、まさに日本人がトレルチの自由主義文化神学に興味を抱いている所以は何かという問いについて、自分なりの見方を略述することになるであろう。

1. 学際的な「キリスト教文化科学」としての神学

一九〇〇年頃には、ドイツ語圏のプロテスタント神学における討議は、他の「文化科学」(Kulturwissenschaften)の議論と密接に結びついていた。プロテスタント神学者たちは新しい「歴史学的な思惟様式」がしっかりと根を下ろすのに重要な役割を演じた。このことはエルンスト・トレルチに特別にあてはまる。トレルチは「歴史主義」(Historismus)ということで、言語、政治制度、宗教的伝承、ならびにあらゆる種類の文化的対象についてのわれわれの感得を徹底的に変革した、近代特有の思惟の革命を理解した。一九世紀には自由主義プロテスタント神学は、精神科学ならびに文化科学のこのような革命的改造の重要な一部であった。なぜなら、自由主義神学者たちは、キリスト教伝承の現状を分析しそれを自分のものとする際に、批判的な歴史記述の場でそのつど妥当な、近代的基準に定位しようと欲したからである。歴史学的方法論に関するあらゆる問いにおいて、時代の頂点に身を置いていることは、彼らにとって自分たちの神学的綱領の中心的表現であった。

自由主義神学者たちは一八世紀に、歴史的・批判的方法に従って釈義的部門を営むことに着手した。彼らは教義についての批判的な歴史を書き、また福音書や教会の教えが正しいことを単純かつ無批判的に認めようとはせず、むしろ自分たちの自律的理性に従って読もうとした。一九世紀になると彼らは、歴史家や他の分野の文化科学者たちと共同で、歴史的研究の新しい方法を発展させることに、全力を傾けて関与した。例えば、彼らは教会史ならびに教義史の叙述を、社会史、民族学、あるいは「文化史」などの問いかけに門戸を開いた。かくして彼らは神学をひとつの歴史学的・解釈学的な「キリスト教文化科学」（Kulturwissenschaft des Christentums）に改造したが、かかる「キリスト教文化科学」は教義学的規範性を生み出すのではなく、生きられた信仰をその歴史性において反省することを意図していた。キリスト教的敬虔が生みだした文化の多様性を受け入れる心の準備もこのことに含まれていた。この点でもエルンスト・トレルチの諸研究は高度の重要性を有している。なかんずく『著作集』第二巻に収録されている、「現代の宗教的状況」についての無数の研究において、彼は近代の宗教的多元主義とキリスト教の個性化を厳粛に受けとようと努めた。まさにこのように宗教的経験と倫理的指針の近代的多元主義に対して開かれている点で、彼の諸研究は二一世紀の多宗教的社会における錯綜したごた混ぜ状態をよりよく理解するために大いに役に立つ。宗教的基本態度の大変な多様さを公正に評価しようとするトレルチの試みは、日本の社会における宗教的多元主義の解釈にとっても興味を引くであろう。

2.「自由主義神学」の概念の歴史について

神学的方向標識の歴史はやっと不十分に探究されたばかりである。けれども「自由神学」（freie Theologie）と「自由主義神学」（liberale Theologie）の概念については、さしあたり若干の相違がある。両概念とも一七七〇年と一七八〇年の間に、神学は啓蒙主義の伝統に対してどの程度身を開くことが許されているか、という問いをめぐってなされた討論のなかでつくり出された。ハレで教鞭をとっていた「ネオローゲ」（Neologe）——これは一八世紀後半には、「古生物学《パレオントロギー》」（Paläontologie）ないし伝統的な教義学的神学概念を拒否した、穏健な神学的啓蒙主義者の自己描写であった——のヨーハン・ザロモ・ゼムラーは、一七七四年に、いかなる教義学的前提にも制約されない純粋に歴史学的な新約研究を、「リベラーリス・テオロギア」（liberalis theologia）と名づけた。かかる「リベラーリス・テオロギア」はキリスト教を理性的宗教ないし純道徳的宗教へと完成し、また古びた教義と信条書を盾にした「教会的キリスト教」（Kirchenchristentum）に対して、敬虔な個人の「私的キリスト教」（Privatchristentum）を正当化するために役立つ筈であった。啓蒙主義の正統性をめぐる論争のなかで、「リベラーリス・テオロギア」は、一八世紀の七〇年代後半および八〇年代に、ネオローゲたちやイマヌエル・カントの神学的信奉者たちにとっての党派名になった。自由主義神学のこうした初期の代表者たちは古い信条への拘束を緩め、教会の内部で大学における教育の自由のために闘おうとした。彼らはまた原罪、予定、キリストの代理的な刑罰受苦などによって規定された教会信仰を、創造神、道徳的自律性、霊魂の不死に対する普遍的な理性信仰によって解消しようとした。「自由主義神学」はかくして二重の響きを獲得した。すなわち、この概念は古い教義に隷属している状態からの解放に対する綱領的な中心概念として役立った。カントを信奉する多くの神学者たちにとっては、「リベラーリス・テオロギア」は「（実践的）理性の自律性」の神学的強化と同義的なものになった。多くの自由主義神学者たちによって、この解放的概念内容はその後政治化された。影響力の強い理性主義者たちは、一八〇〇年頃こう宣言した。「文字への奴隷状態」と「教義の強制」に対して闘う人は、言論の自由、出版の自由、そして人権をも擁護しなければならないと。

こうした理性主義者たちは、教会と国家において「プロテスタンティズムの原理」が重んじられるようにしようとした。彼らが「プロテスタンティズムの原理」ということで理解したのは、何よりもまずヒエラルキー批判、自立思考、個的な信仰の自由、国家に対する市民の政治上の基本的権利、そして自由選挙と議会を通じての国家権力への参与であった。逆に、ルター派信条主義の多くの保守的神学者たち、ないし「新正統主義的神学者たち」は、「自由主義神学」は教会批判的であるだけでなく、君主制官憲国家の基礎をも疑問に付すものであるという、自分たちの抱いている疑念の正しさが証明されたと思った。ここでは神学の衣を着て、ただ宗教的意識、敬虔な個人、あるいは近代的人間——保守派にとっては罪人の総称——が神の地位についたというのである。自由主義神学は新しい支配主体としての市民の宗教的な自己演出にのみ役立つとか、あるいはタイタン的人間の自己権限付与イデオロギーであるといった疑念は、ドイツでは三〇年代初期にいたるまでこの概念をめぐる論争を特徴づける。カール・バルトについて考えてみるだけでよい。

ゲッティンゲンの「宗教史学派」に属する神学者たちや、マルティン・ラーデの雑誌『キリスト教世界』（*Die Christliche Welt*）の周辺にいた他の神学者たちは、自分たちを「自由主義神学者」とは呼ばなかった。エルンスト・トレルチもまた自分を「自由主義神学者」とは言わなかった。彼はその概念をむしろ批判的に用い、素朴な進歩的楽観主義を奉ずる文化至福的なブルジョア神学の同義語として使った。かかる文化至福的なブルジョア神学は、プロレタリアート的社会主義の成立とか、資本主義的大衆社会において自由な人格性が危険に晒されていることなどの、時代の危機的諸経験を正しく評価できないというのである。その概念に対する彼の留保は、彼が近代の危機を確認し、それに対して高度の感受性を有していたせいである。彼は近代の主導的理想たる自律的人格性が、さまざまな種類の強制的メカニズムによって、ますます脅かされているのを見た。自ら確認した近代の「非人格的に作用する諸勢力」に対向して、彼はキリスト教の象徴的言語を宗教にむけて解明し、個人的自由の強化のために利用できるようにしようと努めた。まさにこのような意味において、トレルチはきわめて自由主義的な思想家であった。すなわち、自由を脅かす近代の諸傾向、ならびに増大する官僚主義化や資本主義経済の優勢に対する高度の感受性をもって、彼は宗教を媒介にして個々人の固有の権利が重んじられるようにしようとした。

3．自由主義神学の三つの体系的要素

3．1．宗教的経験の個別化

すべての自由主義神学者たちは、宗教的伝統主義ないし反近代主義を拒絶した。彼らは教会的伝承を批判的に検証する権利を強調した。彼らは教会の内部におけるさまざまな敬虔様式の比較的広範な多元主義を受け入れ、もはや教義や教会的教説への同意によってではなく、道徳的実践と能動的な隣人愛によって規定されているような、敬虔な生活のビジョンを定式化した。彼らは信仰のあらゆる問いにおいて個人が自己規定することと、教会の内部においても良心の自由を主張する権利を強調した。自由主義神学者たちは、個人の経験を真理解明のための決定的な

場所として厳粛に受けとめようとした。ひとは彼らの自律的人格性の理解に含まれている、若干の共通要素を挙げることができる。すなわち、伝統的権威の後見からの解放、厳しい自己修練による個人的アイデンティティの確立、神との結びつきを意識した人格性への形成、価値と理想に結びついた積極的自由の強調などである。宗教はつねに彼らにとって、人格性を構成する決定的要素であった。だがこのような宗教的経験は、まさに個人の個性、「自分の内的生活」（ヴィルヘルム・ヘルマン）、あるいは個人的「内面性」と結びついているべきであった。宗教的経験と個人としての自己把握とのこのような結合において、自由主義神学者たちは原理的な宗教的多元主義を正当化した。すなわち、どのキリスト者も自分なりの私的な信仰をもっており、この信仰は二次的にはじめて――個人的な信仰を形成するための可能性の条件として――宗教共同体に関係づけられている。これに関しては、シュライアーマッハーの一七九九年の『宗教論』と並んで、トレルチのさまざまなテクストもひとつの古典的実例である。

3．2．教義学の代わりに信仰論

個人の宗教的経験の強調に基づいて、自由主義神学者たちはいかなる教会的教義学も書かず、むしろいろいろな「信仰論」（Glaubenslehren）を展開した。法的拘束力をもっていると宣言された教会的教説についての規範的解釈は、宗教的経験と過去の敬虔的生との反省によって解消される。自分の教派のアイデンティティを教義学的に定義するやり方は、啓蒙主義以降、普遍的宗教概念に基礎づけられた、超教派的な「キリスト教の本質」についての宗教哲学的解説に取って代わられる。本質概念においては、自分の伝統の特殊性と同時に、あらゆる唯一神教的特徴をもった敬虔の基本的な根本的一致が叙述されるべきである。かくして自分たちの信仰共同体の教義学的絶対性の要求を批判することと、他の教派や宗教に対して開かれた態度を取ろうと骨折ることが、自由主義神学者たちに特徴的である。しかし大抵のドイツのプロテスタント自由主義者たちは、キリスト教信仰が他宗教に比較して文化的・実践的な最高価値を有している、との主張を放棄しなかった。プロテスタンティズムは自由と人格性の宗教であるので、それは近代的な個性文化の普遍的宗教にならざるを得ない、というのである。ごく少数の自由主義神学者だけが、なかんずくベルリン時代のトレルチが、人格性の概念を迂回しておのが伝統に対してもう一度優越性の要求をする、ということを思いとどまった。おそらくトレルチは日本の神学者や文化科学者にとって、キリスト教の価値要求に対するこのような批判的制限ゆえに、興味を引くであろう。

3．3．教会的神学に代わって文化神学

ドイツ文化プロテスタンティズムの自由主義神学は、教会的神学とのはっきりとした対比において、「文化神学」（Kulturtheologien）として構想されたものである。自由主義神学者たちは、教派的教会の教義学的同質性をもはや強化することを欲せず、むしろ何にもまして近代の社会的多元主義を宗教的に統合することを欲した。競合する世界観的陣営へと分裂すればするほど、近代市民社会は宗教的な基本同意をますます必要とするというのである。かかる基本同意は理性的な、普遍的拘束力をもった、キリスト教的な人間性の信仰の基礎の上にのみ見いだされうる、と言われた。このような理性的なキリスト教はプロテスタント的伝統によって決定的に規定されたので、大半の自由主義文化的神学者たちは、思想を異にする者たちに対して寛容で開かれていたにもかかわらず、高度の構造的な狭量を含んでいた。彼らが描いた神の国はきわめてよく秩序づけられた社会であった。「近代文化の危機」を診断すればするほど、より多くの自由主義神学者たちは、個人の自由が「共同体」ないし「文化国家」の下位に位置づけられたような、新しい統合のモデルが真実であることを宣誓した。自由が徹底的に消極的な自由として考え

られた場合——そして若干の厳格なカント主義者たちはこの心備えがあった——にのみ、これを防ぐことができた。トレルチもこの点では特徴的な揺れをみせていた。すなわち、カント哲学と徹底的に取り組みながらも、彼は倫理的研究においては、積極的な自由概念を発展させようとした。

4．自由主義神学の政治的＝文化的レリヴァンス

近代ドイツ神学についてのわたしの見方は、自由主義的な政治制度は極度に心もとなく危険に晒されており、そして民主主義は長期的には市民に内的に欲せられる場合にのみ機能することができる、という経験によって強く特徴づけられている。共産主義の独裁制が急速に崩壊して以来、今日のヨーロッパにおけるわれわれは、正常に機能する民主主義的秩序の条件下で暮らしている。そのかぎりではわれわれはまた、自由主義的な原理が政治的目的を達成した条件下でものを考えている。自由主義的思考は政治的にも、文化的にも、宗教的にも、その目的を達成した。以前はただ学問的な関心を引いただけのもの、つまりキリスト教の他宗教に対する関係は、今日ではすべての西洋社会の内部的問題、つまり多くの保守主義者たちですら自由主義的な手段を用いて取り扱おうとする問題になっている。そのかぎりでは、ひとは次のように問うことができる。自由主義原理一般が広範に目的を達成した後、なぜひとはかつてそのような達成のために立案された自由主義理論を思い起こすべきなのだろうか。今日の三つの問題を取り上げて、なぜ今日自由主義文化プロテスタンティズムの伝統を思い起こす必要があるのかを解明してみたいと思う。

4.1. 開かれた社会の自由主義的法治国家は、自由主義的宗教の資源を必要とするか?

七〇年代に急激な近代化の波が押し寄せ、資本主義が急速に世界的に広まって以来、社会の近代化がもたらす高い社会的負担に関する議論が、あらゆる複合的社会のなかで強められて行なわれている。文化的多元化の新しいプロセス、すなわち生活様式の個性化と、非キリスト教住民グループのあらゆる西欧諸国への移民は、何が共同体の内的連関を保証するかというあらゆる政治理論の根本的な問いに、新たなアクチュアリティを調達した。新自由主義者とコミュニタリアンとの間の論争においては、つまるところは、カント主義者とヘーゲル、シュライアーマッハー、トレルチといった客観的文化財の倫理学の支持者との間の古い論争が、新しい言語を用いて継続されているにすぎない。「社会資本」、「市民社会」、中間的機構、そして新たな「第三の道」に関するあらゆる論議において、その核心で問題となっているのは以下のような問いである。すなわち、自由市民の開かれた社会は法によってのみ統合されることができるのだろうか。それとも「合法性」ないし法への服従ということを超えて、さらに道徳的実質、客観的精神、共同体的エートス、「社会資本」の資産、客観的文化価値、あるいはこれをどう名づけるにせよ、何らかのそうしたものが必要なのだろうか。倫理的思考のドイツ文化プロテスタンティズム的伝統を背景として、上記の二者択一は次のように定式化することもできる。徹底的な自由主義者たちは、イマヌエル・カントとともに、「合法性」と「道徳性」を区別し、そして市民の宗教的心情と道徳的方向づけは自由主義国家にいかなる関係もあってはならない、と主張してきた——つまり、個人の自由の保護と政治組織の自由主義的特質のためにである。これに対して財の倫理学者たちは、(とりわけカント実践哲学のいわゆる「形式主義」に対する批判を通して)、自由主義的共同体は自分で生み出すことのできない諸前提に、例えば市民が喜んで市民的参与に身を投ずる心構えがあることなどに、基礎を置いていることを指摘した。ドイツの自由主義神学がアクチュアルなレリヴァンスを有しているのは、国家は持続して正常に機能することができるために、宗教を、より厳密には、一定の性質の宗教を必要とするかどうかという問いが、一八世紀末期以降ここでつねに論争されたからである。先鋭化して定式化すれば、自由主義国家は市民の間に自由主義的な考え方を生み出すことができるように、自由主義的な宗教を必要とするだろうか。自由主義者は政治的体制の自由主義的特質を保持するために、自分たちの文化価値に対して優位性を主張しなければならないのだろうか。したがって、自由主義的価値の資産を「中心文化」として推奨しなければならないであろうか。

社会的な近代化は、一八世紀後半以降すべてのヨーロッパ社会において、伝統の減退、古来の風習の破壊、伝統的社会道徳の侵食という現象に随伴されてきた。それゆえ、ポスト伝統主義的社会における道徳と市民的徳性は、名うての乏しい財である。かかる事態は心もとなく政治的に危険である。近代社会はさまざまな新しいリスクに脅かされている。近代社会はだからこそ、まさに機能的エリートにおいて、高度の道徳的な自己省察能力を必要とする。行動の可能性が大きければ大きいほど、人間の道徳的自己限定の必要もますます大きい。ところが伝統的な道徳的資源は、近代化の進展によって永久に解体される。ひとはこのような近代化の逆説を、ひとつの定式に要約することができる。すなわち、徹底的に近代的な社会は、きわめて高度の自己規定ないし自律的生活態度を個々人に要求する。しかしそのような社会は、自律的生活態度にいたる内的潜在能力を形成するための、制度や社会的条件をまだほとんど備えていない。

民主主義的憲法をもった開かれた社会は、それゆえ中間的な道徳的機関を必要とする。それは継続的な道徳的消耗がそこで食い止められるような、諸々の機構や制度を必要とする。道徳的伝統を想起し更新するそのような諸制度は、ヨーロッパ社会においては、まず教会とその他の宗教共同体である。それぞれの特殊な宗教的伝承と道徳的伝統への共通の思い出によって規定されている「道徳的共同体」(moral communities) においてのみ、自由主義社会がなりふり構わぬ個人の単なる戦場へと腐食するのを防ぐような、永続的な市民的徳性は形成されうる。したがって、われわれの乏しい宗教的・道徳的伝統の資産を軽はずみに破壊することは、政治的に破滅をもたらすであろう。あらゆるソフトウェアと同様、道徳的伝統は最高にもろい財なのである。

自由主義者はなんぴとをも教会に強要したり、市民宗教的信条を義務づけたりすることを欲しない。しかし彼らは自らに問うてみなければならない。自由民主主義は、市民の政治的責任を負う心構えや、公共心や、法に服従する心構えなどを強める宗教的伝統もまた社会のなかで振興される場合にのみ、将来を形成してゆく力をもつのではないかと。市民が自由主義的な政治秩序の法的基礎を、それぞれ個別的な仕方で、保証し強める心構えができていないような社会では、議会制民主主義の政治的形式は結局は成功する見込みがない。自由主義国家は、その自由主義的特質ゆえに、このような市民の個別的同意を自分で生み出したり、保証したりしようとはしない。そのかぎりでは自由主義国家は、基本的な仕方で、宗教共同体ないし他の「道徳的共同体」を頼みとしている。つまり、個々人が自由と人生の成功についてのさまざまな設計図をその内部で実現することができるような、制度的秩序に対する積極的な同意のエートスを伝承する共同体を頼みとしている。もしこのテーゼが正しいとすれば、ドイツ自由主義神学の伝統のなかには、略述された連関をより詳しく叙述するための、非常に多くの興味深い思想像が見いだされる。論議の決定的な点は、その場合自由概念の構造に関する問いである。消極的な自由として考えられるとき、自由は十分に規定されているだろうか。自由は積極的な自由として考えられなければならないのだろうか。しかしアイザイア・バーリンが指摘したように、ここにはあらゆる狭量なイデオロギーへと誘う誘惑者が待ち伏せしてはいないだろうか。

4．2．自律的人格性

ドイツの自由主義神学者たちの宗教理論と倫理学的綱領は、たとえどんなにまちまちであろうとも、自律的「人格性」を力を込めて高く評価する一点において一致していた。「人格性」となることはきわめて骨の折れるプロセスであると見なされた。ひとは自己を陶冶し、厳格に道徳的原理に則して自分の生活態度を整え、たえざる省察ないし自己主題化のプロセスにおいて、自分が自律的な主体であることを証明しなければならなかった。

おそらくドイツ自由主義プロテスタンティズムのいう「人格性」は、まだ初期近代人の始祖鳥のごときものにすぎない。二一世紀のはじめに、われわれは大抵のヨーロッパ社会やアメリカ合衆国において、いずれにせよまったく別のタイプの自由人について語っている。グローバル化の文脈において、われわれは「しなやかな自我」(flexible self) を要求する。さもないとわれわれは、消費・情報社会のなかで安定した自我のアイデンティティが快楽主義的任意性、市場への適応、あらゆる種類の不一致によって剥がれてしまった状況下で、文化批判的に苦しむことになる。ポストモダンの人間は、仕事の世界から恋愛と性欲の世界にいたるまで、生活の多くの市場において成功した「自立的企業家」であることができる。しかし彼は曖昧さこそが最も重要であることを知っている。彼は自分の人生をきっぱりと確定的に規定するような、いかなる確固たるアイデンティティも確立しようとしない。彼はインターネット・サーフィンに興じ、四十局ものテレビ番組のチャンネルを素早く切り替え、自らのもろいパッチワーク的アイデンティティをしょっちゅう新たにいじくり回し、新しいトレンドやチャンスに適応するために、わが身を開いておく。彼は少々享楽志向的であったり、少々憂鬱気味だったり、しばしばかなり鬱ぎ込んでいたり、ときにはまた少々宗教的な気分になったりもするだろう。しかし彼は「杓子定規な人間」になるつもりはたしかになく、あらゆる起こりうる骨折りや否定的経験を、自分の勉強のため、あるいは個人的に「成熟する」ために、わが身に引き受けようとする。カントを読むことはたしかに知的には面白かろう。しかしカントを生きることは限りなく骨が折れる。

人格性の構造の変化は最近では、心理学者や社会学者やその他の文化解釈者の流行テーマにまで昇進した。ポストモダンのパッチワーク的アイデンティティについての彼らの分析が正しければ、古きドイツの自由主義的な「人格性」はこの点で新しい興味を獲得する。すなわち、後期資本主義のしなやかな人間もまた、さまざまな文脈においてその都度まったくさまざまに自己を表現したり適応したりすることのできる、あのような自己演出の高度の可変性を可能にする究極的な「背景的確かさ」を必要としないだろうか。諸宗教の象徴的言語は依然として、究極的確かさとあらゆる急速な変化のなかで安定した秩序枠とを保証するための、決定的な言語ゲームであろうか。もし発展した近代の、徹底的に多元主義的な社会において、大半の個人が徹底的な偶然性をますます強く経験しているとすれば、その場合、個人は人生の廃棄できない偶然性に対して宗教を媒介にして建設的態度をとることができる、という古いドイツの自由主義的な解釈は、重要さを増すだろうか。

4.3.「ドイツ精神と西欧」

ひょっとすると「文明の衝突」(clash of civilizations)が起こるかもしれないという論議が、目下、世界中で行なわれている。その際、いろいろな社会の非常にさまざまな宗教的、哲学的、文化的相貌によって与えられた、倫理学的相違もまた新しいアクチュアリティを獲得している。エルンスト・トレルチがこの論議にとって新しいアクチュアリティを獲得するのは、彼が一方の「ドイツ精神」と他方のフランスとイギリスの政治=哲学的文化との間の国民文化的相違を分析したからである。まさしくヨーロッパ統合の過程において、われわれは一方の西欧的思想家たちと他方のドイツの知識人たちとの間にいまなお存在しているような、あの知的文明の衝突に対する高度の感受性を必要としている。応用倫理学の多くの根本的論議において、イギリスの思想家たちはドイツの研究者たちとは著しく異なった論拠を示す。カントの影響を非常に強く受け、したがって最近の構造主義的理論を厳粛に受けとめる努力をしている批判的知識人としてのわたしには、他者の像は自己像ないし自己演出と同じようにつくられ、組み立てられている、ということが意識されている。しかしひとはまた、われわれが多くの政治的に重要な倫理的討論を根本的に異なった合理性のコンセプトの条件下で行なっているということも、理解しなければならない。一例として、生命倫理の分野においてわたしの目を魅了する哲学的＝神学的な基礎的論争を挙げてみよう。すなわち、人格のコンセプトをめぐる論争がそれである。イギリスやアメリカの功利主義者たちは、多かれ少なかれカントの影響を強く受けたドイツの倫理学者とはまったく異なった仕方で、「人格の尊厳性」を解釈する。誰が人格であるのか、何が人格性の有無を判定する基準であるのか、そしてわれわれは一定の条件下の人間においては、いずれにせよ多くのイギリスの生命倫理学者の理解に従えば、彼らは（もはや）人格とは見なされないのであるから、殺人のタブーを相対化してもよいのか、といった問いに関しては、彼らはお互いの伝統が異なっているせいで共通の表象をもっていない。一緒に成長してきたヨーロッパにおいてすら、人格をジョン・ロックとともに「認識能力」(competence of recognition) として理解するか、それともカントとともに「道徳的自律性」(moralische Autonomie) として理解するかということに関しては、いまなお際立った根本的な相違が存在する。イギリスの自由主義思想家とドイツの自由主義者は、この点では非常に異なった種族に属している。われわれがヨーロッパの国境を越えて、例えばアジア社会をともに考察の対象に編入するときには、倫理的指針の模範に関する相違はさらに大きくなる。

宗教的伝統がまったく異なっているために、ここでは人格ならびに個人と社会の分類についても、各々特有のコンセプトが定式化されている。

現代の状況は基本的な逆説によって特徴づけられている。資本主義のグローバル化は一方では新しい情報技術と結びついて、世界の新しい経済的・技術的同質化へと導かれる。さまざまな世界各地と社会が大きくなって経済的・技術的にひとつの「世界社会」になればなるほど、しかし他方では文化の多様性と宗教的・道徳的伝承のまったく紛争まみれの差異性がますます意識される。このような新たに知覚された原理的多元主義の状況において、われわれは基本的な意見の相違と永続的相違を建設的に扱う術を学ばなければならない。なぜなら、徹底的な自由主義的特質は、すべての宗教、世界観、道徳的根本態度の間にある大きな調和に誓いをたてることにではなく、多くの逸脱したり意見を異にする者たちに、他者とは異なったあり方をする基本的権利を認めることに存するからである。個別的自由を促進しようとする人は、多くの相違に耐えることができ、そして闘争の文化を発展させることができなければならない。調和ではなく紛争こそが、自由の決定的素材なのである。

5. 日本におけるエルンスト・トレルチ

二十年代後半以降、エルンスト・トレルチの数多くの著作は日本語に翻訳されてきている。一九八〇年から一九八八年にかけて、社会学者の住谷一彦氏とともにプロテスタント神学者の近藤勝彦、佐藤敏夫の両氏は、十巻本の日本語版『エルンスト・トレルチ著作集』を出版した。この著作集には神学、宗教哲学、倫理学、プロテスタンティズムの文化史に関する多数の小さなテクストと並んで、『歴史主義とその諸問題』についての本邦初の完全な翻訳も含まれている。その後一九八九年には、「日本トレルチ学会」が東京で結成された。さらにまた日本の神学者、歴史学者、社会科学者たちは、過去数年間に、エルンスト・トレルチに関する種々のモノグラフィーと多数の論文を出版してきた。

なぜ日本の知識人たちは、「古典的近代」の神学的理論家についてのかくも感銘的な、集中的な受容に従事しているのであろうか。日本のプロテスタント神学者たちのトレルチ受容については、東京神学大学で教鞭をとっている近藤勝彦が、この問いに答える努力をしている。近藤は次の点に注意を喚起している。すなわち、日本の社会は民主主義的制度を有してはいるものの、さしあたり欠陥したまま発達した民主主義的な政治文化をもった資本主義社会として理解されなければならない。日本の社会は自由主義的市民社会の理想からはまだほど遠い。そのような自由主義的市民社会は、寛容、政治的参与への心構え、公共心といったような民主主義的な意識や自由主義的徳性の形成を促進する、中間的な社会的制度や機構が存在するときにはじめて発展することができる。その場合、特別な課題が社会の宗教的制度に与えられて当然であろう。自由主義的政治文化ないし市民社会は、自由主義的特質を促進する宗教的伝統の基盤の上でのみ形成されることができる、というのである。

自由主義的市民社会の理論というこのパースペクティブにおいては、なぜ日本におけるプロテスタント神学者たちが、カール・バルトとパウル・ティリッヒの反自由主義的傾向をもった神学受容の荒波を受けた後、いまやエルンスト・トレルチの文化神学に強められた関心を抱いているのか、ということは明白である。彼らはトレルチのなかに自由主義的宗教の理論家を見てとり、日本の社会の市民社会的変革ならびに日本のキリスト教の自由主義化のために、彼が必要だと主張しているのである。日本における神学的トレルチ受容は、それゆえ「トレルチのデモクラシーの神学」に集中する。この点について、近藤勝彦は一九八九年に以下のように明言している。

「今日の日本は、自由＝民主主義的な政治理解を習得した国のひとつである。けれども日本は憲法上は議会制民主主義であるにもかかわらず、日本社会はそれに必要なエートスを歴史的に自分の手で発展させることはできなかった。民主主義的政治文化を確立するという観点では、日本にはまださまざまな不足がある。それゆえ、近代民主主義の西欧的＝ピューリタン的背景を学び、民主主義の基礎になっている中心理念を日本的文脈のために引き続き発展させることは、われわれにとって重要であると思われる。カール・バルトとパウル・ティリッヒの神学的草案は、これに関してはごくわずかな生産的刺激しか伝えてくれない。なぜなら、彼らは社会主義的な伝統に定位していたために、あるいはティリッヒの場合には、マルクス主義の古典派に定位していたために、民主主義のアングロ＝アメリカ的な歴史的背景にトレルチほど本質的な注意を払わなかったからである。まさに東欧のかつての社会主義国における興味津々たる民主化運動に目を向けると、次のような問いが今日特別の緊急性をもって提起される。すなわち、神学と教会の社会的責任を知覚するためには、社会主義的伝統かそれともトレルチの民主主義の神学か、いずれが指針を与える能力をもっているであろうか。われわれは、トレルチが仲介することのできる指針と刺激は従来まだ十分には受け入れられていないと確信している」。

自由主義的キリスト教を自らの日本文化のなかで受けとめようとするこの関心にかなっていることは、トレルチが「キリスト教の絶対性」に関する問いを扱った出版物において、西洋キリスト教の歴史的特殊性と文化的相対性を強調し、キリスト教と文化の新しい総合、ないしキリスト教的伝統の新しい文化適応を、神学的に正当なものと宣言したことである。そのかぎりでは、日本における神学的トレルチ受容は高度の内的な納得性を有している。すなわち、トレルチの「ヨーロッパ主義」（Europäismus）の理論や、キリスト教の妥当性をヨーロッパ・アメリカ文化圏に制限する彼の考えと批判的に取り組むことを通して、自由主義的キリスト教と日本の伝統との独自の「文化総合」（Kultursynthese）の可能性が開かれる筈である。だが、この「文化総合」の具体的な宗教哲学的形態については、日本の神学者と文化科学者だけが責任を負っている。ここでは西洋の知識人は、いかにして日本の研究者たちが二〇世紀初頭の一人の自由主義的思想家を知り、それを生産的に自分のものとしているかを、ただ感謝の念をもって承ることができるだけである。

なぜなら、もし宗教的経験がひとり一人の人間の取り替えのきかない個性と決定的に関わっているとすれば、その場合には個々の自我存在の固有の権利を承認する（あるいはそれを基礎づけようとする）神学もまた、個的パースペクティブにおいて自己化されるべきだからである。日本の神学者ないし社会科学者は、ドイツ文化プロテスタンティズムないしエルンスト・トレルチの文化神学がもちうる現代的意義がいかなる点に存しているかを、自分で決定しなければならない。

（安酸敏眞訳）

文化プロテスタンティズム
――神学政治的暗号の概念史について――

マンフレート・シックは、学位論文『文化プロテスタンティズムと社会問題』（一九七〇年）において、「誰が『文化プロテスタンティズム』という名称を使い始めたかをいろいろ探し出そうとしたが、残念ながら見出すことはできなかった」、と述べている。[1] ここでただちに率直にいうと、私も、この概念が成立した背景を正確に説明してまとまりのある概念史を提供することも、二〇世紀の三〇年代にかんする私の断片的な叙述を引き合いに出すこともむろんできない。このテーマについての予備研究は存在しない。そのことがすでに説明を要する事態であろう。「文化プロテスタンティズム」という語は、二〇世紀の二〇年代にはじめて弁証法神学者によってつくられた、とくりかえし主張されている。[2] これは当を得ていない。この概念の歴史は、一九一八年から一九年にかけての時期以前に遡りうる。そのさいに明らかになることは、文化プロテスタンティズム概念が、しばしば想定されているよりもはるかに多義的であるということである。

「ヨーロッパの諸民族が自らを特徴づけるにあたって用いるきわめてつかみどころのない諸概念の一つとして、文化の概念がある」。[3] 文化概念という合成語は、こうした多義性と無縁ではない。「『文化プロテスタンティズム』という術語は、説明的な目的と論争的な目的の両方にかなう名称に特有の多義性に苦しんでいる」、とジョージ・ラップは一九七七年に出版された学位論文『文化プロテスタンティズム――二〇世紀への変わり目におけるドイツ自由主義神学』(4)で書いている。しかしそれどころか、神学的不当性のカテゴリーとしてのこの概念の規範的な使用もしくは論争的な使用以外でも、「文化プロテスタンティズム」は、決して明確に定義づけられた歴史的対象を示していない。神学史の文献でこの概念は、第一にシュライアーマッハーからトレルチにいたるプロテスタント神学の全体にたいする時期概念として用いられている。(5)この概念はここで第二に、たんに特定の神学学派ないし神学的傾向、すなわちリッチュル主義あるいは『キリスト教世界』紙の周辺に集まってきたアルブレヒト・リッチュルによって決定的に刺激を受けた神学運動を特徴づける概念としても使用されている。(6)文化プロテスタンティズムは第三に、社会史的および敬虔史的カテゴリーとしても、ヴィルヘルム二世時代のドイツにおけるプロテスタント・教養市民層の価値世界を特徴づけるために用いられうる。とりわけ比較的最近の社会史の内部で、文化プロテスタンティズムはたいてい、市民に特有な規範や文化理想への伝統的なキリスト教の信仰内容の一般的な変形を意味している。すなわち、その内部で、近代資本主義によって生み出された生活秩序の条件つきの受容や、積極的な世界支配あるいは個々の人格の実際的自律性にたいする関心が宗教的に基礎づけられ正当化されている、行動の指針となるもろもろの価値観念への変形である。(7)

しかしながら、この概念が誤ってもっぱら歴史的な説明としてのみ用いられる場合にさえ、批判的もしくは論争的な意味内容が消し去られることはない。それゆえ概念史が見誤ってはならないことは、一九二〇年代の断固とした反市民階級的で、反近代主義的な神学的文化批判の特定の形態によってなされた異質なものについての知覚においてのみ明確に規定しうる、もしくは限定しうる歴史現象としてのあの文化プロテスタンティズムが存在するということである。そうだとするなら要点はむろん、文化プロテスタントとして忌み嫌われた神学者たちにたいして、批判者たちがそのさい彼らの側から、文化に信頼を寄せながらキリスト教的なものを支配的な時代精神に順応させたという異端の疑いをかけたことである。しかし、この要点を示す前に、歴史を振り返らなければならない。私はこれを五段階でなしたい。まず初めに第一部と第二部で、典型的と見なされている二つの文化プロテスタンティズムの機関を取り上げよう。すなわち、「ドイツ・プロテスタント協会」とマルティン・ラーデの自由主義ルター派の教会紙『キリスト教世界』である。第三部で、世紀の変わり目以降の新プロテスタンティズムの解体を、第四部では、一九二〇年代の神学における文化プロテスタンティズム概念の使用をとりあげよう。さらに第五部で、簡潔に文化プロテスタンティズム概念の由来についての推測を述べることになろう。

一、ドイツ・プロテスタント協会、あるいは「宗教と文化の宥和」

(a)「福音主義キリスト教にもとづき、福音主義の自由の精神をもって、またわれわれの時代の文化発展の全体と調和しながら、プロテスタント教会の再生をめざして努力するドイツ・プロテスタントのあいだで、ドイツ・プロテスタント協会という名称をもつ協会が組織される」。一八六三年に創設され、一九世紀末と二〇世紀初めのもっとも有力な自由主義プロテスタンティズムの協会組織である、この協会の規約の第一項はこのように述べている。(8) 一八六五年にアイゼナハで開かれた第一回プロテスタント大会で、ハイデルベルクの神学者リヒァルト・ローテは協会創設のねらいを「宗教と文化の宥和」(9) というスローガンで表現した。ローテはこの宥和を相互の運動として構想している。つまり、キリスト教的なものが変化するとともに、近代文化は宗教的に鼓舞されて作り変えられるべきである。伝統的で、教会的-教義的な形態をもつキリスト教を、教義が過去のものとなった時代の道徳的キリスト教に変形することは、まず第一に、社会全体におけるキリスト教の倫理的な重要性と影響力の可能性を高めるのに役立つ。「教会は……率直に、はっきりとした自覚をもって近代の文化生活と和解し、親しく交流しなければならない。けれどもここには、近代の文化生活はキリストの精神の教育的影響力に服するという明確な条件がある。教会はみずから誠実に、この文化生活をともに築く助けとならねばならない。しかも教会は、そのさいに一貫して文化生活の浄化と聖化を心がけるのである」[10]。宗教と文化の宥和にかんして、ローテはしたがって決して近代の意識へのキリスト教の単純な順応だけを意図しているのではない。現状の文化をことごとく直ちに肯定することなしに、キリスト教はふたたび中心的な文化力になるべきである。

ローテの改革の基本方針は、キリスト教的なものが社会の全般にわたってもっていた重要性がこうむった、時とともに先鋭化していく深刻な危機の経験に由来している。少なくとも教会というその制度上の形態において、キリスト教的なものは政治的にも、その担い手層にかんしても、もはや一部の人たちの立場しか代表していない。すなわち、一九世紀の三〇年代以来、それは「政治的反動と」[11]手を結び、それによって、解放をめざす自由主義的な市民層の教会との隔たりは、政治的な見解の対立にかんしても埋めようがなくなった。近代社会を発展させる推進力となる、まさにこの社会層が、教義の面で硬化し政治的に復古的な教会から疎遠になる。教会にたいする隔たりは、しかしローテにとって、根本的な反キリスト教でも宗教への全般的な敵対でもない。「われわれのドイツ福音主義の全住民の民衆や全階層が、残念ながら明らかに教会から疎遠になっているのは、教会から遠ざかった大多数の人々にとって、決してキリスト教から疎遠であることを意味しないし、ましてやいかなる宗教信仰からも疎遠になったということでもまったくないであろう。そして彼らのきわめて多くが、道徳的に、かつキリスト教的に教会に熱心な単なる習慣的キリスト教徒に勝っている」[12]。このような「教会外のキリスト教」[13]がふたたび開かれた国民教会のなかへ受容される場合にのみ、教会組織の確立したキリスト教を単なる「農民宗教」[14]に歪めてしまうことを永く押し止めるのである。

教会キリスト教の精神的、社会的、政治的な特殊性だけを、教会内部の視点で主題として取り上げることは、それ自体ローテの批判が向けられているあの社会的周辺化過程の反映にすぎないであろう。脱教会化がローテに興味をおこさせるのは、教会の存続にとってのその帰結というよりも、むしろ近代文化の内面的発展にとってのその意義においてである。近代文化が、身分、階級、党派の限界をこえて普遍的に意志疎通が可能で拘束力のある宗教的な実質からもはや統合されないならば、その場合には、社会の崩壊と倫理的な無秩序がさし迫っている。すなわち、理想的なものは現実的なものに固有のダイナミズムの犠牲になり、文化は本来の姿を見失って単なる文明になる。そして、物質的な進歩は道徳の衰退になりはてる。宗教の喪失はしたがって、近代文化全体の倫理的な方向づけを欠くことに他ならないとみなされている。それゆえ必然的に、教会に向けられた改革の要求に結びつくのは、彼らの側から宗教の文化全体におよぶ重要性に気づかせようという、教会から疎遠になった教養人への呼びかけである。「あなたがたは宗教、キリスト教、教会の意義と現実の力を正当に評価することを学ばなければならない。……あなたがたは、道徳的な共同体はそもそも宗教を欠いては基盤と魂を失うということ、しかしとりわけ、われわれの共同体がキリスト教に……基づいていることを理解しなければならない(15)」。

協会創設のねらいにかんするローテによる基本方針の説明は、プロテスタント協会の制度上の自己理解にとって、二〇世紀の三〇年代に至るまで決定的な役割を果たしつづけた。協会の理論家たちは例外なく、一方での教会改革と他方での文化の宗教的道徳的「深化」との組み合わせのモデルを作り上げた。教会が「教区民教会」ないし「開かれた国民教会」に変わるならば、教会は近代文化の相対的自律性を、宗教改革において提唱された、キリスト教的なものと世俗的なものとの間の壁を取り払うことの神学的に正当な帰結として承認しうるよう求められている。

「……固有の内的法則によって発展する文化もまた神の意志である。それゆえ、われわれが求めるのは、教会による文化の抑圧ではなく、教会と文化の宥和、すなわち、われわれの時代の進展する世界や歴史についての認識に基づく教養の刷新である。また、イエス・キリストの人間理想による現代の道徳的な、部分的にはかなり不道徳的な状況の刷新、浄化、純化でもある。この目的を達成するために、宗教改革の教会には、宗教改革の活動を継続する権利が求められている」。協会によって高い発行部数で発行された『プロテスタント広報』誌のある号に、このように記されている。[16] 個々の文化領域の相対的な自律性のこうした受容は、教会政策や社会政策の面で、たとえば民事婚の導入、教会監督からの学校の解放、そして教会による教義の強制にたいする学問的神学の自由といった、とりわけ自由主義に特有の諸要請の助けを借りて具体化している。事実、長年プロテスタント協会の特別委員会の議長であった国法学者ヨーハン・カスパー・ブルンチュリは、イエス・キリストは最初の自由主義者であったと主張した。

しかしながら、この——まだ研究の緒についてすらいない——プロテスタント協会と政治的自由主義およびそのいくつかの政党との関係は、きわめて複雑である。政治的自由主義の諸団体と制度上で緊密に結びつくことを通じて、教会内部におけるプロテスタント協会の重要性と影響力をつよめようとする、数人の協会幹部からたびたび唱えられた要求は、多数のメンバーによって拒否された。とりわけ国家と教会の分離といった政治的自由主義の主要な要請は、プロテスタント協会の社会政治上の目標と矛盾している。国家はたしかに、諸個人の個別的な利害を制限し、公共の福祉を実現し、社会における対立を国民の文化共同体に吸収する国民的な文化国家として理解された。しかしそれは、プロテスタント協会の指導的神学者たちが繰り返し強調したように、国家が宗教の道徳的力を必要とすることができる場合にのみ可能なのである。したがって個々の文化領域の自律性は、それがなお国民文化のまとまりに統合され、普遍性と特殊性において国家と社会が完全な「道徳的」調和のなかにある限りで、プロテスタント協会の神学上の代表者たちから承認されたにすぎなかった。

そのような統合のきわめて重要な媒体と見なされているのは、近代文化の相対的自律性を承認し、また同時にその自律性を制限することができるあの宗教的伝統、つまりプロテスタンティズムである。プロテスタント協会の目標が単純に宗教的な伝統と支配的な文化規範や文化価値との直接的な結合と理解されることではいかに不十分であるかは、この点にとりわけ的確に示されている。すなわち、社会のそのような差異化ないし分節化、あるいは文化的多元化のそのような経過が、まさしくプロテスタント協会の批判にさらされている。社会の差異化ないし分節化は、社会の意図された実質的な統一を解体したり不可能にするおそれがある。文化的多元化の経過は、たとえば労働運動の国民横断的で階級に特有の文化理想の育成、あるいはカトリシズムの近代精神に批判的な反文化のように、国民的な文化理想が社会全体にゆきわたるのを妨げている。プロテスタント協会の目標は、社会のあらゆる部分領域を統合する包括的な総合であり、文化の概念は、異なるものの完全な調和のとれた共鳴の意味で、つまり工業技術、芸術、学問の統一の意味において解釈されている。宗教によってこうした国民的文化総合を生み出すことはしかし、伝統主義的な統合の構想とははっきり違って、教会の文化に対する優位を意味すべきではない。教会によって支配された統一文化というローマ・カトリック教会のモデルは、教権主義、文化の相対的自律にたいする脅威、ならびに抽象的に禁欲的な現世否定として反駁される。教会の支配を受けた他律によってではなく、あらゆる文化領域が、正しく理解された、つまりプロテスタント・キリスト教の道徳的精神に満たされることによって、国民的文化の統一が生み出されるべきである。「福音の宗教は、もっとも深くもっとも強い文化力である。この宗教は、みずから理想的な基礎に基づいてその深化と強化に向かう文化発展のために実際的に有効に用いられるばかりでなく、みずからその本質に応じて最高次の精神文化である真正の人間性を発展させる。それゆえ、宗教を育成すべき教会も時代の精神文化と調和しなければならない。そうでなければ、教会は宗教の真の発展を阻むからである。……われわれの時代と調和して、したがってわれわれの言葉で、神の大いなるわざを語ること。このことをわれわれは、福音主義にもとづく現代生活をますます促進し保護するために、宗教思想をのびやかに深めながら望んでいる。(17)……」と、一九一一年の『プロテスタント広報』に記されている。くりかえし、プロテスタント協会の神学者たちによって、正しく理解され近代化されたプロテスタンティズムの伝統のために、文化実践的な絶対性の要求が唱えられた。「今日の文化世界において、もっぱらキリスト教道徳だけが一般的な承認と有効性を要求することができる、ということは疑いをいれない」(18)。一九一一年のプロテスタント大会は、「文化力としての宗教」を主題に開催された。ベルリンの牧師パウル・キルムスが大会でおこなった講演で掲げた「諸原則」は、プロテスタント協会に関与した牧師たちの文化政策にかんする自己理解にとって重要な意味をもつ。「一、真の文化は、精神的、道徳的、物質的な人間の全生活を含んでいる。この文化は道徳的自由の行為であり、精神によってこの世を満たし形成することであり、また人類の道徳的目的に世界を服従させることである。二、キリスト教は、人間を内面的にこの世から引き離し、この世を道徳的に支配するよう高めることによって、この道徳的自由を生み出す。……四、文化が宗教から離れると、文化はみずから生み出した物質的な財産に隷属することになる。力強い文化の喜びにかわって、文化に対する無気力な倦怠がやってくる。強大になった物質文化は、道徳生活を窒息させる。五、宗教が文化から離れるならば、内面的な国民生活は破綻して、凝り固まった信心と物質主義になり、宗教はこの世に浸透する力を失ってしまう。六、この深刻な危機に直面して、福音主義教会には、信仰論と制度の面でキリスト教のあらゆる宗教道徳的な諸力の自由な展開を妨げている制約を取り除き、それによって現代の真の文化とキリスト教との宥和を可能にする義務がある」[19]。

宗教の文化実践的優位についてのこうした要求は、とりわけ簡潔に「プロテスタント文化」という概念に表われている。リヒァルト・ローテは一八六四年に、「近代の道徳もしくは……この近代文化は、まぎれもなく本質的にプロテスタンティズムのものである」[20]、と主張していた。「プロテスタント文化」[21]という概念においては、プロテスタンティズムの自由の精神から近代を発生的に説明することは、いわば未来の規範に投影される。すなわち、近代が宗教改革に由来することがはっきりとしている場合にのみ、文明の発展も文化の進歩として把握されうる。宗教と文化の事実上の相違ならびに教会の周辺化という条件のもとで、「プロテスタント文化」は、将来にもたらされるべき、宗教と文化、「ドイツ・プロテスタンティズムの国民教会」と「ドイツ・プロテスタンティズムの文化国家」[22]の調和的な一致という歴史神学的なヴィジョンのための主要概念になっていく。ただし、プロテスタンティズムの価値基盤にもとづく新しい国民的統一文化というこの基本方針は[22a]、「ドイツ的キリスト教」[23]へのドイツ・カトリック教徒の改宗や、社会民主主義の反教会あるいはそれどころか無宗教性にたいする近代プロテスタンティズムの文化政策上の勝利を前提としている。プロテスタント協会のすべての基本方針の文面を深く特徴づけている宗教的な自由思想、寛容、進歩性の熱情とは裏腹に、「プロテスタント文化」という概念の文化的具体化ないし社会政治的な具体化は、必然的に特定の観念を含んでいる。真の歴史的進歩のために、この熱情は切実に、ローマの教皇権至上主義にたいしても、労働運動の国際的な政治的立場にたいしても向けられた国家的な文化闘争を必要としている、というのがそれである。

(b)ハインツ・ヘルツが一九六八年に主張したところによれば、プロテスタント協会のなかで一九世紀に「ときおり……『文化プロテスタンティズム』を求める声も」響きわたった。[24] 今のところ、この概念はしかし世紀の変わり目まで、プロテスタント協会に参加したり、協会を公然と擁護した大学神学者の出版物には確認されていない。また、協会の刊行物や、協会に近い立場にある『ドイツ・プロテスタント協会年報』（一八六九―一八七二年）、『プロテスタント協会通信』（ベルリン、一八八九―一八九八年）、『プロテスタント教会新聞』（ベルリン、一八五四―一八九六年）、ベルリンで発行された雑誌『プロテスタント』（一八九七―一九〇一年）、『プロテスタント広報』（一八六六年以来）、『プロテスタント講演』（一八七〇―一八七三年）、そして『ドイツ・プロテスタント協会パンフレット』（一八九一年以来）のような教会雑誌においても確認されていない。プロテスタント協会によって編集されるか、個人的な関わりにもとづいて教会政治の面で協会に近い立場にあった教会新聞や雑誌だけでも、全部でおよそ印刷紙面、九万ページを数える。考慮にいれるべき膨大な史料を目の当たりにして、たしかに、いつ文化プロテスタンティズム概念が初めて協会の周辺に現われるかについて、まだ確定的なことは言えない。しかしながら、正当な根拠をもって言えることは、一九世紀のプロテスタント協会系の教会新聞・雑誌においても、協会の指導的な神学上の代表者の出版物においても、「文化プロテスタンティズム」は、基本方針をしめす自称の意味では用いられなかったということである。リヒャルト・ローテは、この概念を知らない。同じことが、オットー・プフライデラーやリヒャルト・アダルベルト・リプジウスのような大学神学者にもあてはまる。彼らは協会によって定期的に開催された「プロテスタント大会」[25]にたびたび姿を現わし、「プロテスタント協会」の数多くの地方支部や地域団体で講演を行ない、協会のさまざまな委員会において活発に協力した。

プロテスタント協会のメンバーによって編集されたり、明確に協会の目標を促進するために創刊された教会雑誌には、みずからの立場を特徴づけるためにとりわけ次のような概念が見出される。「自由プロテスタンティズム」[26]、

「自由キリスト教」[27]、「自由主義プロテスタンティズム」[28]、「近代プロテスタンティズム」[29]、そしてとりわけ「教会自由主義」[30]というのがそれである。さらに、人々はみずから「プロテスタント自由主義者」[31]と称し、名士として協会の会員であったり、協会に近い立場にあったりした神学者たちは、ハンス＝ヨアヒム・ビルクナーが詳細に示したように、[32]彼らの神学をたいてい「自由主義神学」もしくは「古自由主義神学」と特徴づけた。この語法を、伝統を志向する宗派主義的ルター派の陣営に立つ、プロテスタント協会にたいする教会政治上の批判者たちも取り入れていた。すでに協会の創設直後に、多数の小冊子、パンフレット、宗教文書が発行されたが、そのなかでキリスト教と近代文化の宥和という基本方針は、誤りなき時代精神にたいする新異教主義の信仰として忌み嫌われた。[33]そして、宗派主義的ルター派の教会雑誌においてくりかえし、プロテスタント協会によって推し進められている、宗教改革のプロテスタンティズムがそなえている教義的内実の希薄化にたいする闘いが呼びかけられている。ここでプロテスタント協会にたいする批判的な概念として、「自由主義プロテスタンティズム」もしくは「教会自由主義」[34]の概念が支配的である。たいていの場合きわめて攻撃的になされた、プロテスタント協会をめぐる激しい教会政治上の論争は、決定的に宗教的自由主義の正統性をめぐる争いとしてなされた。プロテスタント協会の幹部や神学的擁護者は自由主義概念を文化的進歩性のきわめて重要な証明として要求する。これにたいして宗教的に伝統主義的で政治的に多くの場合保守的なルター派に属する彼らの批判者にとって、「自由主義」はまったく反対に、キリスト教的に正統でないものの総体とみなされている。たとえば、日常生活における無神論や、教会にたいする世俗主義的な敵意とみなされている。論争を通じて悪い意味になった自由主義概念の使用にかんしては、二〇世紀の二〇年代の神学のさまざまな代表者によって表現されたあの「自由主義神学」批判と一九世紀の後半に反近代主義的で、政治的に保守的なルター派の代表者たちによってなされたような「自由主義プロテスタンティズム」にたいする闘いとの間には、本質的な連続性がある。

プロテスタント協会の代表者たちの自称が存在するならば、それに対応する特定の反対概念もある。彼らの批判者や教会政治上の敵対者たちが主張しているあのプロテスタンティズム、すなわち、「プロテスタント的現代の保守的傾向」[35]によって代表されたプロテスタンティズムを、プロテスタント協会の幹部や神学的擁護者は「教会プロテスタンティズム」、「正統主義的プロテスタンティズム」、「教義的プロテスタンティズム」、「復古的プロテスタンティズム」と呼んでいる。こうした概念形成の基礎になっているのは例外なく、「二重のプロテスタンティズム」[36]の想定である。断固たる伝統主義的なプロテスタント的自覚と本質的に「自由主義的な」転換を志向するプロテスタント的自覚との間に現実の教会政治上の対立があるが、そうした対立を反映している内容を異にする一対が指摘される。すなわち、すでに一八四六年にフリードリヒ・アウグスト・ホルツハウゼンによってなされた区別に関連して、とくに「教会の信条を基礎にしている否定的なプロテスタンティズム」と「比較的最近の時代の教養の基礎によって満たされている」「肯定的プロテスタンティズム」[37]が対比される。これに対応するのが、古‐新プロテスタンティズムや古‐近代プロテスタンティズムのような対概念である。[38]教会政治上の敵対者たちはそれによって、いわば歴史の客観的な進歩によってつねにすでに時代遅れである自覚のあり方の代表者である、という烙印を押される。むろん、プロテスタント協会の神学者や教会政治上の幹部の独創的な業績をこの点に認めることはできない。すなわち、前述の自称もそれに対応する反対概念も、例外なく三月革命以前に、しかもその際とくにドイツ・カトリシズムの自由信仰運動やいわゆる「光の友」の周辺において確認される。「自由な」、「自由主義的」、「近代プロテスタンティズム」といった三月革命以前の概念をみずからのものとすることによって、プロテスタント協会はそれゆえつねに左派への境界づけを強いられてもいるのである。なぜなら、これらの概念において本来示されるような教会からの離脱を、プロテスタント協会は決して意図したことがなかったからである。

文化プロテスタンティズム概念は、協会の出版物の中にかなり後になってようやく確認される。一八七六年以来ベルリンで『プロテスタント教会雑誌』の編集者であり、数年にわたってプロテスタント協会の事務総長であったユリウス・ヴェブスキーは、『内面性と自由のキリスト教としてのプロテスタンティズム――ヴィースバーデンにおける第二三回ドイツ・プロテスタント大会のための祝辞』（一九〇七年）で次のように問うている。「しかしなぜ、プロテスタンティズムの内面的発展に自覚的かつ率直に関心を寄せる者を、不信仰な新プロテスタント、ただの文化プロテスタントと罵るのか。なぜ、真のプロテスタンティズムのゆがみや歪曲を彼らのせいにするのか」[39]。文化プロテスタンティズムはしたがって、論争的な、異質なものにたいする名称であり、ひとつの教会政治的立場の神学的不当性にたいする概念である。ヴェブスキーや二〇世紀初頭のプロテスタント協会のほかの代表者たちは、この点に示されている疑いをもちろん特に重大なものとはみなさなかったし、近代文化の宗教的「深化」の要求という意味で、いかなる直接的な文化への順応からも免れていることを心得ていた。プロテスタント協会内部の自己理解をめぐる議論においても、さまざまな教会政治や神学上の反対者との論争においても、文化プロテスタンティズム概念は第一次世界大戦前にはいずれにせよ重要な意義をもってはいなかった。この概念がプロテスタント協会の雑誌や公式の出版物にたびたび現われるのは、ようやく一九二〇年代の初頭になってからである。その後一九二四年に数人の協会幹部が、この概念を肯定的な意味でも採用した。「正統主義者たちのあいだで、われわれを文化プロテスタントと呼ぶことが流行している。この名称が正しく理解されるなら、われわれはこれを受け入れることができる。反対者が浴びせた罵り言葉がすでに時おり固有名詞や尊称になった！　反対者たちは、文化という言葉の代わりに文明という概念をこっそり押しつけ、われわれがあたかも文明の進歩にたいする感嘆を宗教の代用にしようとしているかのような見せかけを、呼び起こそうとしている。しかしわれわれは、かつて次のような呼びかけに同意した。二〇世紀の人間はかくも輝かしくなし遂げたのだ！　われわれの誰かが、なんらかの仕方で文化を好む気分のようなものに陥ったさいには、神への賛美を確保するために、彼はそのような気分をつねに表現するにとどめた。われわれが積極的に文明の価値を認めた場合、神の精神を吹き込むことによって、文明に文化の性格を与えるためにそうしたのである……」[40]。一九二一年以来、プロテスタント協会の事務総長であり指導者であった、ベルリンの牧師ヴィルヘルム・シュープリンク[41]は、一九二四年に『プロテスタント新聞』で、「自由プロテスタンティズムの生存権と生命力」をこのように擁護している。シュープリンクが文化プロテスタンティズム概念を積極的に採用したことはむろん、協会内部で少なからぬ議論を引き起こしたし、二〇年代の半ばにおいても『プロテスタント新聞』の数人の著者は、ある種の距離をおいて引用符つきでこの概念を用いているにすぎない[42]。しかしおそくとも、シュープリンクによって「ラインラントの『福音主義の自由』の同志たちのもとで」一九二五年になされた講演『文化プロテスタンティズムの真の本質と宗教的価値について[43]』が出版されることによって、プロテスタント協会の雑誌や協会の代表者たちのその他の刊行物において、文化プロテスタンティズム概念はその後、基本路線を示す自称として次第に受け入れられることになる。一九四一年にプロテスタント協会の活動が停止されたことに抗して[44]、第二次世界大戦の終結ののち、明確にドイツ・プロテスタンティズムの文化的・政治的な新たな挑戦に対応する、自由主義神学の理論伝統との連続性を得ようと努めたあの牧師たちや大学神学者たちも、この概念を「新しい自由主義神学」という彼らの目標を言い表わすために積極的に利用した[45]。

二、『キリスト教世界』、あるいは調停の限界

(a)プロテスタント協会において、「福音主義の立場は、教養ある俗物の最高度にプロテスタント的な立場の背後に」退く。なぜなら協会がよい印象を与えるのは、以下のことによってだけだからである。「左派に対するよりも、右派に対するより一層の排他性。すなわち、キリスト教的自覚に対する最小限の要求によってであり、文化に対する好意によってである。この好意は、福音の真珠をしばしば他の文化動機の多くの美しい真珠のなかで見失ったのである。近代の教養のキリスト教的性格をローテのような人は賞賛さえしたが、その近代の教養はほとんどの場合、キリスト教と文化の宥和についての問い全体の本質的な論点であった。近代の教養人にも十字架と忍従のつまずきが、罪の意識や救いの必要において免れえないこと、このことが救済宗教の核心であるということを、われわれが聞いたり読んだりしたことはまったく稀であった」。プロテスタント協会の「自由主義神学」にたいするこうした批判は、マルティン・ラーデによって編集された『すべての階層の教養人のための福音主義共同紙』である『キリスト教世界』の第二巻に見られ、こうした批判には支配的な教会自由主義にたいして「新しい……積極的な活動をめざす世代の」自立性を正当化する任務がある。[46] その著者はオットー・バウムガルテンであり、したがって現代の神学的自覚にとって、キリスト教的なものの実質を市民的な読者に安い値段で売りとばしたとされ、あの期末大売り出しの神学者たちのとりわけ忌まわしい実例とされる神学者である。たびたび彼は一九二〇年代に、「今日、肩をすくめ侮辱的な身振りで『文化プロテスタンティズム』と好んで呼ばれるものの決定的な代表者」[47]と見なされた。実際、バウムガルテン自身は、もう一度シュライアーマッハーの結び目をかたく結びつけようと試み、「われわれ

の国民にとって是非とも必要な宗教と文化、国民教会とより高次の教養、こうしたものの統一のための……指導者」[48]になろうとした。しかしながら、一方において宗教や敬虔から文化が疎遠になり、他方において教養市民層の非教会性もしくは宗教離れがすすむというさまざまの経験にもとづいて、彼は実際にみられる「宗教と文化の対立」[49]を宗教的キリスト教的意識と文化的世界形成とのあいだの根本的な相違の表現と捉えている。「真の実践神学は人間性とキリスト教、ギムナジウムと国民教会、聖書と古典作家というさまざまな対立について余すところなく明瞭に教育しなければならない」と、彼はすでに一八八八年に神学得業士の学位取得にあたって作成された論題で主張している。[50]「自由主義神学」の概念、すなわちとりわけ彼の大学時代の教師であった、[51]ハインリヒ・ユーリウス・ホルツマン、アードルフ・ハウスラート、アロイス・エマヌエル・ビーダーマン、リヒャルト・アダルベルト・リプジウスらの神学の概念は、否定的な評価を受けている。すなわち、年長の神学者世代のこれら代表者たちは、若きバウムガルテンにとって、「文化への深い信頼」、「文化にたいする無上の喜び」、市民層に特有の文化価値への順応によって、キリスト教的自覚の終末論的な独自性を失わせる危険にあまりにも陥ったのである。政治活動によってバウムガルテンは、この批判をその後さらに一層先鋭化しようとする。つまり、文化の現状を一方的に肯定するだけの、宗教と文化のいかなる神学的調停も、とりわけ国家にたいする教会の根本的な自律を正しく評価していない。「そこで報いを受けるのは、経験的な国家のなかに教会の同志をみる文化にたいする好意である。……福音の教会は、たとえもっとも高貴な文化努力であろうとそこから生命と主要な糧を摂取してはならない」[52]。八〇年代末期以来バウムガルテンは、プロテスタント協会とその神学上の代表者たちのいわゆる宗教的神学的な「通俗自由主義」[53]を批判している。それはまさしく、それから三〇年後にもう一度彼自身と彼の神学上の同志たちに反対して主張されたあの論拠であった。したがって文化プロテスタンティズム概念は、彼の神学に特有な個性を特徴づけるために、条件つきであてはまるにすぎない。バウムガルテンは一九〇一年から一九二〇年まで『教会実践月刊誌』を編纂し、本誌は一九〇七年以降は指針となる表題である『福音主義の自由』を掲げている。この月刊誌においても、また彼のきわめて大部の実践神学の著作においても、この文化プロテスタンティズム概念は、一九一八年から一九一九年にかけて生じた文化・教会・神学政治的自覚の節目以前には確認されない。バウムガルテンは二〇年代の半ばになってようやく、今や支配的となった神学において否定的な評価を受けた文化プロテスタンティズム概念を指針として、また攻撃的に自称として取り入れた。それは、まさに現代の文化的な危機のために必要とされた、宗教的伝統と多元的な文化の建設的な調停にたいする関心を言い表すためであった。しかし、そのような調停は、彼がとくに強調しているように、文化形成に携わる場合につねに条件つきでのみ撤廃されうる、調停されるべきものの根本的な相違を前提としている。

オットー・バウムガルテンは、市民的社会自由主義の政党である「ドイツ民主党」の出版物において、一九二八年にマルティン・ラーデ、エルンスト・トレルチ、そして自分自身を「個人的な信念・信仰を培う自由の全面的な擁護と宗教的共同体形成の必然性にたいする深まりゆく自覚とを」[54]結びつけた「自由主義文化プロテスタンティズムの代表者」として描き出した。いわゆる自由主義的な大学神学の傑出した代表者のここに言い表された宗教政治上の基本的合意は、宗教はけっして文化に吸収されることはない、という点にかんする一致をも含んでいる。なぜなら、エルンスト・トレルチもマルティン・ラーデも、彼らの——根本構造ではまったく異なる——神学的な調停の基本姿勢を、「宗教と文化の本質的な対立」[55]を前提にして展開したからである。「宗教の偉大さは、まさに文化との対立にある」[56]と、トレルチは一九一一年に主張している。一九二三年にマルティン・ディベリウスが的確に述べたように、トレルチは「近代世界にしっかりと根を下ろしているにもかかわらず、文化にたいする無上の喜びそれ自体とはまったく無縁であった」[57]。「プロテスタントの倫理学者は、この世の中にあまりにたやすく道徳的な財産と義務の国を見る。この国にたいする混じり気のない喜びのあまり、彼はキリスト教の道徳律と現存の、あるいはそれどころかキリスト教文化の名前で飾られた文化との鋭い対立を適切に描写するに至らない。とりわけ、現存のものをどんな犠牲を払っても是認しようという誤りを放棄すべきであろう。つまり、今日の世界があたかもキリスト教世界であるかのように見なす推論にたいして、その論拠を求めるべきであろう」。マルティン・ラーデは一八九七年に、彼の編集する週刊紙の表題(『キリスト教世界』)が意図的な表現でみずからの現代と関連するかのような誤解をこのように退けている。[58]「いささかの自由主義も、同紙創刊にあたって関与してはいなかった」と、ラーデは一九〇七年、発足当初の『キリスト教世界』について書いている。「『自由主義的』および『自由主義』という語は、……理想を呼び起こさない」[59]。

一方において、『キリスト教世界』の周辺の神学者たちが一九世紀の八〇年代末以来言い表してきた、比較的古い自由主義プロテスタンティズムにたいする例の拒否がある。他方で、初期の『危機の神学』のさまざまな代表者たちによってなされた『自由主義神学』にたいする批判がある。この批判は、彼らによって論争的に――しかし歴史的にみれば間違って――名づけられた『自由主義神学』にたいするものであった。この『自由主義神学』は、たとえばエルンスト・トレルチ、アードルフ・フォン・ハルナック、ヴィルヘルム・ヘルマン、マルティン・ラーデ、オットー・バウムガルテンといった彼らの大学での教師たちの神学であった。こうした拒否と批判の双方のあいだには、顕著な構造上の類似が存在する。五つの点がとくに注目に値する。第一に、世代間に特有の、もしくは地位にかかわる観点である。当時の年長の神学世代の代表者たちが、文化に深い信頼をよせることによってキリスト教的なものの実質を拡散させることを、年少者たちに非難されていることはまた、――しかしもちろんそれだけではないが――独自の神学的立場の構築にたいする関心の表現と理解されるべきである。したがって、彼らの批判と結びついているのは、支配的な神学的意識状況をなんとしても克服しなければならないとする情熱である。第二に、意味論的な観点である。一八九〇年ころ年少の神学者世代であった代表者たちはすでに、弁証法神学によって明確に表現された、宗教的自由主義、神学的歴史主義、いわゆる「文化プロテスタンティズム」にたいする批判の真正な表現と一般に見なされているあの批判的な概念をすべて、充分わきまえている。遅くとも一九世紀の八〇年代以来、プロテスタント神学内部で、進歩信仰、進歩楽観主義といった諸概念、進歩崇拝、および、文化の至福、文化信仰、文化楽観主義、文化順応、文化偶像視、文化内在といった文化の合成語は、対立する神学上の基本路線を批判するための武器に使われている。『キリスト教世界』の寄稿者の中で疑いもなく文化批判的な動機にもっとも縁遠かったアードルフ・フォン・ハルナックすら、まさに文化全体の内部で宗教的なものが優位を占めていることを理由づけようとしている限りで、『文化にたいする無上の喜び』[60]といった疑いを断固として斥ける。第三に、教義的観点である。宗教と文化の対立は神学的には、本質的に終末論的観念によって説明される。ますますつよく歴史神学と教義神学の中心に入りこむ終末論の神学全体のなかで占める価値が高まるにつれて、宗教が文化を超えるものであることを強調する基本方向にたいする関心が現われる。第四に、政治的観点である。近代文化が危機に陥っているという経験に照らして、あちこちに見られる文化への順応にたいする批判が、政治的立場の対立の意味ではっきりと表明される。批判された神学を政党の多様性のなかに位置づけることは、その神学の意識に政治的な周縁化にだけ役立つわけではない。むしろ、そうした位置づけの中には歴史的変遷の段階的な加速のダイナミズムも現われており、このダイナミズムは当時の年少世代の神学者たちの自己理解によれば、いわば客観的な歴史哲学的必然性をもって受け継がれてきた政治的方向づけを修正せざるをえなくする。それゆえ必然的に、自己の神学の政治的にいずれか一方の由来が固執される。こうして、たとえばマルティン・ラーデは一九〇七年に説明している。「政治的には、われわれ『キリスト教世界』の創刊者かつ担い手は、おそらく例外なく保守主義ないし国民自由主義の影響下に成長した。ただし後者にかんしていえば、自由主義の要素ではなく国民主義の要素がわれわれに感銘を与えていた。……左派自由主義者たちをわれわれは不平家ないし平和撹乱者と感じていた」(61)。第五に、社会学的観点である。批判された神学の政治的独自性は、彼らの規範的な文化の基本的受容がもつ、階層に特有の制約と特殊性とについての社会学的解明に一致する。しかしながら、市民ではないいずれかの社会層の代表者たちも、けっして市民根性を市民のせいにはしていない。そうしているのはむしろ市民層の息子たちである。この息子たちは、父親たちの市民的であるだけの階級的立場の狭量さを非難することによって、父親たちの優位を免れようとする。

(b)プロテスタント協会の「神学的古自由主義」(62)と、『キリスト教世界』の周辺の、多くの場合アルブレヒト・リッチュルの影響を受けた、一八九〇年の時期に少壮であった神学者たちとの間の、神学、教会政治、社会政策をめぐる相違は、一般に主張されているよりもはるかに根本的である。そのためこの相違はまた、神学内部だけの事柄としては十分に把握されえない。バウムガルテン、ラーデ、トレルチを比較的古い教会自由主義から分かつものは、かなりの程度まで、彼らにとっての現代文化の危機や内的矛盾にかんする、世代特有の経験の反映である(63)。根本的に調和的な社会像の代わりに現われるのは、葛藤への対応、資本主義による近代化がもたらした無秩序の傾向をもつ結果の認知、帝政ドイツ社会の社会的・政治的対立にたいするますます深まる感受性である。経験を前提としながら論証されるのは、年長の自由主義神学者たちが表現しようとしたキリスト教と近代文化のあの総合が、彼ら自身の現代においてはすでに損なわれたことが明らかになったことである。進歩の情熱にとって代わったのは、諦念の傾向をそなえた危機の隠喩である。近代文化は今や根本的に歴史的に相対的で、特殊なもの――これは「キリスト教の絶対性」にかんする論議の文化実践的次元である――ととらえられる。帝国の資本主義社会内部の倫理的・社会的・政治的・宗教・宗派的な対立は、はっきり宗教的統合をまったく不可能にするというわけではないにせよ、持続的に妨げるような現実要因として扱われる。『キリスト教世界』紙上でなされた、現実の歴史的状況に適合した「近代神学」――「近代神学」は、「自由主義神学」という概念とは明確に異なって、『キリスト教世界』のなかで支配的な自称であり、これは一八九〇年代以降『キリスト教世界・紙友』に反対する神学的立場の代表者たちによっても用いられる――にかんする数多くの論争は、それゆえ本質的に次のような問いをめぐるものであった。すなわち、社会が必要とする宗教的意味づけがまだプロテスタンティズムの伝統の中で受け継がれた既存の手段で満たされるのかどうか、もしくはどこまで満たされるのか。あるいはまた、そのためにプロテスタント的敬虔の根本的な近代化が必要かどうか。これらがその問いである。こうした論争との関連で、たしかにプロテスタント文化の概念は重要な役割を果たしている。しかし、文化プロテスタンティズム概念は、『キリスト教世界』のなかで一九一八年から一九年にかけての節目以前にはこれまでのところ確認されえなかった。

　近代の生活にみられる実際の複雑さと「寸断」(E・トレルチ)を正当に評価することのできる広範囲にわたる全体総合の計画を練り上げることは、それにもかかわらず、『キリスト教世界』紙友グループに属する神学者たち[64]に相当の困難をもたらした。ここに、二つの道だけが存在した。一つは、リッチュルの形而上学批判の影響をうけて、理想主義的な理論の伝統と比較的なめらかに調和しつつ論証を行なう古自由主義の神学者たちが構成したような、現実を全体として説明する形而上学的体系は、今や根本的にカントの影響を受けた公然の理論モデルから解き離されることである。この理論モデルはたしかに、社会的現実にみられる実際上の矛盾の経験を正当に評価することができる。しかし、マールブルクの新カント学派の神学者ヴィルヘルム・ヘルマンの例にとりわけ示されているように、この理論モデルは、現実の統一をわずかに「内的生活」もしくは行動する主観的敬虔に後戻りすることによって、確定しうるにすぎない。もう一つは、とくにトレルチが示しているように、そのような「客観的」な文化理想の歴史哲学的再建にかんして求められた総合を成し遂げようとする試みである。こうした文化理想は、諸政党や諸連盟の世界観闘争をこえて、つねにたしかに社会の実際的な論争に加わったすべての個別的な主体から要求されるべきものである。しかし重要なのは、トレルチがこの統合の計画を内容的には、練り上げることはできなかったし、この計画はまさに神学上の理論的説得力という点で、議論の余地を残していた、ということである。文化総合はたしかに、宗教を欠いては機能しえない。しかし文化総合は、トレルチにとってももはや宗教によってだけでは、そしてプロテスタンティズムに特有の蓄積された伝統をありありと思い浮かべるだけでは、なおさら生み出されえない。このことは決して、(プロテスタント)キリスト教と近代文化との考え抜かれた調停を要求する権利を放棄することを意味してはいない。しかしそのような調停は、教会的プロテスタンティズムもその伝統的な自己理解の根本的修正ができるという条件でのみなされるのである。

三、新プロテスタンティズムの好況、あるいは教養宗教の拡散

プロテスタント・キリスト教のこうした変形にみられる規範的な主要概念は、トレルチの全著作において、「プロテスタント文化」の概念でも、「文化プロテスタンティズム」の概念でもない。トレルチは近代に適合したプロテスタンティズムという彼の理想を、むしろ一九世紀末期の教会法文献や歴史学のなかでも広く普及し、さしあた

り歴史的に考えられた古プロテスタンティズムと新プロテスタンティズムとの区別と関連づけて発展させている。一九世紀から二〇世紀への変わり目以降、神学の内外でなされたプロテスタンティズムと近代文化の関係についての論争において、まず第一に新プロテスタンティズム概念は、むろん白熱した議論をまきおこす中心的な役割を果たした。新プロテスタンティズム概念をめぐる激しい意味論的な論争と関連して、ところどころに「文化プロテスタンティズム」概念も確認される。いわゆる「積極的な」、つまり伝統主義を志向するルター派の神学者リヒャルト・ハインリヒ・グリュッツマッハーは、一九一五年に積極派ルター主義の大学神学のもっとも重要な機関誌である『新・教会雑誌』で、ローテの「教会から自由な文化プロテスタンティズム」[65]について語っている。この概念は、したがって基本的な神学的誤りを示唆するものである。すなわちグリュッツマッハーにとって、文化プロテスタンティズムは、文化全体のプロテスタンティズムに特有のキリスト教化のために、もしくはプロテスタンティズムによる統一文化の理想の実現のために、教会の制度的な自律を道徳的な文化国家の普遍性へ解消した、近代プロテスタンティズムの根本的異端を特徴づけている。グリュッツマッハーの教会神学の立場からすると文化プロテスタンティズムは、教会という独自の制度をキリスト教的真理に本質的な、それゆえいかなる歴史的制約のもとでも神学的に不可欠の表現として考えることのできない神学的無能さを意味する。こうして彼はリヒァルト・ローテにかんして、たとえば「排他的な超自然主義を欠く、教会にとらわれない倫理的教養プロテスタンティズム」[66]についても語る。文化プロテスタンティズムと教養プロテスタンティズムの概念はしかし、グリュッツマッハーの神学的全著作において、付随的な役割しか果たしていない。神学上の反対者との論点は、新プロテスタンティズム概念である。たしかに第一次世界大戦前には、ルター派の教会新聞・雑誌においても文化プロテスタンティズム概念は、ところどころに確認される。[67]しかしながら、プロテスタント大学神学の内部では、路線闘争は一九二〇年代の初めにはなお、本質的には「文化プロテスタンティズム」の正当性にかんする論争ではなく、古プロテスタンティズムと新プロテスタンティズムとの対立を誇張することによってなされた。このことをまさしくグリュッツマッハーの精力的な出版活動も裏づけている。すなわち、彼は第一次大戦中および二〇年代の初めに、古プロテスタンティズムの護教論を展開し、新プロテスタンティズムの概念と理念を批判し破壊するために数多くの論説と一篇の学術論文を発表した(68)。

グリュッツマッハーが一九一五年にみずから指摘したところによれば、古プロテスタンティズムや新プロテスタンティズムといった歴史的な時代区分の概念をめぐる歴史学論争は、つねに実践的な現代への関心の表現としても理解されなければならない(69)。実際、新プロテスタンティズム概念は、二〇世紀の初頭、啓蒙主義と理想主義においてて変化したプロテスタンティズムのための歴史的時代概念の意味でのみ用いられたのではない。ハンス＝ヨアヒム・ビルクナーが概念史的研究である「新プロテスタンティズム概念について」で、「新プロテスタンティズム」は歴史的時代区分に有効な概念として一九世紀の三〇年代にまで遡って辿られることを明らかにした(70)。しかし同時に、すでにかなり早く三月革命以前の「光の友」において、一つの立場を表わす概念の使用も確認される。すなわち、ルードルフ・ハイムは、彼の主張する「大学における新プロテスタンティズム」(71)を、広くゆきわたっている教会における信仰実践にたいして独立した敬虔の形態と理解している。二〇世紀初頭において、まさしく、とりわけ教会の新聞・雑誌や宗教の小冊子において有力であるのは、そのような立場を表わす概念の使用である。この概念とその後の概念批判の概略にとって、新プロテスタンティズムという主要概念をかかげて刊行されたさまざまな敬虔なパンフレットは、大学神学者たちの出版物よりもはるかに重要である。なぜなら、ゴットフリート・フィットボーゲン『新プロテスタンティズムの信仰――宗教的危機の克服のために――(72)』、カール・ザッパー『新プロテスタンティズム』[73]、ザッパーにたいする積極派ルター主義からの批判であるH・レムバート『新プロテスタンティズム』[74]といった宗派的なテキストには、プロテスタンティズムの信仰伝統の文化的変形がもつ功罪が、大学神学の出版物よりもはるかに明瞭に現われているからである。同時に、プロテスタント協会や『キリスト教世界』の周辺の数人の神学者のテキストにも影響を与えている概念使用の特徴が、ここでとりわけくっきりと現われている。つまり、とくに国民主義的なイデオロギー的要素を新プロテスタンティズムが背負い込んでいることである。

「古プロテスタンティズム」と「新プロテスタンティズム」という語は、二〇世紀の初頭にはまず第一に、競いあう、あるいは——少なくともこの論争に参加した幾人かの者にとって——排除し合うプロテスタント的敬虔の二つのタイプの対立を特徴づけるために有益である。これらの概念は、神学上の正統性ないし非正統性のカテゴリーである。新プロテスタンティズム概念は、自己理解にしたがって本質的に宗教改革の伝統を理想主義によって変形することから生ずる、教会と神学におけるあの敬虔の立場を意味するだけではない。この概念は同時に基本路線をしめす自称として、プロテスタンティズムの広い範囲にわたる近代化の、いまだ完結していないプロセスのための規範的な目標概念でもある。その際、この近代化はプロテスタンティズムの社会全般におよぶ影響の可能性をつよめることに貢献すべきである。新プロテスタンティズム概念の広く普及したこうした解釈[75]にとって、基本的な前提となっているのは、啓蒙主義と理想主義において緒についたプロテスタンティズムの敬虔の変形を自覚的に受け継ぎ、また促進することだけが、プロテスタンティズムに（なお）歴史的未来を開くという考えである。「古プロテスタンティズム」はその場合、新プロテスタントにとって、必然的に宗教政治的に素朴で時代遅れになった意識の段階を意味する。すなわち、宗教改革と一六世紀末期および一七世紀の正統主義との歴史的な古プロテスタンティズムに教義の面で依存することによって、キリスト教の啓蒙主義的・理想主義的な近代化に身を委ねることを拒み、これによって、教会プロテスタンティズムが社会全体において中心的役割を担っていないことを是認する人々の立場である。そしてその結果、ほかならぬプロテスタンティズムの将来をみすみす閉ざし、まさにそのことによって近代社会の文化政治的に破壊的な、確実にすすむ脱キリスト教化を不本意ながら助長する人々の立場である。それにたいして、断固として伝統主義的な教会プロテスタントの時代遅れとみなされた代表者たちは、今や彼らなりに「古プロテスタンティズム」を排他的にプロテスタンティズムの歴史を超えて規範的な概念につくりかえる。文化の発展に伴って古プロテスタンティズムの敬虔が必然的に衰退にむかっているという新プロテスタンティズムの情熱が、「古きもの」はそれ自体つねにすでに時代遅れのものであるという意味論的な戦略によって生きているなら、新しい古プロテスタントたちによって、いまや反対に、古いものだけが真実なもの、真正なものでもありうるという暗示が生み出される。古プロテスタンティズム概念が自称として用いられる場合には、それはたしかに事実上は特殊な、しかし自己理解に従えば排他的に妥当し普遍的なプロテスタンティズム的敬虔の形態を表わしている。大学神学においては、これはグリュッツマッハーにとりわけ的確に現われている。トレルチの古プロテスタンティズムと新プロテスタンティズムとの歴史的区別に、グリュッツマッハーはプロテスタンティズムにたいする「近代の……進化論的な世界観の単なる適用」[76]を見ている。彼の意味論的な対抗戦略はそれゆえ、進化の論理から見るならばそれ自体不可能な「二〇世紀の古プロテスタンティズム」[77]の構築をねらいとしている。こうした見通しのもとでは、現代の新プロテスタンティズムは、その場合にたかだか市民に特有の異端にすぎない。つまりキリスト教を、キリスト教以後の時代の宗教混交という「教養宗教」[78]に歪曲することである。この教養宗教は、まず第一にキリスト教以外のギリシア・ローマやルネサンス哲学の伝統によって養われており、神の立場を奪い取る自律的で人間的な支配の主体を、文化に厚い信頼をよせながら賛美することだけに貢献する。この場合、古プロテスタンティズムと新プロテスタンティズムはしたがって、もはやプロテスタンティズムの敬虔の対立する形態としては区別されず、宗教改革の義認の信仰と人間主義的な文化にたいする厚い信頼とのあいだのかつての対立に代わる新しい概念としてのみ通用している。「問題になっているのは、……ここで互いに対立している時代を超越した諸原理である」[79]。

二〇世紀初頭のプロテスタンティズム内部の宗教政治上の根本的な争いは全体として、新プロテスタンティズムの著作活動上での支持者たちによってよりも、古プロテスタンティズムの代表者たちによってはるかに誇張される。そのさい新プロテスタンティズムのこれらの支持者たちは、教会政治的には比較的影響力の乏しい少数派の立場にあり、わずかな例外はあるが、むしろ調停に関心を抱いており、教会内の多様性を正当なものであるとして支持する。論争の熾烈さは宗教の小冊子、もしくは教会の小冊子においてとりわけ明瞭に現われている。たとえば、牧師や教師たちによって出版された講演、および教会雑誌や宗教的な色彩のつよい文化雑誌に掲載された「現代の宗教状況」にかんする無数の論評がそれである。教会の新聞・雑誌でなされたこうした論争は、それゆえ神学史において重要な意義をもっている。なぜなら、これらの論争において、その後一九二〇年代に大学神学の内部で「文化プロテスタンティズム」のいわゆる「自由主義神学」にたいする当時年少の神学者世代の闘いを特徴づける、あの論争的な常套句がすべて見出されるからである。実例として、ザッパーの教義にとらわれない新プロテスタンティズムにたいするH・レムバートの批判に注意を喚起するにとどめたい。すなわち、レムバートにとって、新プロテスタンティズムは独力で「信仰の規範（ノルマ・フィデイ）についての……われわれ独白の経験」[80]をなし、その「主観主義と……不可知論」のゆえに、普遍的に拘束力のある「信仰告白」を作成することはできない[81]。また、その特殊「近代的な、『個性』にたいする感激」によって、「しばしばおそらく個性という表看板の背後にまさに根拠のない虚栄心、つまり自らの個性」がひそんでいることを見誤り、三位一体論や終末論といった中心的な教義の真理を積極的に受けとめることができず、その「神秘主義的な潮流」の中で、人格的な神の超越を汎神論的な内在信仰へとうすめてしまう。[82] しかしとりわけ新プロテスタンティズムは、宗教的個人主義を賛美するがゆえに、教会共同体の宗教的意義を、また教会によって告知されるべき真理の超個人的な権威ある性格を正当に評価することができない。

「ひとつの進路の根本傾向はふつう、その極端で人気のある作用において、もっとも明瞭に現われてくる」と、グリュッツマッハーは一九一五年に主張している。[83] このことは少なくとも、二〇年代の特定の神学における文化プロテスタンティズム概念をめぐる論争の経過が、大学神学の狭い境界が超えられ、一九世紀末期と二〇世紀初期の新プロテスタンティズムの敬虔世界のきわめて細分化された立場の多様性が考察される場合にのみ、適切に理解される限りではあたっている。二〇年代にはなお「新プロテスタンティズム」という語は、教会自由主義のさまざまなグループによって、教会政治の一つの集合概念として使用されている。[84] 例えば、ブクステフーデの牧師ゲオルク・ロストは、一九二〇年にルードルフ・オイケンやエルンスト・トレルチの力づよい支持を受けて、「新プロテスタンティズム連盟」[85] を設立する。この連盟は、その信仰箇条風の「新プロテスタンティズム綱要」のゆえに、数ヵ月間にわたって、国民的な教会新聞・雑誌において驚くべき反響を呼ぶ。この連盟の一つの「信仰告白」[86] には、とりわけ次のように記されている。「われわれによって教区民の活発なメンバーの目印と見なされているのは、以下のような規律である。祈りを欠き、瞑想と神への黙想を欠く日はなく、礼拝を欠き、すべての階層・党派の兄弟姉妹との交流を欠く月はなく、聖餐に加わらず、キリスト教信仰と教会共同体に対する厳粛に繰り返される信仰告白を欠く年はない。しかし、プロテスタントの地盤では、信仰の事柄についてのいかなる強制も考えられない。……われわれは、修道士や敬虔主義の誓約に見られるような義務を決して要求しない」[87]。

教義にとらわれない率直さの情熱とは裏腹に、一九一〇年以後の新プロテスタンティズムの宗教文献や教会新聞・雑誌においては、独自の関心が一層はっきりしてくる。それは、きわめて限定された形においてだけなおプロテスタントとして自認する、教会外の、また部分的には明白にキリスト教以後の宗教性のさまざまな形態にたいし、自らの立場を境界づけようとする関心である。一方で、新プロテスタンティズムの代表者たち自身は教会とのつながりを断ち、もはやキリスト教固有の伝統とのきわめてわずかな結びつきしかもたない自由な宗教性を普及させ、他方で、人々は教会内部での正統主義と古プロテスタンティズムの優勢によって、ますますつよく押しのけられようとしている。まさにこうした事態が進むにつれて、人々は自らを左派と区別しようと努めなければならない。敬虔運動としての新プロテスタンティズムの根本問題は、一九世紀から二〇世紀への変わり目以降、そのような文化改革同盟や新しい宗教運動にたいして納得のいくように自らを区別することができるかどうかということである。これらの同盟や運動は、市民社会のなかで一部ではかなり広い影響を及ぼしていながら、教会によって受け継がれたキリスト教的なものの形態からの徹底した解放を宣言し、社会的な統合の必要をみたす不可欠の前提を生み出そうとしている。教会に批判的な、多かれ少なかれ明確にキリスト教以後の「未来の宗教」のさまざまな基本方針が、まさに、成功を収めている変化を喜ぶ新プロテスタンティズム運動の数人の代表者によっても表現されたことによって、この問題は新プロテスタンティズムにとって、さらに文化・教会政治上の議論を呼びおこす。「われわれの時代の変幻自在な性格は、歴史哲学的解釈に少なからぬ困惑をひきおこす。きらめき光を放ちながら感じやすい人々の心を不安にするのは、本当に日没の夕映えであろうか。……それとも新たなより美しい世界の日の朝焼けであろうか。……いくつもの理想を評価しなおす時、すなわち多くの理念を置き換える時であることは明らかである。この時は、グノーシスの巡回説教者が新旧の宗教の構成要素から世界観と人生観との驚くべき豊かさを取り出したあの世紀に匹敵し、あるいはいわゆる熱狂派の信者が時代の不穏を、思い悩み、哲学的に思索し、預言し、異言を語ることによって体現した中世から近代にかけての転換期に匹敵する。言葉のあらゆる意味での数多くの預言者、才気あふれる英雄、説教者が存在するが、民衆の誘惑者やペテン師もいる。グノーシスや熱狂派の世紀のあらゆる変わり者たちは再び姿を現わし、自分たちの再生を喜ぶ。むろん、つねに完全な根源性と純粋さの要求を掲げている」[88]。これは、一九一二年、「プロテスタント文化年報」であるニュルンベルクの雑誌『ノリス』の一節である。この年報には、自由プロテスタンティズムのいわゆる「ニュルンベルク派」[89]のさまざまな代表者とならんで、たとえばルードルフ・オイケンやアードルフ・ハルナックも寄稿した。第二帝政末期の宗教史にとって決定的であるような新しい宗教的な連盟や協会がさかんに創設されるのを目の当りにして、新プロテスタンティズムの評論家や神学上の代表者たちは、宗教政治的な立場を明確にしなければならない。第一に教会内で行動する新プロテスタンティズムのグループ、たとえばプロテスタント協会とさまざまな別の教会自由主義の諸グループや諸協会とのゆるやかな提携である一九〇九年に創設されたプロテスタント連盟[90]にたいして、時代の数多くの新しい宗教運動ないし宗教の預言者的改革者との彼らの関係にかんする論争が、とりわけ古プロテスタントの側からしきりに引き起こされる。そうした改革者として、たとえばクリストフ・シュレンプ、ヨハネス・ミュラー、アルバート・カルトフ、アルトゥア・ボヌス、ヨハネス・クライエンビュール、そしてオイゲン・ディーデリクスなどに出版社のさまざまのお抱え著作者たちが挙げられる[91]。

「教義的でないキリスト教」という自己理解に従えば、新プロテスタンティズムは、左派にたいするそのような境界づけを、伝統的な教会の教義との信条面での一致をめざす正統キリスト教が行なっているような教義の限定としては、行なってはならない。しかし自由宗教や新しい宗教運動の全般にたいして考えうる見解の相違を際立たせるために、事実上その際、キリスト教の伝統にたいする教義的にすら説明された連続性が主張される。すなわち、一方で古プロテスタンティズムと他方でキリスト教以後の宗教性という二重の圧迫を受けて、たとえ還元法的にであれ、なお正統プロテスタント的であるものが信仰箇条にそって確定されなければならない。[92] 大学神学の内部では、独自性を示さねばならないというここに生じる重圧はとりわけ、エルンスト・トレルチとボンの教会史家カール・ゼルによってテーマとして扱われる。両者が細心の注意を払って努力しているのは、彼らの宗教的な改革の基本方針にとって規範的な目標概念としての新プロテスタンティズムを、きわめてあいまいな形でのみなおキリスト教の伝統を受け継いでいる、協会組織をもつ浮動する敬虔に対して際立たせることである。ゼルとトレルチは、本質的に教養市民層グループによって担われたこの敬虔を、「哲学的教養宗教」もしくは「諸宗派にまたがった人間性の宗教」と呼んだ。[93] この敬虔は彼らにとって、もはやキリスト教的なものとは見なされない。

しかしながら、神学的理論形成のレベルで、概念の識別能力によってなそうと試みられた境界づけは、部分的にしか帝政期の敬虔史の現実に合致していない。このことは、とくに概念史においても明らかである。すなわち、新プロテスタンティズム概念は一九世紀の末期以来ますます対立する、あるいは異質の意味内容をもつ多様性と化していく。「『近代プロテスタンティズム』概念の内容は、『古プロテスタンティズム』概念のようには、まだ明確に定義づけられてはいない。しかしこれは概念形成にたいする非難ではなく、近代プロテスタンティズムが古プロテスタンティズムのようにはっきりとしたまとまりをもつものではない、という実際の状況を反映しているに過ぎない」と、自由主義神学の伝統に影響を受けているベルンの教会史家ハインリヒ・ホフマンは、一九一九年、彼の見解を説明している。その見解によれば、近代プロテスタンティズムは神学・敬虔史の立場からみると、ますます、「福音主義的・宗教改革的要素と近代の要素とのさまざまな融合の色あいを見せながら、宗教混宥現象の印象を」

ますます与えている。[93a] 概念史的にみた場合、新プロテスタンティズムの宗教混宥的な性格はとりわけ、教会内外の雑多な、部分的にははっきりと対立する立場の代表者たちがこの概念を要求しているという点に反映している。権威を備え拘束力を持つ新しい文化の代表者たちは、啓蒙主義の伝統にたいしても、同時代の政治的自由主義のさまざまな政党にたいしてもきわめて拒否的な立場をとっているが、まさしく彼らもまた一九世紀から二〇世紀への変わり目以後、新プロテスタンティズム概念を積極的に受容する。すでに第一次世界大戦の勃発以前に、この概念は、一段と反資本主義的で、国家主義的な文化ロマン主義の内容で満たされる。この文化ロマン主義は、近代社会において雑多な文化領域が分裂している状況を、新しい身分的・団体的統一文化をめざして克服することを意図している。教会自由主義の伝統のこうした高まりゆく社会政策的イデオロギー化を背景にしてのみ、一九二〇年代に明確に言い表わされた自由主義プロテスタンティズムにたいする神学的批判は十分に理解されうる。敬虔史からみて、明確にキリスト教以後の自由な協会宗教性の立場への、また西洋合理主義の抽象性を克服するために極東の知恵の輸入を推進したような文化改革連盟への新プロテスタンティズムの移行があいまいである限りにおいて、こうした神学的批判は真実である。

　新プロテスタンティズムの敬虔の伝統を不明瞭に世界観化し政治的に歪めることは、実例を挙げると、四つの立場で示される。大学神学の領域では、著名なベルリンの神学者オットー・プフライデラーが、本質的に三月革命以前の解放神学によって特徴づけられた比較的に古い教会自由主義を一八七〇・七一年の帝国創設に宗教的に大きな意義を与える国民的プロテスタンティズムに変形していく代表的な実例とみなされうる。ほぼ一八九〇年までプロテスタント協会と近い関係にあった、フェルディナント・クリスティアン・バウルのいわゆるテュービンゲン学派の末期の代表者であるプフライデラーは、教会の伝統を現代のキリスト教へと改革によって一層進展させることを支持している。その際この現代のキリスト教は、ヴィルヘルム二世時代のドイツの政治的・社会的に裂け目が多く文化的に断片化された社会のために、市民宗教による統合を成し遂げるべきである。プフライデラーによって構想された帝国の市民宗教にとって、国民史の絶頂における神の歴史啓示についての回想ならびにドイツ特有の文化理想は、キリスト教的なもののなお未発達な初期形態についての回想よりもはるかに重要である。つまりプフライデラーは、彼の後期理想主義の発展論理学の視野のなかで、キリスト教の歴史的起源をもっぱらキリスト教の最低段階としてしか規定しえない。「新プロテスタンティズム」[94]は、ここではしたがって「ドイツ・プロテスタント的な人間性の宗教」、あるいは「ドイツ・キリスト教」[95]と同義語でもある。

プフライデラーの神学的な国民的プロテスタンティズムに対応しているのは、多数の協会や団体に組織された教会的国民自由主義である。たとえば、オットー・プフライデラーの弟子であるブレーメンの牧師ユーリウス・ブルクグラーフは、プロテスタント協会のかつての著名な代表者のひとりであったアルバート・カルトフの支持者たちの、いわゆるブレーメン急進主義に反対するために、一九〇七年、「自由主義・反急進主義の」雑誌『教会の強化と改造のためのブレーメン論文集』を創刊する。この雑誌は、教会「自由主義」を「キリスト中心に深化すること」によって、「新プロテスタンティズムの精神生活をめざして、教会とキリスト教の改造」に貢献すべきである。[96]ブルクグラーフによって記述された「新プロテスタンティズムの人間主義的・理想主義的なキリストの啓示」もしくは「新しい教会の」啓示は、しかしその際、史的なナザレのイエス、または宗教改革・古プロテスタンティズムの伝統の教義的キリストを決して明示することはなく、本質的に「ドイツ的キリスト」[97]を明らかにする。宗教にたいして要求される社会的な統合を成し遂げることは、なお国民主義的な統合イデオロギーに宗教を変質させることによってのみ主張されうる。同質でない宗教的な立場がますます多様になるなかで、もし文化的統一をめざして社会的分裂を克服することが可能であるとしても、それはもはや決して雑多に解釈された宗教的伝統の現状を意味するものではなく、ヴィルヘルム二世時代の階級社会においてとりわけ著しい政治的な総合の必要を世界観の面で重視することである。

「自由を志向するいわゆる自由主義プロテスタンティズム」[98]の帝国宗教への変形は、とりわけ世界大戦という条件のもとで社会的な容認を得る。政治的右翼の指導的な時事評論家であり、ヴァイマル共和国の時代にはドイツ国家人民党の国会議員であった、プロテスタント協会員でプロテスタント連盟書記のゴットフリート・トラウプは、一九一七年、「若きプロテスタンティズム」を宣言する。このプロテスタンティズムにおいては、ルター派の倫理的伝統の諸要素が今や明確に本質的に政治的な統合という目的をめざして、重要な役割を演じている。「私は若きプロテスタンティズムについて語る。なぜなら古い名称は、本質的に神学によって方向を定められているか、党派争いによってあまりに使い古されてしまっているからである。……われわれ若きプロテスタントは国家を愛する。……世俗の秩序としての教会は、力を尽くして民族と国家に仕えるべきであって、決してその逆ではない！　国家共同体内部の民族の生活は、われわれの道徳的行動の目標である。われわれの魂は、神を信頼し確信している。それゆえに魂は、目と手をもって、知性と意志をもって、はつらつと感謝の念をもって国民生活の仕組のなかに入り込み、そうしたことの中にまさしく当然の職務を見ている。人間の唯一当然の任務は、良き日も悪しき日も民族に奉仕することである。そのために、手と心の準備をととのえ、とくに根本的な知的活動を行ない人間性と国家の真の根源を認識することは、とりわけプロテスタンティズムの課題である。プロテスタンティズムは、以前からずっと栄誉ある称号として、民族共同体ときわめて緊密に結びつくことを必要としてきた」[99]。この基礎にたって、トラウプはみずから一九二〇年代の初期に、新しい民族主義的な宗教性のさまざまな立場を「若きプロテスタンティズム」に分類しようと試みている。

新プロテスタンティズム概念が、すでに第一次世界大戦前に政治的世界観化によってますます不明瞭になるばかりでなく、同時に宗教的・神学的にもあいまいになりかけていることは、最後にさらにニュルンベルクの『ノリス』の例で明らかである。この年報の文化政策上の目標は、教会自由主義と政治的文化自由主義との総合であった。一九一二年、『ノリス』の編集者であるハンス・ペールマンは「プロテスタント文化の理想」にかんするアンケートを実施した。このアンケートには、ミュンヘンの宗教局議長ヘルマン・ベッツェルやエルランゲンの厳格なルター派の神学教授アウグスト・ヴィルヘルム・フンツィンガーのようなバイエルン・ルター派の代表者とならんで、アードルフ・フォン・ハルナック、フリードリヒ・リッテルマイヤー、さらにニュルンベルクの牧師アウグスト・パウリといった自由プロテスタンティズムの擁護者たちも詳細な「所見」を寄せている。とくに興味をそそるのは、ニュルンベルクの自由宗教グループの説教者マックス・マウレンブレッヒャーの批判的見解である。「『プロテスタント文化』は、最高の世界・人生目標にふさわしい十分な表現か?」というペールマンの問いに、一九二〇年代初期には「ドイツ国家人民党」の著名な政治家にまでなるマウレンブレッヒャーは、いかなる「新・プロテスタンティズム」あるいは「自由・プロテスタンティズム」にたいしても断固たる政治的拒否をもって答えている。というのは、プロテスタンティズムと文化とのいかなる総合においても、つねにプロテスタンティズムの抽象的主観主義が勝利を収めるからであり、その結果、――マウレンブレッヒャーによって宣伝された――近代の文化意志の真の宗教である、「超個人的なもの、つまり類の未来にたいする結びつき」という「一元論的・社会主義的敬虔」は、新プロテスタンティズムの個性崇拝を徹底的に拒否することによってのみ基礎づけられ得る、というのである。[100] さらに、『ノリス』の同じ巻においてペールマンは、あらゆる新プロテスタンティズムにたいするマウレンブレッヒャーの明確なへだたりを、その場合しかし、新プロテスタンティズムの敬虔の一つの形態であるとすら明言する。なぜなら、「生成途上の人間性」というマウレンブレッヒャーの汎神論的福音は、「プロテスタント・キリスト教のもっとも貴重な遺産の一部」を代表し、少なくとも「半プロテスタンティズム」の意味で、新プロテスタンティズムの多様な敬虔のなかで、まったくなお正当な立場を表わしているから、というのである。(101)「マウレンブレッヒャーの新プロテスタンティズム」は、とくに自由信仰の説教者によって催された「青少年の聖別」のゆえに、ペールマンによって模範的なものとみなされている。「式典は簡素な形式で進行した。祝辞、上品な音楽、子どもたち一人一人にたいする、あらゆる民族や時代に由来する聖別の格言、とくにゲーテやシラーからとられた数多くのことば、聖書のことばも。……神の名は四三の格言に出てきてはいない」(102)。そのような文章を読んで初めて、なぜカール・バルトが著書『ローマ書講解』の第二版（一九二二年）で、「頑固な文化プロテスタントのまさに恥知らずな『敬虔』」について語ったかということが十分に納得できるようになるだろう。(103)

四、「危機の神学」、あるいは否定的な文化プロテスタンティズム

新プロテスタンティズムは「われわれの時代にはもはや存在の権利をもっていない。新プロテスタンティズムは、宗教改革者たちのプロテスタンティズムと比較すると、もはや決してプロテスタンティズムとは見なされえない」と、テーオドーア・エルヴァインは、一九二五年、『時代の変わり目』という意味深長な表題をつけている雑誌で明言している。(104)二〇年代にはまだ新プロテスタンティズム概念は、大学神学の論争において、さしあたり「文化プロテスタンティズム」の概念よりもはるかに大きな役割を演じている。文化プロテスタンティズムの概念は、まさ

に新しい神学的反自由主義の代表者たちにおいても、[105] 一九二〇年代をつうじて比較的まれにしか確認されえない。パウル・アルトハウスの著作においてこの概念は、二〇年代および三〇年代の初期に全部で四回しか見出されない。[106] ヴェルナー・エーラトにおいては、時たま見かけるにすぎない。[107] ティリッヒはこの概念を、亡命前にわずか三回使用しただけであった。[108] バルトの場合は、二〇年代にかんして言うならば、これまで二つの使用例しか私は知らない。[109] ゴーガルテンは、文化プロテスタンティズム概念をそもそも三〇年代の初めにようやく受容したように思われる。[110] また、ルードルフ・ブルトマンの場合には、それどころかこの概念は第二次世界大戦の後になってようやく現われた。[111] それだけでなく、二〇年代と三〇年代にかんしてはこれまでさらに、フリードリヒ・ビュヒゼル、[111a] カール・ルートヴィヒ・シュミット、[111b] グスタフ・クリューガー、[112] エーリヒ・ゼーベルク、[113] アードルフ・ケラー、[114] フリードリヒ・ニーバーガル、[115] ハンス・フォン・ゾーデン男爵、[116] エマヌエル・ヒルシュ、[116a] ハインリヒ・アドルフ、[117] テーオドーア・ジークフリート[118]の原文の中にわずかばかりの例証が確認されうる。ヘルマン・ムーラト、ホルスト・シュテファン、そしてとりわけマルティン・ラーデ[119]のような『キリスト教世界』紙周辺の神学者たちもどの程度まで、みずからこの概念を二〇年代に——自称としてであれ、支配的な文化プロテスタンティズム批判との論争においてむしろ距離をおいてであれ——使用したか、今のところまだ述べることはできない。同様のことは、オットー・ピパー、[120] クルト・レーゼ、[121] ヴィルヘルム・リュトガート、カール・ハイム、フリードリヒ・カール・シューマン、ゲルハルト・クールマン、ヴィルヘルム・ケップ、フリードリヒ・ブルンシュテット[122]といった大学神学者についても言える。いわゆる国民社会主義による権力掌握のあとに教会闘争において、この概念は「ドイツ・キリスト者」[123] の神学上の代表者たちによっても、また「告白教会」のメンバーたちによっても論駁の対象として使用される。プロテスタント協会の会員であったベルリンの牧師ハンス・シュレンマーはそれゆえ一九三四年に、次のような挑発的な命題を主張した。弁証法神学とドイツ・キリスト者の神学とのあいだには、あらゆる点で見解の相違ばかりでなく、密接な関連が存在する」[124]。「弁証法神学とドイツ・キリスト者は、いかなる文化プロテスタンティズムをも拒否するという点で完全に一致している。文化プロテスタンティズムの代わりに、『自由主義』という言葉も使われている」[125]。

大学神学者たちの出版物に見られるのとは比較にならないほど大きな役割を演じているのは、一九二〇年代の教会新聞・雑誌におけるこの文化プロテスタンティズム概念である。このことが妥当するのは、すでに述べたように、二〇年代の半ば以来、教会自由主義連合の数人の幹部もまた、「文化プロテスタンティズム」を基本方針を示す概念として採用するからだけではない。もろもろの教会新聞ではむしろ、第一次世界大戦と革命の後の神学的転換をものともせずに、多元的な社会にキリスト教の伝統を仲介するという教会の倫理的課題を明確にするために、今なお中心的な概念として積極的に必要とされえないかどうかをめぐる著作による論争もなされたからである。たとえば、フェルディナント・テンニエスは一九二六年、「ドイツ民主党」の党新聞で、「文化プロテスタンティズム」という形態においてだけ、とくにディトマルシェンにおいてどちらかというと神を認めなかった民衆がシュレスヴィヒ・ホルシュタイン全域で再びキリスト教にたいする信頼をいだくようになりうる、ということを証明し[126]、それによって『シュレスヴィヒ教会誌』において、さまざまな牧師たちの間に、そしてついには彼らとテニエス自身との間にも集中的な論争を呼び起こした[127]。二〇年代の大学神学において文化プロテスタンティズム概念が次第に浸透していったことは、それゆえ教会新聞・雑誌にこの概念が見出された結果としても理解されるであろう[127a]。大学神学の著名な代表者たちのテキストにおいて、この概念が一九二五年以後、二〇年代初期よりも著しく頻繁に確かめられうる、ということもそのことを物語っている。

一九二〇年代の大学神学において文化プロテスタンティズム概念がこれまでのところどのくらい使用されたかに

ついてはわずかしか証拠資料による確認がなされていないので――少なくとも今のところ――概念史の組織的論述はせまく限定されている。しかしなぜ文化プロテスタンティズム概念が、新プロテスタンティズムの概念を次第に押しのけたかについては、四つの理由を挙げることができる。

(a)二〇年代のプロテスタント大学神学の論争において、文化プロテスタンティズムは際立った概念ではない。神学のさまざまな学派や傾向の間での論争にとって、別の諸概念、とくに「理想主義とキリスト教」にかんする広い議論において論議の余地のある理想主義概念がはるかに重きをなしている。文化プロテスタンティズムの拒否は、むしろたとえばバルト神学とアルトハウス神学というような異質な神学のあいだの根本的な合意となっている。あたかも文化プロテスタンティズムが、もろもろの対立を特徴づけるのにふさわしいかのように。この概念の使用にあたって立場の相違があるとするなら、それはたとえばバルトとは異なって、もしくはバルトよりも強く比較的年長の世代の神学研究との歴史的連続性を積極的に擁護しようとした神学者たちが、文化プロテスタンティズム概念をもっぱら距離をおいて採用した限りにおいてである。この概念は、たとえばハンス・フォン・ゾーデンやグスタフ・クリューガー、その後ルードルフ・ブルトマンにおいて、もっぱら引用符つきで、もしくは「いわゆる」文化プロテスタンティズムという形容詞つきで使われている。

(b)文化プロテスタンティズム概念は、二〇年代の大学神学の著名な代表者たちによって、比較的まれに使われているにすぎない。このことは、文化概念がもつ多くの他の合成語が、彼らによってまさに過剰に使用されていることと顕著な対照をなしている。こうしてたとえばバルトは、一九二三/二四年に行なったシュライアーマッハー講義において、何度もシュライアーマッハーの「文化プログラム」、「文化宗教」、「文化信仰」、「文化神学」[128]について語っている。ヴェルナー・エーラトの一九二一年に出版された『キリスト教をめぐる闘い』の索引において、もっぱらキリスト教概念にかかわる「文化キリスト教」とならんで、くりかえし「文化肯定」、「文化能力」、「文化にたいする敵意」、「文化業績」、「文化力」、「文化にたいする倦怠」、「文化嫌悪」といった語、また別の文脈で、「文化との親交」、「文化の至福」、「文化の喜び」、「文化楽観主義」、「文化の重荷」、「文化神学」、そしてとりわけ「文化の普及」(129)という語が見られる。また一九二六年に出版されたゴーガルテンの『幻想。文化理想主義との対決』では、さらに「われわれの文化心酔者や文化革新者の」「文化についてのおしゃべり」、「宗教による文化の鼓舞」や「心によって文化を深めるための施設」としての教会についても、論駁がなされている。(130) 文化プロテスタンティズム概念が、大学神学において二〇年代の半ば以降、自由プロテスタンティズム、とりわけ新プロテスタンティズムといった概念を次第に抑えこみ、もしくは部分的に完全に排除しさえするということは、文化概念のこうしたきわめて多様な意味論との関連においてだけ説明されうる。新プロテスタンティズム概念がひきつづき歴史的意味内容と立場上の意味内容との間でさまざまに色合いを変えるとするなら、文化プロテスタンティズム概念においてははるかに明確に、境界づけにたいする規範的な関心が顕著になってくる。なぜなら、二〇年代の神学において、文化概念とその合成語が否定的な意味合いで使われているまさにその程度に応じて、「文化プロテスタンティズム」も論争的な内容を獲得するからである。「文化主義」の疑い、(131) すなわち存在するものの偶像視に寄与する適応や、キリスト教的なものの「脱終末論化」(132)という非難の響きが、すでにその概念のなかに暗黙のうちに絶えず混じっている。「文化プロテスタンティズム」という語をそっけなく使っている者自身も、その意味論的な広がりの暗示力から逃れることはできない。

(c)この概念は、二〇年代および三〇年代初期のプロテスタント神学において、詳論されることがますます少なくなる。ゴーガルテンは一九三七年に、「神学的自由主義、文化プロテスタンティズムもしくは新プロテスタンティズム、あるいはこれらの名称がその他に何を語っているか」[133]について述べている。例の文化・教会政治的境界づけ、また神学的立場にかかわる境界づけのすべては――それらはかつて「教会自由主義」、「自由主義プロテスタンティズム」、「自由プロテスタンティズム」、「新プロテスタンティズム」といった概念において実施された――まさしく市民世界に対する全般的な批判にかんして作り上げられる見通しのなかでは、もはや役割を果たしていない。ハンス＝ヨアヒム・ビルクナーによって描写された「自由主義神学」概念の細分化の克服に類似して、[134]「文化プロテスタンティズム」は、ドイツの第一次世界大戦前のプロテスタンティズム全体、もしくは一九世紀ドイツ・プロテスタンティズム全般の、たしかな原理的・神学的な不当性にたいする神学政治的暗号に昇格する。カール・バルトの決まり文句ほどこのことを明瞭に裏づけるものはない。「教会と文化」と題する講演において、バルトは一九二六年、あらゆる文化形態の「終末論的限界」[135]を厳しく説いている。「約束と律法をめぐる知識も、限界をめぐる知識にもとづいている。この点の無知に対して、すなわち『自由主義的』で、『肯定的』な文化プロテスタンティズムに対して、今日、別の道を行くことが重要である。[136]……」。急進的な区別を試みる意志に基づくこうした展望の中で、歴史的に見て一九世紀末期と二〇世紀初期のプロテスタント神学の発展の内的な推進力をうみ出すすべての対立は一つのことに帰する。トレルチの自由主義的な新プロテスタンティズムが文化プロテスタンティズムであるとまったく同様に、今やグリュッツマッハーの積極的古プロテスタンティズムも、もっぱら文化プロテスタンティズムとみなすべきである。バルトの概念使用は、近代神学史を根本的に脱歴史化する傾向がある。すなわち、実際には多様な歴史的立場が見られるが、それらが自らの神学にたいする一つの市民的な反対の立場に収れんすることによって、この脱歴史化は排他的に妥当すべきなのである。

(d)この概念を二〇年代半ばに建設的に受容する教会自由主義のさまざまな連盟の幹部たちと、オットー・バウムガルテンのような自由主義神学の理論伝統の代表者は、二〇年代にそれゆえ繰り返し指摘した。文化プロテスタンティズム概念を論駁の意味で使用すること自体が、支配的な時代精神にもとづく神学的強化の表現にすぎない、と。ヴィルヘルム・シュープリンクは、「文化批判的神学」――これは二〇年代に激しく議論された概念である(137)――によって宣言された急進的な「宗教と文化の分離」のなかに、「宗教的自覚にたいする一般的文化状況の他ならぬ影響を見ている。こうした分離は、文化の発展から生じた退廃ムードの宗教的表現である」(138)。文化プロテスタンティズム概念の意図的な使用に対応するのは、したがって二〇年代の教会自由主義の文献において、新しい神学的な「文化軽蔑者」(139)の根づよい文化的依存が表明されるべき数多くの概念が生み出されたことであった。弁証法神学者たちは、『プロテスタント雑誌』にとって、たとえば危機を利用する者あるいは解体に関与する者であり、バルトそしてとりわけゴーガルテンはこの点で破局の神学者、没落の預言者、神学的文化悲観主義者、文化危機の神学者と見なされている(140)。しかしこの語の使用は、論争によって違いを明らかにしようとする関心に役立つばかりではない。新しい反自由主義的神学の文化的制約――これはつねに相対性と限定性をも意味する――が明瞭にされることによって、これらの新しい神学は、文化プロテスタンティズムの調停要求の特定の実現形態であると立証されるべきである。市民文化をもっぱら不十分にキリスト教の基準に照らして判断したことを、第一次世界大戦前の時期のプロテスタンティズムの責任にする者は、まさしく新しい「勇気ある、人生のあらゆる現象への(われわれのキリスト教的基準の)適用を要請すべきである。しかしこのことは、文化とキリスト教の分離を意味してはおらず、……文化とキリスト教はこれまで以上に関連づけられなければならない。……これが文化プロテスタンティズムの真の意義である。……」。シュープリンクはこのように弁証法神学を論評している(141)。一九二〇年代の「自由主義」神学者たちは、彼らの批判者たちによってなされた宗教と文化との対立の終末論的誇張をそれゆえ自らもう一度、新しい文化神学の表現と解釈する。近代文化がますます細分化することに伴って生じた事実上の相違を神学的に誇張することは、「文化喪失者の宗教」(142)をめざすのではなく、時代の支配的精神にふさわしい自由主義以後の新しい文化理想をめざしているという。この自由主義以後の文化プログラムは、とりわけ自由主義的な調停の構想において、もっぱら宗教に認められている統合能力は独占的に教会に対して要求されなければならない、という想定に基づいている、というのである。

二〇年代の神学的自由主義の代表者たちにとって、新しいもろもろの教会神学は、新しい統一文化をめざす構想に他ならない。その統一文化においては、教会にたいして、社会のその他のすべての機関に対する倫理的な指導の要求が認められるべきである。しかしその場合、必然的に「文化プロテスタンティズム」概念の立場上の性格も解消する。この概念は、他の神学あるいは教会・文化政治的立場と比べて、もはや自らの神学的・教会政治的プログラムの自称のためだけに役立つのではなく、同時に近代社会にとって根本的な文化の細分化という条件のもとで、あらゆる神学の課題を記述する。この概念のこうした自由主義的な神学的使用は、その限りで、みずから「諸党派をこえて」というあの堂々たる、神学上の敵対者たちが負わされている外見を免れてはいない。

新しい反自由主義の教会神学は、文化にたいする教会の優位を求める権威主義的なあこがれの表現であるという、二〇年代に教会自由主義の神学者たちによってなされた非難は、弁証法神学者たちや、アルトハウス、エーラト、ヒルシュのようなルター派の神学者たちによって主張された、キリスト教信仰と近代文化との批判的な関係の構想の事実上の細分化を、部分的に正当に評価するにすぎない。しかし、神学的「転換」の代表者たちによって定式化された、自由主義神学的理論伝統の拒否に対する教会自由主義の神学者たちの――しばしばあまりに論争的な――反論の正当性がたとえ神学的にどのように評価されうるとしても、この反論は解釈学的に生産的な観察を含んでいる。すなわち、一方の近代主義的な文化神学、他方の文化批判的な教会神学との間に見られた、二〇世紀初期のドイツ語圏のプロテスタント神学にとって重要な争いのなかで、現代の組織的・神学的論争において好んで暗示されているように、キリスト教信仰が自らにとって本質的な終末論的根本姿勢一般において、文化と関わりあってよいかどうかという問題が重要なのではない。まさしく弁証法神学者たちが、彼らの自由主義神学的な大学教師たちから自立していく複雑なプロセスも、(143)広くゆきわたっている神学史的な解釈モデルによっては十分に理解しえない。その解釈モデルによれば、自由主義神学者たちが文化とキリスト教の調和的な一致、それどころか相違のない統一を擁護し、弁証法神学者たちが神学の独自性と教会の自立性のために、その後でキリスト教信仰と文化との徹底的な分離を企てざるをえなかったのである。というのは、弁証法神学者たちによって宣言された離断は特定の否認の表現として、すなわち歴史的に規定された文化にたいする拒否としてまじめに受けとられなければならない。彼らの批判は、本質的にキリスト教的な観念内容を市民に特有の規範と価値へ変形するプロセスに向けられており、キリスト教的なものの市民化にたいする根本的批判として明確に、近代資本主義によって担われた市民社会一般の生活秩序にたいして徹底的な社会政治的距離をおくことを内容としている。二〇世紀初期の神学内の争いはまず第一に対立する文化構想をめぐってなされる。どのようなカテゴリーをもって、神学において現にある文化が把握されるのか。人間の文化についてどのような規範的なイメージが、特定の神学に内包されているのであろうか。教会という場は、近代の多元的文化の内部において、いかに規定されているであろうか。どのような建設的な文化の基本的受容が、市民層の世界との別離をめざす文化批判をかかげる二〇年代の例の教会神学にとって根本的であるのか。この種の問いを投げかけることは、確かにわれわれの神学史にかんする研究活動の徹底した方向づけの変更を意味する。しかし、神学的な文化批判は信仰と文化とのあいだを裂く分離だけをめざし、他方みずからは代わりとなる独自の文化理想をもっていないという錯覚を生み出す者は、二〇年代をつうじて新プロテスタンティズムをめぐる論争においてなされたプロテスタンティズム内部の論議の反響の域にも達しない。文化プロテスタンティズム概念が、単なる論争的な神学政治的な暗号以上であるべきであるなら、一九世紀（末期）と二〇世紀（初期）のどのような神学的構想が、そもそも文化プロテスタンティズムと見なされうるか、という問いに決着をつけるための基準を用意する鋭敏な体系的な概念構成がそれゆえ必要となる。そのような体系的な概念構成は、神学の若干の学科において、とりわけ実践神学において、最近数年のあいだに注目すべき、「今日までしばしば誹謗された文化プロテスタンティズムのルネサンス」(144)が生じたという理由によっても求められている。歴史的な感受性と体系的な明確さはしかし、特定の神学に含意された文化構想の、カテゴリーによって導かれた比較によってのみこの概念に与えられる。そのような比較は、文化に批判的な二〇年代の神学者たちによって明確に述べられた新プロテスタンティズム批判の生産的な新たな解釈の好機となるであろう。このことはとくに、カール・バルトの神学にあてはまる。「自由主義神学」にたいする彼の批判は、とりわけ自由主義神学の文化実体論的で、統合をめざす基本的な受容――たとえばトレルチの「文化総合」のような――にたいする拒絶として把握されうるだろうか。またその結果、近代文化に関する多様な記述を入念に神学的に受け入れる表現として解釈されうるだろうか。

五、文化プロテスタンティズムの現象学、あるいは歴史的なものの非完結性

プロテスタンティズムの自由主義的な変形の試みが存在して以来、そうした試みにたいする批判も存在する。し

かし、そのさい決定的なことは、そのような批判が決して極端なものであっただけではない、ということである。むしろ、自由主義プロテスタンティズムは、つねに内在的な批判をも引き起こしてきた。

「文化プロテスタンティズムの現象学」の構想にとって、この批判の伝統がもつ一面の真理を確かめることは、少なくともこの概念の歴史を展望する場合に決定的であろう。なぜなら、概念史的に見ると、極端な批判にさらされていないそうした文化プロテスタンティズムはないからである。この概念の起源が現在のところたとえまだ、確定的に特徴づけられ得ないとしても、しかし推測はあえてなされうる。この概念の発生を確定するために、とりわけ三つの歴史的な背景がとくに注目に値する。

第一は、一八七〇年から一九一八年までの間になされた、新しい帝国のキリスト教以後のドイツ市民宗教をめぐる論議である。キリスト教の伝統と近代文化の実際生活における基本的受容との間の根本的な相違を誠実に承認することができずに、市民層の社会的・政治的解放を促進しようとする自由主義神学の不徹底に対するダーフィト・フリードリヒ・シュトラウスの論戦以来、[145]ドイツの教会自由主義は、古い超越信仰と本質的に内在にもとづく世界に対する近代的対応との間には原理的に調停不可能な精神的対立があると主張する、はっきりとキリスト教以後の時代を特徴づける批判にさらされているのに気づいている。こうした明確に市民的な、キリスト教の解放の代表者たちは、教会キリスト教の歴史的な生存能力を確信しているので、彼らは神学と教会における伝統主義的な立場よりもはるかに徹底的に、キリスト教を自由主義プロテスタンティズムに変形するさまざまな試みとたたかう。こうして、たとえばエドゥアルト・フォン・ハルトマンは、一八七四年に「純然たる妥協をこととしている自由主義プロテスタンティズム」を「キリスト教の自己崩壊[146]」と受けとめている。キリスト教が市民に特有な価値観念に順応してしまっており、それが教義的に見て、あるいは伝統的な信仰に忠実な立場から見て、正統的ではないという疑いが生じた。一八七〇年代以来このような疑いは、ドイツ社会の経済的な近代化に適合する文化的再編成にかんする集中的な議論のなかで広く行なわれている論証モデルの一つである。こうした議論はとくに、数多くのあらたに創刊された文化雑誌において繰り広げられている。世紀の変わり目の後、たとえば「文化保守主義」や「文化自由主義」といった文化概念の新しい合成語があらたに作られる。「戦争が生じなかった最後の一〇年の政治・文芸雑誌は、『文化』問題で持ち切りであった」[147]。これまでのところ、文化プロテスタンティズム概念はたしかに、文化雑誌でなされた文化をめぐる議論との関連でも、自由主義プロテスタンティズムに属する——宗教政治から見て——左派市民層の批判者たちの出版物においても、確認されてはこなかった。しかしこの概念が、このような時代環境のなかで作られた可能性があること、あるいは少なくとも関接的に必要とされたことは、フリードリヒ・オーファーベックの『キリスト教と文化』によって、容易に推測することができるのである。オーファーベックは、一九一九年に遺稿をもとに出版されたものの、すでに一九〇五年以前に執筆されたこの「近代神学に対する見解と論評」において、ローマ・カトリック教会の近代主義を論争的に「文化カトリシズム」[148]と呼んだ。文化カトリシズム概念は、カトリック教会内部の近代主義をめぐる論争との関連では、これまでのところまだ確認されていない概念であり[149]、その限りにおいて——あるいは文化プロテスタンティズムとの類推で——プロテスタンティズムの地盤でつくられたのかもしれない。

第二に、一八七〇年代の文化闘争をめぐる文書の余波である。それは、一九世紀末期と二〇世紀初期のいわゆる劣等論争[150]において見られた。すなわち、まさしく自由主義プロテスタンティズムによって繰り返し主張された、ローマ・カトリックのいわゆる世俗を否定するだけの敬虔に対するプロテスタント精神の文化実践的な優越にかんする数多くの文書による論争において見られたものである。とりわけ世紀の変わり目直後の数年間に、七〇年代の政治的・行政的文化闘争は、一方では政治的カトリシズムの社会的影響にかんする文化政治的な議論において、また他方では文化のあらゆる領域を教会が支配するという観念の影響を受けている、「教皇権至上主義の」政治的カトリシズムがもつ文化理想の近代性のをめぐる地位にかんする論争において、引き続きなされている。ここでなされた議論は、まさにローマ・カトリックの貢献にかんして多大の関心を呼んでいる。なぜなら、ドイツ・カトリシズムの伝統主義の代表者も近代主義の代表者も、文化的劣等という非難にとりわけ次のように反応したからである。すなわち彼らが、「近代の」、「自由で」、「進歩的な」、あるいは「自由主義的なプロテスタンティズム」[151]を、「あいまいで変化しやすいプロテスタンティズム[152]」と明言しているからである。彼らによれば、このプロテスタンティズムは、今ではもう浅薄な「文化にたいする敬虔[153]」、もしくは「俗物の宗教[154]」を意味するにすぎない。プロテスタンティズムの教皇権至上主義論駁にたいするローマ・カトリックの反論には、「自由主義プロテスタンティズム」にたいする批判の多くの決まり文句が見い出され、それらの決まり文句は、伝統主義的なプロテスタンティズムの側からなされたプロテスタンティズム内部の教会政治上の敵対者との論争にも影響を及ぼしている[155]。

第三に、そしてとりわけ、厳格なルター派内部で明確に表現された、教会自由主義にたいする批判である。すでにプロテスタント協会の設立と関連して、「正統主義」の側からのおびただしい宗教パンフレットが存在するし、教会新聞・雑誌ではさまざまな自由主義団体にたいする批判が、一九二〇年代にいたるまで主要なテーマとなっている。私が推測するところでは、「文化プロテスタンティズム」は、伝統主義を志向するルター派の人々によって論争のなかで作られた概念である。いずれにせよ、ここですでに一八六〇年代および七〇年代にこうした推測を裏付けるプロテスタンティズム概念の合成語を確認することができる。こうして『新福音主義教会新聞』[156]紙上で、「近代の文化キリスト教」の「世俗への信頼」や「世俗への順応」にたいして論駁がなされるばかりでなく、対立を徹底することによって、誤ったプロテスタンティズムにたいする独自の概念も生じてくる。この誤ったプロテスタンティズムは、「自由主義的な妥協のキリスト教」[157]、「人間性のプロテスタンティズム」[158]、「退化プロテスタンティズム」[159]、そして「えせプロテスタンティズム」[160]である。

ただし、文化プロテスタンティズム概念は、宗派主義的ないし「積極派の」ルター派の教会新聞・雑誌において、——今のところ——一九〇五年にようやく確認されうる。世紀の変わり目以後の新たな文化闘争を視野におさめながら、シュレスヴィヒの教会総監督テーオドーア・カフタンは、一九〇四年の『一般福音主義ルター派教会新聞』で、宗教政治的ないし文化政治的目標設定や「ドイツ・プロテスタンティズムの利益を擁護するための福音主義同盟」が公的な影響を及ぼすチャンスにかんする議論を呼びおこしている。この同盟は、教皇権至上主義もしくは政治的カトリシズムとの闘いのために、一八八六年に設立されたもっとも重要なプロテスタンティズムの団体である。カフタンは、高い同質性にもとづき、また有効な組織構成（協会制度や中央党）にもとづき、住民のプロテスタントの多数派よりもはるかに大きな社会形成力をもつ政治的カトリシズムに、社会政治上のバランスをとるために、プロテスタンティズムの政治的利害同盟の宣伝活動をおこない、またそれゆえ、もっぱら政治的カトリシズムとの闘いに貢献する新しい「プロテスタント同盟」が設立されるか、もしくは「福音主義同盟が……本質的に政治的な団体に」[161]なるか、のいずれかを支持する。一九〇四年九月に開催された第一三回福音主義同盟の総会の席上、カフタンは論議を呼ぶことになる教会政治上の彼の提案——ルター派の伝統にとって本質的な、福音と政治の区別はカトリシズムの政治的成果に直面してはっきりと停止される——を、さらに「宗教プロテスタント」と「文化プロテスタント」の社会政治的共闘にむけて具体的に述べている。[162]「宗教プロテスタント」と「文化プロテスタント」との相違を具体的に示すために、カフタンはライプツィヒの倫理学者であるオットー・キルンによって展開されたプロテスタンティズムの「宗教的原理」、すなわち神にたいする個々人の信仰による直接性の原理と、「プロテスタンティズムの文化・政治的原理」、いいかえると「すべての地上の生活領域に持ち込まれた神的秩序にふさわしい生活領域の自立性」[163]の原理との区別を引き合いに出す。文化プロテスタンティズム概念がこうした区別の影響を受けて成立したのかどうかは、今のところしかるべき根拠をもって決定することはできない。

それにもかかわらず、プロテスタンティズムの社会政治的な行動能力をあらたに明確にし強化するというカフタンの試みをめぐる、日刊紙でも集中的になされた広い範囲におよぶ議論は、文化プロテスタンティズムの概念の歴史にとって、特別な関心をそそるものである。反カトリック的な立場から敵対者像を誇張することによって、プロテスタンティズムのあらたな政治実践的な同質性をうみだすというカフタンの構想は、まさに宗教的に伝統主義的で政治的に保守的なルター派の代表者たちによって、宗教的動機からも、政治的関心によっても打ち砕かれた。カフタンによってさしあたり異なるものの総合のために用いられた「宗教プロテスタント」と「文化プロテスタント」との区別は、それゆえ批判者たちによって調停不可能な対立の意味でうけとめられた。『一般福音主義ルター派教会新聞』には議論のためにさまざまな意見が掲載されたが、その中でカフタンの区別は、「福音にとらわれない文化プロテスタンティズム」と「福音に根ざし生命力のある福音主義プロテスタンティズム」とのあいだの対立として解釈される。[164]政治的カトリシズムに向けられた新しい文化政治的な、プロテスタンティズムのさまざまな陣営の間の合意にとって、その場合もはや十分な神学的正統性の基礎は定義されえない。「福音主義同盟」グループに属するカフタンの批判者たちにとって、文化プロテスタンティズムは「実際上、一元論的プロテスタンティズム」[165]である。これらの批判者たちは「いつの日か、文化プロテスタンティズムが、福音主義プロテスタンティズムをローマと一緒くたにするようなことをせず、福音主義プロテスタンティズムに対し同じように教権主義として闘いを挑まない」[166]という保証を要求する。また彼らは、カフタンによる福音主義同盟の政治化が一方的に政治的左派自由主義に有利になることを恐れている。この政治的左派自由主義は、彼らによれば、その議会における連合政策において、中央党にたいしてよりも「プロテスタント保守主義者たち」[167]にたいして、一層敵対的な立場をとっているのである。このような教会政治的な論争との関連で、カフタン自身はその後ますますつよく「文化プロテスタンティズム」と一線を画すようになり、新たな政治的全体プロテスタンティズムという彼の構想が幻想にすぎないことを承認しなければならなかった。「『福音主義同盟』――そしてその中にはその名称のある種の正当性が今日なお存在する――に、すべての文化プロテスタントが所属しているわけではない（そうであったなら、たとえば私によって当時支持されたプロテスタント同盟を生み出し、この同盟はその後あきらかに相互の承認という確かな条件ともずっと結びついているはずである）。これに所属しているのは、自ら何らかの方法で福音主義の立場にたとうとしているプロテスタントだけである。たとえ彼らの『福音主義的』なるものが、福音に耐えられないとしても」[168]。カフタン自身のこの概念の使用さえ、したがって「文化プロテスタンティズム」と真の福音主義プロテスタンティズムとを対立させる傾向によって特徴づけられている。

ルター主義神学において文化プロテスタンティズム概念はすでに第一次世界大戦前に、これまで確証されているよりもはるかにしばしば使用されたに違いない[169]。その限りにおいて、この概念の発生や歴史についてのきめ細かな叙述のためには一九世紀末期および二〇世紀初期の積極派神学の一層詳細な研究ならびにルター派の教会新聞・雑誌の解明に、特別の意義が認められてしかるべきであろう。概念史的再構成の現状では、文化プロテスタンティズム概念がすでに第一次世界大戦前に、また大戦にともなって引き起こされた神学上の大変革の前に神学政治的闘争概念として用いられたことが、すでに確認されうる。もっとも、『一般福音主義ルター派教会新聞』に載った先にふれた文章においては、文化プロテスタントと呼ばれている神学政治的な敵がいったい厳密に誰であるのかは、はっきりしないままである。名指しはされていない。したがって、ここで第一に語りかけられているのが、とりわけプロテスタント協会において組織されていたような比較的古い教会自由主義なのか、あるいは『キリスト教世界』紙友」なのかは未解決のままにとどまるに違いない。軽蔑的な意味を込められたこの概念は、ここではまず第一に真の福音主義プロテスタンティズムと、近代文化に順応した誤ったプロテスタンティズムとの区別にたいする論争的な関心に役立っている。

近代神学史においてかなりの程度まで排除された「保守的」伝統の意義を思い起こさせることは、まさに文化プロテスタンティズムとその歴史をより詳しく研究することをめざす人々を驚かせるかもしれない。しかし、近代プロテスタント神学の内的連続性を考慮すると、「自由主義の」伝統よりも近代的傾向に批判的な伝統の方にはるかに大きな重要性がある。いずれにせよ、「文化プロテスタンティズム」の概念史は、現在もすでに、とりわけ神学のこうした内的連続性の再構成がなされなければならないことを認識させる。第一次世界大戦後の反自由主義的な転換以来はじめて、文化プロテスタンティズムにたいする批判が存在するのではないならば、「文化プロテスタンティズム」概念はもはや諸時代の明白な境界づけにふさわしくない。ドイツの第一次世界大戦前のプロテスタンティズム全体を文化プロテスタンティズムと呼ぶことは、文化プロテスタンティズムにたいする批判者の自己理解をも、比較的古い自由主義プロテスタンティズムの諸団体の幹部の教会政治的諸体験や、『キリスト教世界』紙の周辺の神学者たちをも正当に評価しない。この概念はしかし共時的にも、たとえば教会党派の相対的にまとまりのある神学的伝統、あるいはそればかりか特定の神学的傾向ないし学派のような明確な歴史的対象を言い表わしていない。なぜなら、近代主義的伝統の内在的な批判は、そうした伝統内部の多様性や多義性を認識させるからである。

「文化プロテスタンティズムの現象学」は、とりわけこうした多義性を考慮しなければならない。この多義性はすなわちそれ自体、文化プロテスタンティズムのすべての神学的諸形態にとって根本的である例の調停意図の表現なのである。近代文化が多元的であるならば、どうして文化プロテスタンティズムが一義的でありえようか。

以上のテキストは一九八六年に執筆され、一九八七年に『概念史論叢』の第二八巻に発表された。編集者の求めに応じて、ここに変更を加えずに復刻される。このテキストが最初に出版されて以来、私は文化プロテスタンティズム概念ならびにこれときわめて類似の、文化宗教、文化キリスト教、文化カトリシズム、文化ユダヤ教といった概念の歴史をさらに解明しようと務めてきた。二〇世紀の最初の二〇年、三〇年にかんして、文化プロテスタンティズム概念の使用についての数多くの新しい例証が明らかになった。保守的ルター派的、もしくは「積極派の」教会新聞雑誌におけるこの概念の論争的使用にとっての種々の新しい確証は、この概念がもともと自称ではなく、自由主義プロテスタンティズムの諸団体にたいするさまざまな敵対者たちの教会政治上の闘争概念であったという推定を裏書きする。この概念は、文書によるもろもろの例の文化闘争を背景として生み出されたのであろう。これらの闘争は一八七〇／七一年の帝国創建以来、たんにカトリックとプロテスタントとの間にだけではなく、ますます激しくプロテスタンティズム内部においても、自由主義者と保守主義者との間の論争としてなされたものである。この概念の起源と発展についてのより詳しい解明が必要とされている。

プロテスタンティズムと近代文化の関係にかんするプロテスタンティズム内部の論争についての私の最近の研究として、以下の出版物を参照していただきたい。「文化の宗教的基礎。近代プロテスタンティズムの文化をめぐる議論の歴史について」、リヒァルト・ツィーガート編『文化としてのプロテスタンティズム』ビーレフェルト、一九九一年（クラウス・タナーと共著）。「文化プロテスタンティズム」、『神学百科事典』第二〇巻、ベルリン、ニューヨーク、一九九〇年、二三〇―二四三頁。神学と歴史学における文化プロテスタンティズムについての議論を扱った最近の出版物にかんしては、ガンゴルフ・ヒュービンガーの優れた文献報告が情報を与えてくれる。ヒュービンガー「ヴィルヘルム二世時代のドイツのプロテスタント文化」、『文献の社会史のための国際論叢』第一六巻一号（一九九一年）、一七四―一九九頁、である。

注

(1)マンフレート・シック『文化プロテスタンティズムと社会問題――とりわけ福音主義社会会議の創設から第一次世界大戦の勃発にいたる時期（一八九〇―一九一四年）における社会倫理の基礎づけの試み』（テュービンゲン経済学論文、第一〇巻）テュービンゲン、一九七〇年、一頁。

(2)「文化プロテスタンティズムは多くの場合、論争において使用された表現であり、概念として把握することは難しい。この語はとくに第一次世界大戦後に広まった」（カール・クピッシュ、項目論文「文化プロテスタンティズム」、『福音主義社会事典』シュトゥットガルト、ベルリン、一九六五年、第五版、所収、七四八段）。ヘルマン・ティム『アルブレヒト・リッチュルとヴィルヘルム・ヘルマンの神学における理論と実践――文化プロテスタンティズムの発展史への寄与』（福音主義倫理学研究、第一巻）ギュータースロー、一九六七年、一三頁によれば、この「概念は……弁証法神学によって、しかも論争的な意図をもって生み出された」。グンター・ヴェンツ『主観と存在――パウル・ティリッヒの神学の発展』ミュンヘン、一九七九年、一六頁も、とりわけこうした主張を支持している。これにたいして、エーバーハルト・アーメリンクの項目論文「文化プロテスタンティズム」（『哲学中辞典』第四巻、バーゼル、一九七六年、一三四〇―一三四一段）は主張する。「この『文化プロテスタンティズム』は、一八七一年から一九一九年の時期の批判的な標語である」。しかし、すでにそこから二つ先の文章で、アーメリンクはこの見解を改めた。「この概念は、弁証法神学の文化批判にもとづいて成立した。ただし、一九二六年以前の指導的な弁証法神学者たち（バルト、ゴーガルテン、トゥルナイゼン）の主著には見出せない。その結果、この概念の起源は不明なままである」（一三四〇段）。これは、この概念がバルトにおいてすでに一九二二年に確認されうる（後述の注一〇三、注一〇七を参照）限りにおいて、すでに誤りである。W・フィリップの項目論文「文化プロテスタンティズム」、『福音主義教会事典』第二巻、ゲッティンゲン、一九五八年、九九三—九九七段も参照。

(3)ハンス・ペーター・トゥルン「文化社会学——この学問分野の概念史について——」、『ケルン社会学および社会心理学雑誌』三一号（一九七九年）、所収、四二二—四四九頁。ここでの関連箇所は四二二頁。以下の文献も参照。イゾルデ・バウル『「文化」という語およびその合成語の歴史』、『母国語』七一号（一九六一年）、所収、二二〇—二二九頁。ダーフィト・ゾブレビラ『文化概念、文化哲学、文化批判の起源——その成立と前提にかんする研究』哲学学位論文、テュービンゲン、一九七一年。

(4)ジョージ・ラップ『文化プロテスタンティズム——二〇世紀の変わり目のドイツ自由主義』（アメリカ宗教学会、宗教研究シリーズ、第一五号）ミズーラ／モンタナ、一九七七年、九頁。

(5)以下の文献を参照。トゥルッツ・レントルフ「文化プロテスタンティズム」、W・シュミット編『キリスト教の社会的挑戦』ミュンヒェン、一九七〇年、所収、九—一八頁。ヴィルヘルム・シュネーメルヒャー、項目論文「文化——B文化プロテスタンティズム」、『福音主義国家事典』シュトゥットガルト、ベルリン、一九七五年、第二版、所収、一四二七—一四三一段。ジェラルド・パーソンズ「伝統の改革——自由主義プロテスタンティズムの忘れられた次元」、『宗教』一三号、一九八三年、所収、二五七—二七一頁。ジェラルド・パーソンズ「敬虔主義と自由主義プロテスタンティズム——若干の予期しない連続性」、『宗教』一四号、一九八四年、所収、二二三—二四三頁。

(6)註(2)で挙げたH・ティムの重要な研究とならんで、以下の研究も参照。ゴットフリート・ホルニッヒ「文化プロテスタンティズムにおける教義と信条」、『神学研究。スカンジナヴィア神学雑誌』二九号、一九七五年、所収、一五七—一八〇頁。ハンス＝ヨアヒム・ビルクナー「文化プロテスタンティズムと二王国説」、ニールス・ハッセルマン編『神の世界における神の働き——二王国説をめぐる議論のために』第一巻、ハンブルク、一九八〇年、所収、八一—

九二頁。クリスティアン・ホムリッヒハウゼン、ヴェルナー・コンツェ、ユルゲン・コッカ「ドイツにおける福音主義の牧師たち」、『一九世紀の教養市民層。第一部、国際比較による教養制度と専門化』共編（工業化世界、第三八巻）、二四八―二七八頁。ここでの関連箇所は二六三―二六六頁（「文化プロテスタンティズムへの道」）。

(7)ヴァルター・モック『パウル・ロールバッハと「より有力なドイツ」――ヴィルヘルム二世時代の倫理的帝国主義――文化プロテスタンティズム史への寄与』ミュンヘン、一九七二年。アンドレアス・リント「ビスマルクとドイツ文化闘争」、同『プロテスタント・カトリック・文化闘争――一九世紀の教会・精神史研究』チューリッヒ、一九六三年、所収、九九―一一七頁、も参照。ここでの関連箇所は一一四頁。

(8)プロテスタント協会・常任事務局編集『規約、業務を遂行する大小の委員会の挨拶、一八六五―一八八八年の総会の論題に見る一般ドイツ・プロテスタント協会』ベルリン、一八九九年、一頁。

(9)リヒァルト・ローテ「いかなる手段によって教会から疎遠になったメンバーがここで再び獲得されうるか。第一回ドイツ・プロテスタント大会の席上、六月七日にアイゼナハでなされた講演」、『フリードリヒ・ニッポルトの序文を付した晩年のリヒァルト・ローテ博士の講演・論文集』エルバーフェルト、一八八六年、所収、一二九―一四七頁。この決まり文句の指針としての性格については、以下の文献を参照。ルードルフ・ザイデル『ドイツ・プロテスタント協会――一八六七年一一月一日になされたライプツィヒのプロテスタント協会の開設演説』ライプツッヒ、一八六七年。ヴィルヘルム・ヘーニッヒ『ドイツ・プロテスタント協会』ブレーメン、一九〇四年、一五頁。参考文献のうち、今なお重要なものは、ヴァルター・ニッグ『宗教的自由主義の歴史。成立・全盛期・結末』チューリッヒ、ライプツィヒ、一九三七年、二〇六―二二二頁。これに加えて、きわめて有益なのは、ヴォルフガンク・トゥリルハース「自由主義の運命について」、『神学雑誌』一七号、一九三八年、所収、二〇三―二〇七頁。

(10)パウル・メールホルン、項目論文「プロテスタント協会、ドイツ」、『プロテスタント神学と教会のための百科事典』改訂第三版、第一六巻、所収、一二七―一三五頁、による引用。第二四巻、三六七頁。ここでの引用箇所は、第一六巻、一二八頁。「ひとつの制限は……避けられない。すなわち教会は、近代の文化生活を確かにはっきりとした留保をつけて承認しうるにすぎない。近代の文化生活が主なるキリストとその精神の規律に従い、近代の文化生活への教会の関与によってその規律を及ぼす権利と義務を教会に認めるという留保がそれである。なぜなら、近代の文化生活を明白に、部分的には著しく汚している多くの非キリスト教的なものについて、教会はもちろん眩惑されることはできないし、されてはならないからである。……」(R・ローテ『講演・論文集』、一四一頁)。

(11)P・メールホルン、前掲項目論文、一二八頁。

(12)P・メールホルン、同項目論文、一二八頁の引用。

(13)ローテの有名な決まり文句の解釈については、トゥルッツ・レントルフ『教会外のキリスト教——啓蒙主義の具体化』ハンブルク、一九六九年、を参照。

(14)P・メールホルン、前掲項目論文、一二八頁の引用。

(15)同項目論文、一二九頁の引用。

(16)ユーリウス・ヴェブスキー「一〇月四日から七日までの第二二回ドイツ・プロテスタント大会」、プロテスタント協会の委託を受けF・ローデ編『プロテスタント広報』三九巻(一九〇四年)、所収、六一―七一頁。ここでの関連箇所は、六二頁。

(17)マックス・フィッシャー「一〇月四日から六日までのベルリンにおける第二五回ドイツ・プロテスタント大会」、プロテスタント協会の委託による協会理事会編『プロテスタント広報』四六巻(一九一一年)、所収、六九―七一頁。ここでの関連箇所は七〇頁。フランツ・ロルフ『自由主義か正統主義か』(『ドイツ・プロテスタント協会パンフレット』)ハイデルベルク、一九〇二年、三三頁も参照。「宗教——この言葉で当然つねに最高段階であるキリスト教が意味されている——が、黄金の糸としてすべてにゆきわたっているので、宗教は近代世界にも新しい生命、永遠の生命をもたらす。宗教はあらゆる高潔な意欲を清め、近代文化が失った安らぎをふたたび近代文化にとり戻す。学問、政治、社会生活、——内面化され内から外へ作用を及ぼす宗教は、これらすべてのいずれも支配しないが、これらすべてに浸透し、すべてをあらたにする。人間的な文化は、この神的な魂を必要とする」。

(18)J・R・ハンネ「無神論」、『プロテスタント広報』三〇巻(一八九五年)、五七―六〇頁、六一―六五頁、六九―七一頁、ここでの引用箇所は、六一頁。

(19)『プロテスタント広報』四七巻(一九一二年)、七九頁による引用。

(20)リヒァルト・ローテ「プロテスタント協会にかんする論議について」(一八六四年)、『フリードリヒ・ニッポルトの序文を付した晩年のリヒァルト・ローテ博士の講演・論文集』エルバーフェルト、一八八六年、九二―一二八頁、ここでの引用箇所は、九八―九九頁。

(21)「プロテスタント文化」という概念については、匿名の論説「遠方での影響」、『プロテスタント広報』二七巻(一八九二年)、三四―三六頁。ここでの引用箇所は、三四頁。

(22)プロテスタント協会のパンフレットや雑誌では創設以来くりかえし、「ドイツ・プロテスタントの民衆の多数が、……近代の国民的なドイツ文化の担い手」である、と強調される(編集部、「教会展望」、『プロテスタント広報』三九巻〔一九〇四年〕、五〇―五二頁、所収。ここでの引用箇所は、五二頁)。協会の著名な共同創設者であるハイデルベルクの神学者、ダニエル・シェンケルは、一八六七年のプロテスタント大会の席上、プロテスタント諸派の教会合同について次のように宣言している。「ドイツにおける教会合同の樹立の究極目標は、ドイツ・プロテスタントの国民教会である。……」(P・メールホルン、前掲項目論文、一三二頁からの引用)。一八六九年のプロテスタント大会で彼は、「民衆的なドイツの教区民教会」を要求している。(『一八六九年一〇月六、七日にベルリンで開催された第四回ドイツ・プロテスタント大会』エルバーフェルト、一八六九年、一〇四頁)。ドイツ・プロテスタンティズムの「国民的意義」については、P・シュマイドラーの報告講演も参照。管理委員会の委託による協会書記編『一八八〇年五月一八、一九、二〇日、ゴータで開催された第一二回ドイツ・プロテスタント大会の議事録』ベルリン、一八八〇年、所収、二一―四五頁。「ドイツ・プロテスタント的」という慣用表現については、匿名「第一八回ドイツ・プロテスタント大会」、『プロテスタント広報』二五巻(一八九〇年)所収、七五―七九頁も参照。

(22a)この点については、今では近刊のフリードリヒ・ヴィルヘルム・グラーフ編『近代プロテスタンティズムの人物像』第一巻(『啓蒙主義、理想主義、三月革命前の時代』)ギュータースロー、一九八六年、所収のファルク・ヴァグナーによる啓発的で批判的なローテの人物像も参照。

(23)「キリスト教近代化の要求」は、キリスト教の「ゲルマン化」をも意味している。「キリスト教は信者の特性と文化状況との関連で形成され、変化しなければならない、というプロテスタント協会の原則のなかに、キリスト教はドイツ国民に基づいて独自に発展しなければならないということも、最初から含まれていた」(ヴィルヘルム・シュープリンク『教会政治の初歩――現代の教会政治生活入門――付録・ルードルフ・シュープリンクによる新しいプロイセン教会制度の叙述』ベルリン、一九二五年、第三版、二一頁)。

(24)ハインツ・ヘルツ、項目論文「ドイツ・プロテスタント協会(DPV)、一八六三―一九四五年」、ディーター・フリッケ監修、共同編集部編『ドイツにおける市民政党――三月革命前から一九四五年までの市民政党と他の市民的利益団体の歴史の便覧』第一巻、ライプツィヒ、一九六八年、所収、五〇二―五二四頁。ここでの引用箇所は、五二一頁。

(25)定期的に発行されている『ドイツ・プロテスタント大会の議事録』――そこには、講演や議論の記録のほかに参加者リストも含まれている――においても、文化プロテスタンティズム概念はこれまでのところまだ世紀の変わり目の前には、確認されなかった。しかし私は、議事録の数年度分を遠方貸し出しによってもこれまで入手することができなかった。

(26)『プロテスタント広報』三〇巻(一八九五年)、六九頁。四二巻(一九〇七年)、四六頁。四三巻(一九〇八年)、二八頁。四六巻(一九一一年)、九八頁。理事会の委託に基づくドイツ・プロテスタント協会書記編『一八九〇年九月二六、二七、二八日、ハンブルクでの第二〇回ドイツ・プロテスタント大会の議事録』ベルリン、一八七九年、二〇一頁、その他各所。

(27)フリードリヒ・リッフ『われわれキリスト者は伝道にたいするより自由な傾向にいかなる立場をとるか』ストラスブール、一八六九年、も参照。

(28)『プロテスタント広報』四〇巻(一九〇五年)、一頁、四頁。

(29)『プロテスタント広報』二五巻(一八九〇年)、七八頁。

(30)たとえば以下の文献を参照。匿名で発表された論説「保守的な立場から解明された教会自由主義」、『プロテスタント広報』四五巻(一九一〇年)所収、八五―八九頁。L・クラップ『ドイツ・プロテスタント協会の意義――福音主義教区民の良心への呼びかけ。一八八四年六月五日、キールでのプロテスタント大会の席上なされた講演』ハンブルク、一八八四年、八頁。

(31)『プロテスタント広報』二五巻(一八九〇年)、四七頁。

(32)ハンス=ヨアヒム・ビルクナー「自由主義神学」、マルティン・シュミット、ゲオルク・シュヴァイガー共編『一九世紀の教会と自由主義』(『一九世紀の神学と精神史研究』第一九巻)ゲッティンゲン、一九七六年、所収、三三―四二頁。

(33)プロテスタント協会に反対する膨大な批判的小冊子のうちで、たとえばG・マース『教会にたいする不可謬の時代精神』コルベルク、一八七一年、参照。プロテスタント協会をめぐる神学・教会政治的議論は、これまでごく一部しか書誌学的に把握されていない。最初の一〇年間に関しては、これまで注目されてこなかったが、協会にたいする「賛否を表明する時事的な小冊子」についての有益な概観が、デットマール・シュミット『一〇通の賛否の手紙から解明され、また協会の審議や代表者たちの著作から叙述されるプロテスタント協会』ギュータースロー、一八七三年、一四五―一四九頁に見られる。

(34)たとえば、『一般福音主義ルター派教会新聞』第四巻(一八七一年)、三二〇段、三二二段。第二一巻(一八八八年)、三五一段。第二二巻(一八八九年)、六九五段、参照。

(35)『プロテスタント広報』四六巻(一九一一年)、一一三頁。

(36)ハインリヒ・ランク「書評――フリードリヒ・アウグスト・ホルツハウゼン『歴史的成立、基礎づけ、持続的形成の観点からするプロテスタンティズム』一八四六年」、『プロテスタント教会新聞』第八巻(一八六一年)所収、五九―六二段。ここでの引用箇所は、六〇段。

(37)H・ランク、同書評、六〇段。フリードリヒ・アウグスト・ホルツハウゼン『歴史的成立、基礎づけ、持続的形成の観点からするプロテスタンティズム』一八四六年、序文、二七頁、参照。「われわれは肯定的プロテスタンティズムと否定的プロテスタンティズムとを区別する。つまり、まだ明確にされておらず、言い表されていなかった区別であるが、この区別は、われわれの時代にはきわめて重要である。すでに述べたように、われわれはこの否定的プロテスタンティズムを教会の信条に基づくプロテスタンティズムと理解し、あるいはどんなふうに否定的プロテスタンティズムがカトリシズムを拒否することによって、歴史的存在となったかを理解している。われわれは、肯定的プロテスタンティズムがその発展の第二の段階を、われわれの時代に存在する有機的に形成する諸要素から、すなわち芸術や学問の領域から基礎づけるべきである限りにおいて、否定的プロテスタンティズムと肯定的プロテスタンティズムとを区別する。否定的プロテスタンティズムは基礎であり、肯定的プロテスタンティズムは拡充の完成である」。

(38)『プロテスタント広報』第二五巻(一八九〇年)、七八頁。第四二巻(一九〇七年)、六九頁。

(39)ユリウス・ヴェブスキー「内面性と自由のキリスト教としてのプロテスタンティズム――ヴィースバーデンにおける第二三回ドイツ・プロテスタント大会への祝辞」、『プロテスタント広報』第四二巻（一九〇七年）所収、四〇頁。

(40)ヴィルヘルム・シュープリンク「自由プロテスタンティズムの生存権と生命力」、『プロテスタント雑誌』第五七巻（一九二四年）所収、三〇八―三二一段。シュープリンクは、文化プロテスタンティズムと自由プロテスタンティズムの概念を同義語として使用している。同じことは、クルト・レーマン「近代における自由プロテスタンティズムの生存権と生命力（ヴィルヘルム・シュープリンクの論述にたいする論評）」、『プロテスタント雑誌』第五八巻、（一九二五年）所収、四〇一―四〇七段、にもあてはまる。シュープリンクにたいするレーマンの批判は、「文化プロテスタンティズムの敵対者たち」（四〇六段）をより公正に扱おうとしている。

(41)プロテスタント協会内部におけるシュープリンクの活動については、フリードリヒ・ヴィルヘルム・カンツェンバッハ「教会的・神学的自由主義と教会闘争。研究課題にたいする熟考」、『教会史雑誌』第八七号、所収、二九八―三二〇頁。

(42)以下の文献を参照。ハンス・ハイン「カール・バルトとアルバート・シュヴァイツァー――K・バルトとアルバート・シュヴァイツァーにおける世界観問題。M・ヴェルナーとの論争」、『プロテスタント雑誌』第五八巻（一九二五年）所収、五三―五七段。ここでの関連箇所は、五三段。ハンス・ハイン「自由主義のいわゆる危機」、『プロテスタント雑誌』第五八巻（一九二五年）所収、二九四―二九九段。ここでの関連箇所は、二九六段。「『宗教と文化――（ヴィルヘルム・ブセットの）講演から』にたいする編集部の追加論評」、『プロテスタント雑誌』第五八巻（一九二五年）所収、四七九―四八四段。ここでの関連箇所は、四八三段。シュープリンクもまた「文化プロテスタンティズム」という概念を、二〇年代の半ばに部分的になお異質な名称の意味で使用している。「文化にたいする敵意は、神学や教会にも根づいた。バルト教授、ゴーガルテン牧師や彼の支持者たちは、『文化プロテスタンティズム』と闘い、『危機の神学』を宣言する。彼らは――神がそれをする、と彼らはいう――文化一般、とりわけ一九世紀の文化を批判することによって、しばしば高慢にもみずから育てられたいわゆる自由主義神学を非難し、いわゆる使徒信条を賞賛するので、この場合出現するのが自由主義プロテスタンティズムの新しい形態なのか、新正統主義なのか、まだわからない」。（ヴィルヘルム・シュープリンク『教会政治の初歩――現代の教会政治生活入門――付録・ヴィルヘルム・シュープリンクによる新しいプロイセン教会制度の叙述』ベルリン、一九二五年、第三版、二一頁)。

(43)ヴィルヘルム・シュープリンク『文化プロテスタンティズムの真の本質と宗教的価値について——ラインラントにおける「福音主義の自由」の友の会での講演に基づく詳論。付録つき』ベルリン、一九二六年、三七頁。教会新聞・雑誌上でのシュープリンクの小冊子の受容については、『プロテスタント雑誌』第六二巻(一九二九年)、四一四段、参照。シュープリンクの概念使用については、ヴィルヘルム・シュープリンク「キリスト教と文化」、『プロテスタント雑誌』第六二巻(一九二九年)所収、六三一—六三四段。また、シュープリンクの項目論文「プロテスタント協会、ドイツ」、『歴史と現代における宗教』第二版、第四巻、テュービンゲン、一九三〇年、所収、一五八〇—一五八二段も参照。「『キリスト教と文化の宥和』という、さかんに異議を唱えられた言葉において、一方ではキリスト教的確信のための表現形態だけが考えられており、他方では流行や文明のうわべは考えられていない。それ(すなわちプロテスタント協会)について、……文化プロテスタンティズムは決して、宗教の代用物の意味での文化楽観主義として考えられてはいない……」(一五八一段)。

(44)一九四一年、『プロテスタント雑誌』は、廃刊とならざるをえなかった。「ドイツ・プロテスタント協会は、決して解散させられたり、みずから解散することはなかったが、このことによって実際上、協会の活動は終わりを告げた」。(ヘルベルト・ゴットヴァルト/ハインツ・ヘルツ、項目論文「ドイツ・プロテスタント協会(ＤＰＶ)一八六三—一九四五年」、ディーター・フリッケ編『政党史事典——ドイツにおける市民的および小市民的諸政党と諸団体(一七八九—一九四五年)』第二巻、ライプツィヒ、一九八四年、所収、二五五—二五七頁。ここでの関連箇所は、二五六頁)。

(45)たとえば以下の文献を参照。ウルリヒ・ノイエンシュヴァンダー『新しい自由主義神学——一つの位置測定』一九五三年、五四頁。エーリヒ・マイヤー「世俗主義・自由主義・文化プロテスタンティズム」、『自由キリスト教』第三巻(一九五一年)所収、三頁。ただし、ハンブルクの哲学教授クルト・レーゼのような自由神学的伝統のその後の代表者は、一九四八年にもこの概念を距離をおいて引用符つきで使用している。(『プロテスタントの宗教』新改訂増補・第二版、ミュンヘン、一九四八年、一四八頁)。

(46)オットー・バウムガルテン「ブレーメンでのプロテスタント大会——記念祝典」、『キリスト教世界』第二巻(一八八八年)所収、四四〇—四四四段。ここでの引用箇所は、四四二段。

(47)ゴットリープ・ソドゥール「オットー・バウムガルテン」、クリスティアン・ガイアー、ヴィルヘルム・シュテーリンの絶えざる協力のもとゲオルク・メルケル編『キリスト教と現実』第二〇巻（一九二九年）所収、二八八―二九〇頁。ここでの引用箇所は、二八九頁。一九三一年に出版されたバウムガルテンの『プロテスタント的な魂への配慮』についてのフリードリヒ・ニーバーガルによる特徴描写を参照。「すべては今日ひじょうに排斥されている文化プロテスタンティズムの息吹に包まれている。この文化プロテスタンティズムは、時代と世界にたいして全般的な関心を抱き、洗練された言葉で自らを表現している」。(『神学評論雑誌』第五七巻（一九三二年）二一五―二一六段)。

(48)オットー・バウムガルテン『自伝』テュービンゲン、一九二九年、三七頁。

(49)同書、九頁。

(50)オットー・バウムガルテン『ヘルダーの資質と説教者になる過程――ハレ・ヴィッテンベルク合同フリードリヒ大学の尊ぶべき神学部の承諾を受け、一八八八年一一月三日、土曜日、一一時に、退任牧師オットー・バウムガルテンが添えられた論題とともに公開で擁護する、神学得業士の学位取得のための神学学位論文』一八八八年、ハレ・アン・デア・ザーレ、一〇四頁。

(51)オットー・バウムガルテン『自伝』テュービンゲン、一九二九年、一六一頁。「われわれ近代の神学者は、ことごとく文化にたいする無常の喜びに悩んだという……非難」を、バウムガルテンは自らの世代を思い浮かべながら「不当」と見なしている。

(52)オットー・バウムガルテン『キリスト教世界』第二巻（一八八八年）所収の論説、四四三段。

(53)オットー・バウムガルテン『自伝』テュービンゲン、一九二九年、九六頁。

(54)オットー・バウムガルテン「教会と国家――民主主義の文化問題」、『ドイツ共和国の一〇年――共和国政治便覧』ベルリン・ツェーレンドルフ、一九二八年、所収、二四八―二五三頁。

(55)ハルトムート・ルディース「社会的民主主義と自由プロテスタンティズム。ヴァイマル共和国初期のエルンスト・トレルチ」、ホルスト・レンツ／フリードリヒ・ヴィルヘルム・グラーフ共編『プロテスタンティズムと近代』(『トレルチ研究』第三巻）ギュータースロー、一九八四年、所収、一四五―一七四頁。ここでの引用箇所は、一五一頁。

(56)エルンスト・トレルチ「現代生活における教会」一九一一年。現在ではトレルチ『宗教状況、宗教哲学、倫理学について』（著作集、第二巻）、テュービンゲン、一九一三年、所収、九一—一〇八頁。ここでの引用箇所は、九九頁。

(57)マルティン・ディベリウス「エルンスト・トレルチ」、『フランクフルト新聞・商業新聞』第六七巻、九八号、一九二三年二月七日、水曜日、第一朝刊、所収、一—二頁。ディベリウス「エルンスト・トレルチとハイデルベルク神学」、『ケルン新聞』（商業新聞付き）版C、三三二号、朝刊、一九三六年六月二七日、土曜日、付録、所収、参照。

(58)マルティン・ラーデ『宗教と道徳。神学者のための論題』ギーセン、一八九八年、八—九頁。ラーデ追悼のために出版された彼の神学構想の回顧に見られる引用が、指針として受け容れられていることについては、次の論説を参照。ホルスト・シュテファン「神学者としてのラーデ」、『キリスト教世界。プロテスタント隔週紙』第五四巻（一九四〇年）所収、二四九—二五二段。ここでの引用箇所は、二五一段。

(59)マルティン・ラーデ「『キリスト教世界』と自由主義」、ユリウス・ブルクグラーフ編『教会の強化と改造のためのブレーメン論文集』第一巻（一九〇七年）所収、一六九—一七七頁。ここでの引用箇所は、一七二頁。ユリウス・ブルクグラーフ「『プロテスタント新聞』と『キリスト教世界』との友好的な討論」、ユリウス・ブルクグラーフ編『教会の強化と改造のためのブレーメン論文集』第一巻（一九〇六／〇七年）所収、八七—九七頁、を参照。

(60)アードルフ・フォン・ハルナック「プロテスタント文化」、ハンス・ペールマン編『ノリス——プロテスタント文化年報』（一九一二年）＝『平和と戦争研究から』（『講演・論文集』新シリーズ、第三巻）ギーセン、一九一六年、所収、二〇五—二一二頁。ここでの関連箇所は、二〇五頁。

(61)マルティン・ラーデ、前掲論文、一六九頁。

(62)マルティン・ラーデ、同論文、一七三頁。この点にかんして、ユリウス・ブルクグラーフ「教会自由主義の理念について」、ユーリウス・ブルクグラーフ編『教会の強化と改造のためのブレーメン論文集』第二巻（一九〇七年）所収、一—一〇頁、の応答を参照。

(63)バウムガルテンについては、フリードリヒ・ヴィルヘルム・グラーフ「キリストの法と自律性——オットー・バウムガルテンの倫理的神学の根本問題」、ヴォルフガンク・シュテック編『オットー・バウムガルテン——生涯と著作の研究』（『シュレスヴィヒ・ホルシュタイン教会史協会刊行物』シリーズⅡ、第四一巻）、キール、一九八六年、所収、二三七—二八五頁、参照。トレルチについては、とくに以下の文献を参照。ヘルマン・フィッシャー「近代精神の両面価値――宗教改革と近代にかんするトレルチによる関係規定について」、ホルスト・レンツ／フリードリヒ・ヴィルヘルム・グラーフ共編『プロテスタンティズムと近代』(『トレルチ研究』第三巻）ギュータースロー、一九八四年、所収、五四―七七頁。フリードリヒ・ヴィルヘルム・グラーフ「宗教と個性――エルンスト・トレルチの宗教論の根本問題についての論評」、前掲書、二〇七―二三〇頁〔本書、一九二頁以下〕。ラーデについては、以下の文献を参照。クリストフ・シュヴェーベル『マルティン・ラーデ――彼の神学の根本問題としての歴史・宗教・道徳の関係』ギュータースロー、一九八〇年。イェルン＝ペーター・レッピエン『マルティン・ラーデと一九〇九―一九二九年のドイツ・デンマーク関係――歴史的平和研究とナショナリズムの問題性とのための寄与』(『シュレスヴィヒ・ホルシュタイン史のための史料と研究』第七七巻）ノイミュンスター、一九八一年。

(64)『キリスト教世界』とその紙友の歴史については、以下の文献を参照。ヨハネス・ラーティエ『自由プロテスタンティズムの世界――マルティン・ラーデの生涯と著作に即して叙述されたドイツ福音主義精神史への寄与』シュトゥットガルト、一九二五年、の多くの史料を駆使した研究。また、ヴィルヘルム・シュネーメルヒャー「『キリスト教世界』。〈自由プロテスタンティズム〉の問題」、『福音主義神学』第一〇巻（一九五五年）所収、二五五―二八一頁。ハインリヒ・ヘルメリンク「自由プロテスタンティズムの世界」、『神学評論雑誌』第七八巻（一九五三年）所収、三八五―三九二段。ハンス・プリプノウ「マルティン・ラーデと『キリスト教世界』。ドイツ精神・教会史の一章」、『自由キリスト教』第五巻（一九五三年）所収、七六―八〇段。

(65)リヒァルト・ハインリヒ・グリュッツマッハー「古プロテスタンティズムと新プロテスタンティズム――この問題の精神史的・神学史的発展」、『新教会雑誌』第二六巻（一九一五年）所収、七〇九―七五三頁、七八九―八二五頁、八六五―九一四頁。ここでの引用箇所は、八六五頁。グリュッツマッハーはこの箇所で「文化プロテスタンティズム」という語を、「新プロテスタンティズム固有の歴史観の創始者」としてのローテの叙述との関連で使用している。

(66)同論文、八七四頁、九〇九頁、参照。

(67)本稿末尾近くを見よ。

(68)リヒァルト・ハインリヒ・グリュッツマッハー「古プロテスタンティズムと新プロテスタンティズムの教会観」、『新教会雑誌』第二七巻（一九一六年）所収、四六七―四九七頁、五三五―五七二頁、六一五―六四一頁、六九一―七四一頁。「キリスト教以外の倫理学の主要類型（古プロテスタンティズムと新プロテスタンティズムの倫理学Ⅰ）」、『新教会雑誌』第二八巻（一九一七年）所収、一八八―二二八頁。「類型的独自性における聖書の倫理学（古プロテスタンティズムと新プロテスタンティズムの倫理学Ⅱ）」、『新教会雑誌』第二七巻（一九一七年）所収、三〇三―三四三頁。「エアランゲン神学の倫理学類型」、『新教会雑誌』第二七巻（一九一七年）所収、四三五―四五六頁。「類型学的独自性におけるカトリック、古プロテスタンティズム、そして分派の倫理学（古プロテスタンティズムと新プロテスタンティズムの倫理学Ⅲ）」、『新教会雑誌』第二七巻（一九一七年）所収、六九三―七四〇頁。「新プロテスタンティズムの倫理学」、『新教会雑誌』第二九巻（一九一八年）所収、二一三―二八六頁。この神学史的考察を一冊の研究書にまとめるというグリュッツマッハーの計画は、外面的な理由で実現されなかった彼はその後、一九二〇年に神学史的再構成の成果を小さな研究にまとめて叙述した。『古プロテスタンティズムと新プロテスタンティズム――精神史的神学史的考察』エアランゲン、ライプツィヒ、一九二〇年、がそれである。『新教会雑誌』論文への補遺（一〇六―一一六頁）とならんで、ここでとりわけ「古プロテスタンティズムと新プロテスタンティズムの原理的関係」についての体系的な論文が見られる（一―一〇六頁）。

(69)「両者（すなわち古プロテスタンティズムと新プロテスタンティズム）はあくまで歴史の枠組みをより明確に区分しようとするばかりでなく、むしろそれらは宗教信仰とその世界観のためにも、一方で失われた故郷を、他方で新たに獲得され、より一層獲得されるべき現代の成果の基盤を記述すべきである」（『新教会雑誌』第二六巻（一九一五年）、七〇九頁）。

(70)ハンス＝ヨアヒム・ビルクナー「新プロテスタンティズム概念について」、ハンス＝ヨアヒム・ビルクナー／ディートリヒ・レスラー共編『近代キリスト教の理論にかんする論集――ヴォルフガンク・トゥリルハース祝賀記念論文集』ベルリン、一九六八年、所収、一―一五頁。

(71)ルードルフ・ハイム『私の人生から――遺稿による回顧』一九〇二年、一六四頁。

(72)ゴットフリート・フィットボーゲン『新プロテスタンティズムの信仰――宗教的危機の克服のために』ベルリン・シエーネベルク、一九一二年。

(73)カール・ザッパー『新プロテスタンティズム』ミュンヘン、一九一四年。グラーツの哲学教授であるザッパーの概念使用については、彼の啓発的な歴史的研究書、『四〇年にわたるプロテスタンティズムの発展過程』ミュンヘン、一九一七年。

(74)H・レムバート『新プロテスタンティズム――ミュンヘン牧師会議での講演』ミュンヘン、一九一四年。ザッパーの新プロテスタンティズムは、レムバートによって「生命にかかわるキリスト教の貧困化と空洞化」(二九頁)とみなされている。

(75)詳細な例証は、以下の文献に見いだされる。ホルスト・シュテファン『新プロテスタンティズムについての現在の理解』(ギーセン神学会議講演、シリーズ・三二)一九一一年。クルト・レーゼ選ならびに解説『近代の変遷のなかのプロテスタンティズム――一八世紀以降現代にいたるドイツ精神史・敬虔史のためのテキストと特徴づけ』(クレーナー・ポケット版、第一八〇巻)シュトゥットガルト、一九四一年。とりわけ序文、一五頁以下(「古プロテスタンティズムと新プロテスタンティズムの根本的な区別におけるプロテスタンティズム」)。二一三頁以下(「『新プロテスタンティズム』テーゼと取り組む比較的最近の教会史家と世俗史家」)。

(76)R・H・グリュッツマッハー「古プロテスタンティズムと新プロテスタンティズム――この問題の精神史的・神学史的発展」、『新教会雑誌』第二六号(一九一五年)所収、七〇九―七五三頁。七八九―八二五頁。八六五―九一四頁。ここでの引用箇所は、七一一頁。彼の論文「現代の学問研究における進化論の衝撃」、『新教会雑誌』第三〇巻(一九一九年)所収、五九頁。

(77)遠隔の地で出版された学長職演説『いかにして古プロテスタンティズムはなお四〇〇年後、学問的に持ちこたえることができるであろうか。エアランゲンにおける宗教改革四〇〇周年記念学術祝典でなされた演説』エアランゲン、一九一七年、を参照。ヴェルナー・エーラトは『新教会雑誌』第三二巻(一九二一年)三八三頁で、グリュッツマッハーの立場を「現代の古プロテスタンティズム」と特徴づけている。

(78)『新教会雑誌』第二六巻(一九一五年)、七九九頁、ほか各所。

(79)リヒァルト・ハインリヒ・グリュッツマッハー『現代の組織神学』第九巻(一九一五年)、一―四四頁。ここでの引用箇所は、二八頁。

(80)H・レムバート、前掲書、三〇頁。

(81)同書、一一頁。
(82)同書、一二頁。二六頁。
(83)『新教会雑誌』第二六巻（一九一五年）、九一二頁。
(84)たとえば、「ベルリンの『宗教の授業のための新プロテスタンティズム同盟』についての報告」、『プロテスタント雑誌』第五七巻（一九二四年）所収、五八頁。
(85)以下の文献を参照。マルティン・ラーデの報告、『キリスト教世界』第三四巻（一九二〇年）、五五八段。また、ゲオルク・ロスト「新プロテスタンティズム」、同紙、七四三―七四四段。「新プロテスタンティズムの社会主義にたいする関係」、『キリスト教世界』第三五巻（一九二一年）所収、四三二―四三三段。「新プロテスタンティズムの基本線」、同紙、四一三―四一五段。
(86)ゲオルク・ロストは一九二一年六月、『キリスト教世界』の読者につぎのことを伝えている。「しかし、すでにそれによって近代神学が宣伝力を備えており、一層確固とした提携と防衛のために、共同の一定の明確な信仰告白を作成することが不可欠であることを」（『キリスト教世界』第三五巻（一九二一年）、四一三段）。
(87)同論説、四一五段。
(88)ハンス・ペールマン「年誌」、『ノリス――プロテスタント文化年報』一九一二年、九五―九八頁。ここでの引用箇所は、九五頁。
(89)ヴォルフガンク・トゥリルハース「二〇世紀の自由プロテスタンティズムと『ニュルンベルク路線』」、『フマニタス――クリスティアニタス――ヴァルター・フォン・レーヴェニヒの六五歳の誕生日を祝って』ヴィッテン、一九六八年、所収、一九三―二〇四頁、参照。現在では、ヴォルフガンク・トゥリルハース『近代キリスト教の展望と諸形態』ゲッティンゲン、一九七五年、一七一―一八四頁に再録。
(90)ヘルマン・ムーラトの項目論文「プロテスタント同盟」（『ドイツ・プロテスタント同盟』）、『歴史と現代における宗教』第一版、第四巻、テュービンゲン、一九一三年、所収、一八九三段は、同盟に加わった諸連合や諸協会を概観している。
(91)新プロテスタンティズムの数多くの支持者たちやキリスト教以後の新しい神秘主義の代表者たちを支援することを目

指したディーデリクス出版社の宗教政治的特色については、今ではガンゴルフ・ヒュービンガーの啓発的な研究「オイゲン・ディーデリクスをめぐるグループ――近代精神の危機からの政治・文化的逃げ道?」、ホルスト・レンツ／フリードリヒ・ヴィルヘルム・グラーフ共編『議論の余地のある近代精神――エルンスト・トレルチの判断における近代の前途』(『エルンスト・トレルチ研究』第四巻)ギュータースロー、一九八六年、所収、を参照。

(92)自らの立場を定義する必然性にとって、一九一三年のザッパーの『新プロテスタンティズム』は、代表的なものと見なされうる。この本の狙いは、たしかに「さしあたり主観的・個人的な信仰告白を」述べることであり、この信仰告白は個人の宗教経験の表現にすぎない。しかしザッパーは、それを超えてさらにまた「左右両翼に向かってある種の境界線を引く」ことを試みている。「その境界線によって、新プロテスタンティズムは古プロテスタンティズムからも、一元論や自然主義からも明確に一線を画しており、またその根本原則においてまとまりがあり、統一的なキリスト教の見解であることが分かる。この意味で私は自らの試みによって単に主観的な信仰告白をするばかりでなく、同時に現代のプロテスタンティズムの内部にひろくゆきわたっている傾向に表現を与えることができると思う。……キリスト教の一形態としての新プロテスタンティズムの本質について明確にすることが、したがって本書の主要目的である」(同書、序文、六頁)。

(93)ハインリヒ・ホフマン『新しいプロテスタンティズムと宗教改革』(『近代プロテスタンティズム史研究』第一一分冊)ギーセン、一九一九年、一六―一七頁に見られる報告を参照。カール・ゼルについては、さらに以下の文献が参照されるべきである。『新しい世紀におけるドイツ・プロテスタンティズムの将来の課題』(『神学および宗教史の分野の平易な講演・著作集』第一九巻)テューービンゲン、一九〇〇年。「ドイツ的キリスト教」、ハンス・マイヤー編『ドイツの民族性』改訂増補第二版、ライプツィヒ／ヴィーン、一九〇三年、所収、三四三―四〇二頁。とりわけ、三八六―三九九頁(「ドイツの無宗派の宗教性」)、『歴史・宗教・政治・文化におけるカトリシズムとプロテスタンティズム』ライプツィヒ、一九〇八年。とくに一三六以下。『「積極的」と「近代的」――ドイツとプロイセンにおける邦教会のプロテスタンティズムにおける実際的な折り合いのための神学的提案』ライプツィヒ、一九一二年。

(93 a)ハインリヒ・ホフマン、前掲書、一七―一八頁。

(94)プフライデラーによる新プロテスタンティズム概念の使用については、以下の文献を参照。『キリスト教の信仰・道徳論概説』ベルリン、一八八〇年。『キリスト教の発展』一九〇七年、一九一頁、そのほか各所。

(95)ドイツ的キリスト教というプフライデラーの構想については、フリードリヒ・ヴィルヘルム・グラーフ『神律――近代神学の統合要求にかんする事例研究』ギュータースロー、一九八六年、に詳細な指摘が見出される。

(96)ユリウス・ブルクグラーフ「教会自由主義の理念について」、『教会の強化と改造のためのブレーメン論文集』第二巻（一九〇七／〇八年）所収、一―一〇頁。ここでの引用箇所は、七頁。同「『プロテスタント雑誌』および『キリスト教世界』との友好的な討論」、ユリウス・ブルクグラーフ編『教会の強化と改造のためのブレーメン論文集』第一巻（一九〇六／〇七年）所収、八七―九七頁。ここでの関連箇所は、八七―八八頁。

(97)ユーリウス・ブルクグラーフ『ブレーメン論文集』第二巻（一九〇七／〇八年）七頁。ブルクグラーフの啓示理解にとって、次のような規定が重要である。「われわれに……一八世紀のドイツ理想主義において、ルター的な信仰啓示を完成し補足する神的な精神の解明が与えられた」（同書、五頁）。こうして大事なことは次のことである。「自由主義は、われわれの詩人や思想家のこの偉大で豊かな精神生活、すなわちその中にあらわれている生の感覚が……純粋で高次の本質を真の魂の救いに、つまり正しいキリスト教的国民文化に伝えているという点で、ルターのキリストについての説教と同じく不可欠であるという確信である。それどころか、さまざまなニュアンスの人間の誤りがしみこんでいるにしても、この精神生活もまた根本においてわれわれのもとで今なお働かれる主のわれわれの国民に対する言葉であるという確信である。……教会自由主義は、古い信仰の財産と新しい生活が発見したものとの間のこうした宥和をもたらす努力である。すなわち、一方で世俗の教養を教会の福音から正し、つまり虚偽の要素から解放し、他方、宗教改革の教会をドイツの精神的教養に照らして、真理であるもので補う努力なのである」（五―六頁）。「ドイツ的キリスト」という概念については、以下の文献を参照。ユリウス・ブルクグラーフ「ドイツ的キリスト教の世界から」、『ブレーメン論文集』（一九〇七／〇八年）所収、一三三頁以下。「ドイツ的キリスト」、同論文集、所収、二一二頁以下。同じくブルクグラーフの周辺の人々のなかでは、ヨハネス・シェーファーディーク「学校におけるゲルマン的キリスト教」、『ブレーメン論文集』第一巻（一九〇六／〇七年）所収、一二二―一二四頁。ヨハネス・キューベル「イエス・キリストとドイツ国民的性格」、同論文集、所収、二六四頁以下。フーゴー・フライターク「ヨハン＝ゴットリープ・フィヒテ――ドイツ人たちの使徒」、『ブレーメン論文集』第二巻（一九〇七／〇八年）所収、二一一頁以下。ルートヴィッヒ・シューバルト「チェンバレンにおけるイエス像」、同論文集、所収、二三四頁、以下。

(98)ゴットフリート・トラウプ「若きプロテスタンティズム」、『南ドイツ月刊誌』第一五巻（一九一七年）所収、四四—四六頁。ここでの引用箇所は、四四頁。

(99)同論説、四四—四五頁。

(100)マックス・マウレンブレッヒャー「プロテスタント文化?」、『ノリス——プロテスタント文化年報』一九一二年、所収、一四—二〇頁。ここでの引用箇所は、一六頁。これにたいして批判的なのは、アードルフ・フォン・ハルナック「プロテスタント文化とマックス・マウレンブレッヒャー博士」（一九一二年）。後にハルナック『平和と戦争研究から』（『講演・論文集』続編、第三巻）ギーセン、一九一六年、所収、二二一—二二六頁、に再録。

(101)ハンス・ペールマン「年誌——マウレンブレッヒャーの新プロテスタンティズム」、『ノリス——プロテスタント文化年報』一九一二年、所収、九五—九八頁。ここでの関連箇所は、九六頁。

(102)同、九七頁。

(103)カール・バルト『ローマ書講解』新改訂の第一〇刷、一九二二年。ミュンヘン、一九六七年、四八五頁。

(104)テーオドーア・エルヴァイン「宗教改革のプロテスタンティズムか新プロテスタンティズムか」、『時代の変わり目。月刊誌』第一巻一号（一九二五年）所収、四一八—四二五頁。

(105)この点にかんして、現在ではクラウス・タナー「反自由主義的協調——二〇年代初期の神学と法学における政治的基本合意」、ホルスト・レンツ／フリードリヒ・ヴィルヘルム・グラーフ共編『議論の余地のある近代精神——エルンスト・トレルチの判断における近代の前途』（『エルンスト・トレルチ研究』第四巻）ギュータースロー、一九八六年、所収、を参照。

(106)パウル・アルトハウス『最後の事柄——キリスト教的終末論の構想』（『ヴェルニゲローデ護教神学校研究』第九分冊）ギュータースロー、一九二二年、一一頁。八七頁。「救済史と終末論」、『組織神学雑誌』第二巻（一九二五年）、所収、六〇五—六七六頁。ここでの関連箇所は、六四二頁。「神学」、カール・シュヴァイツァー編『現代の宗教的ドイツ』第二巻（『キリスト教グループ』）、ベルリン、一九二九年、所収、一二一—一五〇頁。ここでの関連箇所は、一三一頁。項目論文「神の国——II教義」、『歴史と現代における宗教』第二版、第四巻、テュービンゲン、一九三〇年、所収、一八二二―一八二五段。ここでの関連箇所は、一八二四段。

(107)これまでのところ私が知っているのは一つの例証だけである。大学での彼の教師であるR・H・グリュッツマッハーの新プロテスタンティズム批判に関する研究において、エーラトは一九二一年に「シュライエルマッハーによる文化プロテスタンティズムの基本路線」について語っている。(ヴェルナー・エーラト「グリュッツマッハーの新プロテスタンティズム批判」、『新教会雑誌』第三二巻(一九二一年)所収、三八三―四〇〇頁。ここでの関連箇所は、三八七頁)。文化プロテスタンティズム概念は、「熱狂派の文化批判および福音主義の文化批判」(『一般福音主義ルター派教会新聞』第五九巻(一九二六年)所収、三六二―三六九段。三八六―三九三段)にも、二〇年代に由来するエーラトの別の書物にも、プロテスタンティズムと文化の関係にかんして確認できなかった。

(108)今のところ私の知る、ティリッヒにおけるこの概念のもっとも初期の例証は、一九二三年のものである。パウル・ティリッヒ「宗教社会主義の基本路線――体系的構想」、『宗教社会主義雑誌』第四巻(一九二三年)所収、一―二四頁。再刊、パウル・ティリッヒ『キリスト教と社会形成――宗教的社会主義にかんする初期の著作』(『著作集』第二巻)シュトゥトガルト、一九六二年、九一―一一九頁。ここでの関連箇所は、九六頁。さらに二〇年代にとってなお挙げられるべき文献は、パウル・ティリッヒ『現代の宗教状況』ベルリン、一九二六年、一三三頁、一四三頁。新版、パウル・ティリッヒ『現代の宗教的解釈――時代批判論集』(『著作集』第一〇巻)、シュトゥトガルト、一九六八年、九―九三頁、八一頁、八七頁。ティリッヒは、「なるほど道徳についてはは多く、しかし永遠なるものによる文化の動揺についてはわずかしか知らない」、「自由主義プロテスタンティズム」と同義の「文化プロテスタンティズム」の概念を用いている(前掲書、八七頁)。彼は「民族的な文化プロテスタンティズム」(同書、八一頁)の告知を自由主義神学者の責任に帰している。この決まり文句はついでプロテスタント協会に積極的に関与したK・ケップヒェン牧師によっても受容された。K・ケップヒェン「没落か時代の変わり目か(シュペングラーとティリッヒ)」、『プロテスタント雑誌』第六二巻(一九二九年)所収、三七九―三八二段。三九五―三九九段。ここでの関連箇所は、三九七段。ティリッヒがフリードリヒ・ゴーガルテンの弁証法神学をもなお「新プロテスタンティズムの神学」と呼ぶ限りにおいて、彼の新プロテスタンティズム概念の使用は独創的である。(パウル・ティリッヒ「批判的形成的原理としてのプロテスタンティズム」、パウル・ティリッヒ編『批判と形成としてのプロテスタンティズム――カイロス・グループの第二の書物』ダルムシュタット、一九二九年、所収、三―三七頁。今日では、マンフレート・バウモッテ編『ティリッヒ選集』第三巻『歴史の意味』ギュータースロー、一九八〇年、所収、一二六―一五〇頁、により入手しやすくなった）。

(109)注(103)と注(136)で確認された二つの引用箇所のほかに、以下の文献を参照。前掲『ローマ書講解』五一五頁、グスタフ・クリューガーの書物の関連箇所――クリューガー「危機の神学」、『ブレーメン学術協会著作集・シリーズD、論文と講演』第一巻（一九二六年）所収、八三―一一一頁。ここでの関連箇所は、九三頁。文化プロテスタンティズム概念がわずかしか使われていないのにたいし、バルトによる新プロテスタンティズム概念の集中的な論争的使用は、注目すべき対照をなしている。たとえば、次の文献を参照。カール・バルト「別離」（ボン、一九三三年一〇月一八日）、『時の間に』第一一巻（一九三三年）所収、五三六―五四四頁。現在では、「『時の間に』からの別離」、ユルゲン・モルトマン編『弁証法神学の発端』第二部（『神学双書』第一七巻Ⅱ）ミュンヘン、一九六七年、第二版、所収、三一三―三二一頁。ここでの関連箇所は、三一三、三一四、三一六、三一九頁。および、エーバーハルト・ブッシュ『カール・バルトの経歴――書簡と自伝的文章による』ミュンヘン、一九七五年、一五九、一七九、一九三頁。

(110)ゴーガルテンはこの概念を、弁証法神学の機関誌『時の間に』の編集者ゲオルク・メルツ宛の手紙で最初に使ったように思われる。ゲオルク・メルツ「『時の間に』からの別離」、『時の間に』第一一巻（一九三三年）所収、五五二―五五四頁。ここでの関連箇所は、五五三頁。再刊、ユルゲン・モルトマン編『弁証法神学の発端』第二部（『神学双書』第一七巻Ⅱ）ミュンヘン、一九六七年、第二版、所収、三二八―三三一頁。ここでの関連箇所は、三二九頁。

(111)ルードルフ・ブルトマン「ヒューマニズムとキリスト教」（一九五二／一九五三年）、ルードルフ・ブルトマン『信仰と理解』（『ブルトマン論文集』第四巻。第一巻―四巻の索引つきの第四版）テュービンゲン、一九八四年、七二頁。

(111a)フリードリヒ・ビュクセル「諸学問の体系における神学の地位。P・ティリッヒによる諸学問の体系との論争」、『組織神学雑誌』第一巻（一九二三年）所収、三九九―四一一頁。ロストックのルター派信徒であるビュクセルは、文化プロテスタンティズムを特徴づけている。「しかし、プロテスタンティズムにかんして指摘しうることは、もっとも確実なことの一つである。すなわち、宗教的禁欲なしのプロテスタンティズム、つまり文化プロテスタンティズムは宗教改革の敬虔の惨めな戯画であり、塩気を失った塩である」。

(111b)カール・ルートヴィッヒ・シュミット「近代のマルキオン主義と学問」、『神学雑誌』第二巻(一九二三年)所収、二四六頁。シュミットは「ユーリッヒャーとトレルチをめぐる『文化プロテスタンティズムの良心宗教』の神学」について語っている。

(112)グスタフ・クリューガー、前掲書、九一頁。

(113)エーリヒ・ゼーベルク『プロテスタンティズムの問題について――創立に際しての一九二九年一月一三日になされた講演』(ケーニヒスベルク学術協会・著作。精神科学部門、第六年度、第一分冊)ハレ(ザーレ河畔)、一四頁。ゼーベルクは、文化プロテスタンティズムにたいしても、また支配的な神学的文化批判にたいしても距離を置いている。「したがってわれわれは、古き自由主義的文化プロテスタンティズム――文化の開拓者としての宗教――を、ほとんど不可能と見なすとともに、宗教が文化を形成することなく、ちょうど黒い雷雲のように文化の上に漂うということも信じ難い」。

(114)アードルフ・ケラー『教会世界を貫く弁証法神学の道――現代の小教会学』ミュンヘン、一九三一年、一八頁。

(115)フリードリヒ・ニーバーガル「書評・オットー・バウムガルテン『プロテスタントの魂への配慮』テュービンゲン、一九三一年」、『神学評論』第五七巻(一九三二年)所収、二一五―二一六段。

(116)ハンス・フライヘル・フォン・ゾーデン「相互の関連の歴史的発展におけるキリスト教と文化」、(『神学と宗教史の分野の平易な講演・著作集』第一六五巻)テュービンゲン、一九三三年、所収、七頁、三三頁。

(116a)二〇年代および三〇年代初期のヒルシュの数冊の代表的な書物には、文化プロテスタンティズム概念は見いだされない。目下のところ、ヒルシュの著作においては、この概念を最初に一九三四年に確認できる。「すべての若い福音主義神学に共通であったのは、文化プロテスタンティズムに対する反対であった。文化プロテスタンティズムは国民、国家、文化における全生活の歴史的に強力な論理的・宗教的な担い手へとキリスト教を――永遠なる生命に対する信仰とたいてい何らかの形で調和しつつ――平準化してしまうことと理解された。言いかえると、少なくとも歴史的な高い目標として肯定された、神の国と市民文化の国との宥和と理解された。この市民文化は、現在的なもの及び来るべき永遠についての新約聖書の教えと相容れず、また宗教改革の二王国説とも相容れない。文化プロテスタンティズムに対するこのような反対と結びついていたのは、シュライアーマッハーとの訣別であり、キリスト教と世界を歴史哲学的に相互に宥和させようとした理想主義的な思弁に対するキェルケゴールの闘いの受容である」（エマヌエル・ヒルシュ『哲学的・神学的熟考に照らして見た現代の精神的状況――ドイツの一九三三年の理解についての大学での講義』ゲッティンゲン、一九三四年、一一二―一一三頁）。一九四五年以降、文化プロテスタンティズムは、はるかに積極的にその価値を評価される。とくに第二次世界大戦後に執筆された神学史で、ヒルシュはすべての近代社会の情勢に宗教改革の自由原理を染み込ませようとするヘーゲルやシュライアーマッハーの試みを「文化プロテスタンティズム」の敬虔の真の表現として評価した。「しばしば論争的に使用され、しばしば浅薄な精神の持ち主によっても陳腐になった決まり文句であるからといって、……こうした見解を生み出した人々に深いキリスト教的な真剣さが存在することを忘れてはならない。キリスト教の世俗化ではなく、世俗的なものをその宗教的・キリスト教的根拠へ連れ戻すことが、思想の究極の核心である。それは、当時カトリックの地盤で現実になりつつあった教権主義、あるいは社会に敵対的な自由主義へ人々の精神が分岐することを、福音主義信仰の本質にふさわしくないものとして断つ試みである。こうした立場が信仰を見出した限りで、またその間だけ、一九世紀に優れた文化とキリスト教および教会との関係が存在した。ドイツ福音主義の自意識の最後の全盛期はこのようなしるしが現われた時代であった」。（エマヌエル・ヒルシュ『近代福音主義神学史』第五巻、ギュータースロー、一九五四年、一五六頁）。

(117)ハインリヒ・アドルフ『プロテスタンティズムの非市民化』ゴータ、一九三六年、九八頁。

(118)テーオドーア・ジークフリート『教会と世界におけるプロテスタント原理』（『聖書・教会・精神史についての神学研究』第八巻）ハレ、一九三九年。

(119)新プロテスタンティズム概念さえ、ラーデは二〇年代にきわめて限定的に採用しているにすぎなかった。たとえば、『キリスト教世界』第三九巻（一九二五年）、五一一段を参照。

(120)オットー・ピパー『世俗的キリスト教――現代の教会外の敬虔の本質と意義にかんする研究』テュービンゲン、一九二四年、には文化プロテスタンティズム概念は見いだされない。

(121)クルト・レーゼ『現代の文化危機と教会』ベルリン、一九二四年。また、『ドイツ理想主義とキリスト教――一九二六年一〇月六日、ポツダムで開かれた第二九回ドイツ・プロテスタント大会での講演』ベルリン、一九二七年、および『キリスト教世界』に発表されたこのハンブルクの神学者かつ哲学者の若干の論文の中には、文化プロテスタンティズム概念は確認され得なかった。しかし、注(45)を参照。

(122)その間、ブルンシュテットの著作においても一つの例証を見いだしえた。彼の第一義的には社会政策的に動機づけられた自由主義や啓蒙主義への批判と関連して、ブルンシュテットは一九二〇年に書いている。「啓蒙主義文化もしくは現世文化は、現状からして無宗教である。しかし、今なお宗教が存在するのだから、宗教と折り合いをつけなければならない。……宗教はせいぜい人間の精神生活の一部として文化のなかに組み入れられるが、もはや神や神の啓示、われわれとともに働き、さし迫る神の臨在については語られず、神の現実の厳粛さにたいする信仰は無力にされる。これらすべてをわれわれは文化の宗教と名づける。多くの者は福音主義キリスト教をあたかも文化的に無力なカトリシズムの独立した文化への同化にすぎないかのように理解した。これが文化プロテスタンティズムの精神態度である」(フリードリヒ・ブルンシュテット「ドイツ国家人民党の世界観」、マックス・ヴァイス編『国民意志――ドイツ国家人民党の発生と活動』ライプツィヒ、一九二〇年、五四―八二頁。ここでの引用箇所は、六九頁)。

(123)たとえば、ドイツ・キリスト者の神学者であるA・フライタークは一九三三年に、「われわれにとってきっぱりと片をつけられた文化プロテスタンティズム」について語っている。(「第三帝国における福音」、ハンス・シュレンマー『カール・バルトからドイツ・キリスト者へ――今日の神学状況の理解のための発言』ゴータ、一九三四年、所収、二五頁)。

(124)ハンス・シュレンマー、前掲書、八頁。

(125)同書、二二頁。

(126)「私も今日なお次のような考えである。すなわち、バウムガルテンによって『文化プロテスタンティズム』と名づけられ、同時に彼によって全身全霊で擁護される思考方法は、すでにふれた地域においてばかりでなく、全シュレスヴィヒ・ホルシュタインにおいて都市・農村を問わず、国民にふたたび直接的に文化プロテスタンティズムのキリスト教の教理への信頼ではなく、そうしたキリスト教の教師たちへの信頼を回復しうる唯一の形態であろう(フェルディナント・テンニエス「バウムガルテンとシュレスヴィヒ・ホルシュタイン」、『一致、権利、自由のためのドイツ新聞』一九二六年度刊、第九号、キール、二月二七日、所収、三―四頁。ここでの引用箇所は、三頁)。

(127)カール・シュナイダー「文化プロテスタンティズム？　キールの枢密顧問官、教授テンニエス博士への公開状」、『シュレスヴィヒ・ホルシュタイン教会雑誌』(新シリーズ)、第二一巻(新シリーズ、第一巻)、一九二六年度刊、所収、三四―三五段。フランツ「文化プロテスタンティズム?」、同誌、六七―六八段。J・ビーレフェルト「文化プロテスタンティズム? 返答」、同誌、一四三―一四五段。フェルディナント・テンニエス「文化プロテスタンティズム――キールのシュレーダー牧師への公開の応答」、『シュレスヴィヒ・ホルシュタイン教会雑誌』、同、二二三―二三五段。

(127 a)たまたま日刊紙上にも一つの例証が見いだされた。オスカー・ローゼンタールの論説「福音主義教会と国民社会主義」(『日刊評論』ベルリン、一九三二年五月二八日)について、この新聞の編集部員は伝えている。「この投書は……すでにその著しい文化プロテスタンティズムの傾向のゆえに、編集部の見解と完全に一致してはいない」。ローゼンタールは、国民社会主義とキリスト教の総合の可能性に異論を唱えている。

(128)カール・バルト「シュライアーマッハーの神学――一九二三/二四年の冬学期のゲッティンゲン講義」、ディートリヒ・リッチュル編(『カール・バルト全集』)チューリッヒ、一九七八年、所収、七七、一四一、四〇九―四一〇、四二一頁、そのほか各所。

(129)ヴェルナー・エーラト『キリスト教をめぐる闘い――ドイツにおける福音主義キリスト教とシュライアーマッハーおよびヘーゲル以降の一般的思考とのあいだの関連の歴史』ミュンヘン、一九二一年、五〇五―五一三頁。「エーラトにおいて第一次世界大戦直後に有力であった『文化拡散』という概念」については、さらにクルト・マイヤーの論文の啓発的な教示を参照。マイヤー「文化危機と総合問題――ヴェルナー・エーラトにおけるキリスト教と近代精神の理解について」、『宣教と教義――神学研究と教会教義のための雑誌』第三一巻(一九八五年)所収、二九三―三〇六頁。

(130)フリードリヒ・ゴーガルテン『幻想――文化理想主義との対決』イエーナ、一九二六年、五四、五六、一一二、一一四、一一八頁。文化概念の合成語のゴーガルテンによる論争的な使用についてのその他の例証は、ルードルフ・ケーラーの講演に見いだされる。ケーラー『危機の神学にたいする批判――一九二五年四月二五日、ベルリンの哲学(ヘーゲル)協会でなされた講演に基づく、カール・バルト、フリードリヒ・ゴーガルテン、エーミール・ブルンナー、エドゥアルト・トゥルナイゼンとの論争』ベルリン、一九二五年、九頁以下。ヴィルヘルム・ケップ『現代の精神状況と「弁証法」神学――概論』テュービンゲン、一九三〇年。

(131)ヴィルヘルム・シュープリンク『プロテスタント雑誌』第五七巻（一九二四年）所収論文、三〇八段。
(132)二〇年代にカール・バルトとパウル・アルトハウスによってしばしば用いられたこの概念は、アルバート・シュヴァイツァー『イエス伝研究史』一九一三年、第二版、四〇七頁、に由来する。パウル・アルトハウス『最後の事柄――キリスト教的終末論の構想』ギュータースロー、一九二二年、一一頁、註二、参照。
(133)フリードリヒ・ゴーガルテン『裁きか懐疑か――カール・バルトにたいする論駁書』イエーナ、一九三七年、一二頁。
(134)注(32)を参照。
(135)カール・バルト「教会と文化――一九二六年六月一日、アムステルダムでの内国伝道のための大陸連盟会議の席上なされた講演」、『時の間に』第四巻（一九二六年）所収、三六五―三八四頁。ここでの引用箇所は、三八二―三八四頁。
(136)前掲講演、三八四頁。
(137)ルードヴィヒ・シュミット「『神学雑誌』は文化批判的神学の機関誌か?」、『神学雑誌』第六巻（一九二七年）所収、二八三―二八四段、参照。
(138)ヴィルヘルム・シュープリンク『文化プロテスタンティズムの真の本質と宗教的価値について』ベルリン、一九二六年、二三―二四頁。
(139)同書、二一頁。
(140)以下の文献を参照。ヴィルヘルム・シュープリンク「書評・フリードリヒ・ゴーガルテン『信仰と啓示について』」、『プロテスタント雑誌』第五六巻（一九二三年）所収、一一一―一一二頁。クルト・ケッセラー「宗教改革者の信仰と世俗文化」、『プロテスタント雑誌』第五八巻（一九二五年）、所収、四九九―五〇二頁。ここでの関連箇所は、四九九頁。ヴィルヘルム・シュープリンク「書評・フリードリヒ・ゴーガルテン『世界にたいする教会の責任』」、『プロテスタント雑誌』第六二巻（一九二九年）、所収、一四一―一四二段。シュープリンク「書評・フリードリヒ・ゴーガルテン『信仰と現実』」、同誌、一四二―一四三段。
(141)ヴィルヘルム・シュープリンク『文化プロテスタンティズムの真の本質と宗教的価値について』ベルリン、一九二六年、二七頁。
(142)「まさにわれわれにとって無文化人間の宗教の可能性だけが存在する。そしてこれは、せいぜい荒野の修道僧の宗教である。もしくは、文化プロテスタンティズムが存在するだけである」。（ヴィルヘルム・シュープリンク、『プロテスタント雑誌』第五七巻（一九二四年）、所収、三二一段）。

(143)「弁証法神学の成立史が、……複雑なプロセスであり、これまでほんの手がかりしか歴史的に解明されていない」ということを、ごく最近とりわけヘルマン・フィッシャーが強調した（ヘルマン・フィッシャー「組織神学」、ゲオルク・シュトレッカー編『二〇世紀神学——状況と課題』テュービンゲン、一九八三年、所収、二八九—三八八頁。ここでの関連箇所は、二九六頁）。

(144) フォルカー・ドレーゼン『実践神学の近代構造諸条件。キリスト教の社会文化的生活世界への神学的転換の観点』第一巻、テュービンゲン（大学印刷物）、一九八四年、二七五頁。フリードリヒ・ヴィルヘルム・グラーフ「ふたたび今日的な問題となった文化プロテスタンティズム——古い神学的な判断は修正されなければならない」、『ルター派月刊誌』第二五巻（一九八六年）、所収、三〇九—三一二頁。

(145) ダーフィト・フリードリヒ・シュトラウス『古い信仰と新しい信仰——一つの信仰告白』一八七二年。

(146) エドゥアルト・フォン・ハルトマン『キリスト教の自己崩壊と未来の宗教』ベルリン、一八七四年、八八頁。ここではとくに「キリスト教と近代文化」、「自由主義プロテスタンティズムの非キリスト教的性格」、「自由主義プロテスタンティズムの非宗教性」にかんする第三、第四、第七章を参照。「自由主義プロテスタンティズムは必然的に歴史における無信仰の現象となった。というのは、自由主義プロテスタンティズムは、近代文化の関心を尺度として、キリスト教を近代文化という型にはめ込もうとした。なぜなら、尺度として受けとられた近代文化は、その発展の結果において、宗教にたいする世俗的なものの闘いから、みずから無信仰の性格をもつからである」。自由主義プロテスタンティズムのこの無信仰を、フォン・ハルトマンは、とりわけその「異教的世俗の喜びや楽観主義的な快適さ」、「世俗の快適さ」や「世俗化」に関係づけている。まだ一八七四年のうちに、詳細な序文を加えた本書の第二版が出版された。

(147) リューディガー・フォム・ブルーフ『文化の使命としての世界政策。第一次世界大戦前夜のドイツにおける対外的文化政策と教養市民層』（歴史の分野の史料と研究。新シリーズ、第四分冊）パーダーボーン、ミュンヘン、ウィーン、チューリッヒ、一九八二年、四八頁。

(148)フランツ・オーファーベック『キリスト教と文化――近代神学についての見解と論評。遺稿によってカール・アルプレヒト・ベルヌーリの編集』バーゼル、一九一九年、再版、ダルムシュタット、一九六三年、二七五頁。「近代カトリシズムがドイツの日常政治において、中央党内部で党とローマ教皇庁との間に進行中であるあらゆる結びつきの糸をともなって存在しているような現代の文化カトリシズムにほかならず、神学において改革の神学が今日のカトリシズムである限りで、この文化カトリシズムは近代のキリスト教およびわれわれのプロテスタンティズムの近代神学との平行現象にほかならない。……」。

(149)クリストフ・ヴェーバー『「シュパーン事件」(一九〇一年)――一九世紀末期の学問・文化をめぐる議論のための寄与』ローマ、一九八〇年、五六頁はそう指摘する。

(150)この点については、クリストフ・ヴェーバー、同書、五四頁以下(カトリック教徒の劣位と文化価値についての問い)を参照。

(151)「自由主義プロテスタンティズム」概念の意味論の領域については、同時代のローマ・カトリックの観点からの確証は、S・J・ヴィクトル・カトライン「カトリック教会と文化」、『マリア・ラーハからの声』第六三号(一九〇二年)、一三一―一四六、二六二―二八一頁。

(152)S・J・ヴィクトル・カトライン「福音主義のドイツにおける異教」、『神学・実践・季刊報』第五五号(一九〇二年)、所収、一三―二五頁。

(153)カトライン『マリア・ラーハからの声』第六三号(一九〇二年)、二七五頁。

(154)同箇所。

(155)S・J・クリスティアン・ペッシュ「キリスト教の本質の核のない外皮」、『マリア・ラーハからの声』第六〇号(一九〇一年)、四八―六二頁。この点にかんして、ハルナックの『キリスト教の本質』について次のように記されている。「彼(ハルナック)が示しているものは、感情の宗教と俗物の宗教の混合にすぎず、『主知主義的な』基礎も神の『規則によって定められた』啓示や律法の授与も、この世や来世におけるすべての超自然的なものも持っていない。ただ、われわれが自分たちを支配している善き父と考え、幾分、小市民的な道徳において考えている神的なものの主観的な承認や体験に本質があるにすぎない。こんなものがキリストの宗教であるべきだろうか。断じてそうではない。

これはハルナックの合理主義である」(六一頁)。こうしたハルナック批判を、ペッシュは以下の論説でつづけた。「福音全体とキリスト全体」、『マリア・ラーハからの声』第六〇号(一九〇一年)、所収、一五四―一六九頁。「キリストの教会とハルナックの奇妙なもの」、同誌、二五七―二七三頁。

(156)匿名「プロテスタント協会の基本方向」、『一般福音主義ルター派教会新聞』第四巻(一八七一年)、所収、三〇二―三〇五段、三一八―三二二段。プロテスタト協会のいだく「近代の文化教会の理想」の論争的な記述については、デットマール・シュミット『賛否両論の一〇の書簡によって解明され、教会議事録と教会代表者の著作によって叙述されたプロテスタント協会』ギュータースロー、二八頁。

(157)『一般福音主義ルター派教会新聞』第五巻(一八七二年)、一五二九段。

(158)匿名「シュトラウス文献について」、『新福音主義教会新聞(福音主義同盟のドイツ支部の指示に基づいて、ヘルマン・メッスナー編)』第一九巻(一八七七年)、所収、六〇六―六〇七段。ここでの関連箇所は、六〇六段。「シュトラウスによって、あらゆる確実な基礎の完全な欠如、一貫した内的不安定、不断の自己矛盾、古い信仰原理と近代の文化原理との間のどっちつかずの動揺が立証された、人間性のプロテスタンティズムはその弱点をいまだ乗り越えていない」。

(159)『新福音主義教会新聞』第七巻(一八六六年)、二九八段。「自由主義的」な立場からこれに相当するのは、教義的「総体としてのキリスト教」と道徳的合理的「純キリスト教」との間の区別である。(これに批判的な立場として、エルンスト・ハーク『キリスト教と文化――方向を定める講演』シュヴェーリン、一八九七年、七―八頁)。

(160)匿名「プロテスタント協会の決定的な敵対者」、『新福音主義教会新聞』第五巻(一八六四年)、所収、八五―八八段。「それゆえ、われわれはためらわずに、自らをこの協会の『決定的な敵対者』に数え入れる。というのは、われわれは真正のプロテスタンティズムを支持しており、近代のプロテスタントの中にルターの弟子を認めず、……プロテスタンティズムの運動の初めに、しばらくの間ルターに同調した急進的な人々を認めるからである。真正のプロテスタンティズムは、魂のもっとも深いところで、神の前に身をかがめ、神抜きの人間の努力をすべて非難する。偽りのプロテスタンティズムは、その道徳的努力を自慢する。真正のプロテスタンティズムは、生まれつきの人間の理性が神の事柄について無分別であるとみなす。偽りのプロテスタンティズムは神の言葉に対して、哲学的な独断に固執する。真正のプロテスタンティズムは、神の栄光によって満たされ、偽りのプロテスタンティズムは『人間の自負を育てること』につとめる……」。また、P・メールホルンの項目論文、『プロテスタント神学と教会のための百科事典』第三版、第一六巻、ライプツィヒ、一九〇五年、一三四頁で報告されている、プロテスタント協会にたいする「あからさまな反キリスト教」という批判的な特徴づけをも参照。

(161)テーオドーア・カフタン「福音主義同盟にはいかなる意義があるか?」、『一般福音主義ルター派教会新聞』第三七巻(一九〇四年)、所収、五六四―五七〇段。ここでの引用箇所は、五六七段。

(162)テーオドーア・カフタン「教皇権至上主義とプロテスタンティズム」、『一般福音主義ルター派教会新聞』第三八巻(一九〇五年)、所収、七―一四段。ここでの関連箇所は、一二段。

(163)テーオドーア・カフタン、同論説、九段。カフタンは、福音主義同盟の総会の席上でのキルンの講演を引き合いに出している。この講演を私はこれまで遠方貸し出しによっても手に入れることができなかった。それゆえ、キルンが「プロテスタンティズムの文化・政治的原理」の解釈と関連して文化プロテスタンティズム概念を用いたかどうか、述べることはできない。

(164)J・メラー「再論。福音主義教会と福音主義同盟」、『一般福音主義ルター派教会新聞』第四五巻(一九一二年)、所収、六〇―六四段。ここでの関連箇所は、六〇段。エーヴァリンク「福音主義同盟」、同紙、一三三―一三六段。ここでの関連箇所は、一三三段。メラーが引き合いに出しているのは、テーオドーア・カフタン「福音主義教会と福音主義同盟」、『一般福音主義ルター派教会新聞』第四四巻(一九一一年)、所収、一一三五―一一三九段。メラーのテキストについての重要な示唆を、私の友人ハルトムート・ルディース(ボーフェンデン在住)から受けた。『一般福音主義ルター派教会新聞』紙上のその他の重要な議論の意見表明としてさらに挙げられるのは以下の文献である。テーオドーア・カフタン「福音主義教会と福音主義同盟」、『一般福音主義ルター派教会新聞』第四五巻(一九一二年)、所収、八五―八六段。J・メラー「なぜ私はそれにもかかわらず福音主義同盟に賛同しないのか。第二の返答」、同紙、一七七―一八二段。一九七―二〇一段。テーオドーア・カフタン「福音主義同盟問題にかんする解明」、同紙、二二五―二二七段。ヘルテル「教会的同盟としての『福音主義同盟』」、同紙、二五四―二五五段。エーヴァリング「福音主義同盟の擁護のために」同紙、三四四―三四八段。ラウエンシュタイン「福音主義同盟に反対して」、同紙、四六二―四六七段。

(165)J・メラー「再論。……」、『一般福音主義ルター派教会新聞』第四五巻(一九一二年)、所収、六一段。

(166)同論説、六二段。

(167)J・メラー「なぜ私は……」、同紙、二〇一段。

(168)テーオドーア・カフタン「福音主義教会と福音主義同盟」、同紙、八五段。テーオドーア・カフタン『エルンスト・トレルチ——批判的時代研究』シュレスヴィヒ、一九一二年も、参照。

(169)このことは、エアランゲンのルター派神学者アウグスト・ヴィルヘルム・フンツィンガーの表現から推論されうる。「プロテスタンティズムが主張した真理は、普通『文化プロテスタンティズム』と称するもの、すなわち良心の自由、寛容、完全な確信の形成といったものをはるかに凌いでいる」。(A・W・フンツィンガー「プロテスタント文化」、ハンス・ペールマン編『ノリス——プロテスタント文化年報』ニュルンベルク、一九一二年、所収、一〇—一二頁。ここでの引用は、一二頁)。フィリップ・フッパートの書物に見られる「積極派」教会新聞雑誌からの啓発的な抜粋を参照。フッパート『プロテスタントの証言に基づいて叙述された二〇世紀初頭のドイツ・プロテスタンティズム』ケルン、一九〇二年。フッパートは地域を超えた重要なカトリックの日刊紙である『ケルン国民新聞』の編集者であった。彼の編集方針は、「正統主義の」プロテスタントにプロテスタント自由主義の批判のための討議の場を得させるという教会政治的関心によって規定されていた。

(佐藤真一訳)

「ゲッティンゲンの小学部」の「体系家」

――エルンスト・トレルチの学位取得の諸テーゼとこの諸テーゼのゲッティンゲンでの［社会的・文化的］文脈――

I．序

1．一九〇四年当時ハレで教鞭を執っていた教義学者マックス・ライシュレは「神学と宗教史」のタイトルの下で「五回の講義」を行った。この講義は彼が一九〇三年一〇月ハノーヴァ領邦教会の牧師のための休暇中の講習会で行ったものであった。神学の公開の場所でいわゆる「リッチュル学派」の終始自立した代表者とみなされていたライシュレがここでとりわけ彼の専門の仲間の一人に議論をふっかけた。なるほど彼の批判はそもそも「〈宗教史的方法〉という叫びを……今日神学において大きく、しばしばいくらか甲高く」響き渡らせるところの人たちに[1]向けられた。けれども最初はW・ブセットとH・グンケル[2]はハレの体系家［ライシュレ］に興味を起こさせなかった。彼の批判はむしろ自分と同じ専門［組織神学］の代表者に向けられた。何となれば「新しいスローガンのより普遍的な意味は一人の体系家、エルンスト・トレルチによって最も包括的な概念にもたらされた」[3]からである。「宗教史の神学」には宗教とキリスト教の「ある種の全体観」がある。宗教史の神学はその組織的な前提と結果をトレルチが表現しようとしたある特定の「基本ムード」を前提としている。[4] 宗教史の概念において自己表現するところの同時代の神学の「傾向」に対する批判は、トレルチが「組織的に宗教史的方法の中心思想をはっきり示している」[5]限りで、第一にトレルチに向けられざるをえない。ライシュレのこの意図を彼の批評家の一人、ヘルマン・グンケルが次のようにきわめて印象的な表現で語っている。「〈宗教史学徒〉のなかの体系家、トレルチ」[6]。

この特徴づけはおどろくほど速く広まった。すでに一九一三年にM・ラーデは次のように断言することができた。「宗教史学派の体系家として若い学徒たちの間でエルンスト・トレルチは味方によってもまた敵によっても歓迎されている」[7]。「宗教史学派」をめぐる集中的な議論は結果として、〈宗教史学派の体系家〉もしくは〈教義学者〉としてトレルチについて語ることが彼について語ることを許すところの決まり文句として独立し、彼の神学的綱領の内容的推蔵に特に関係する必要はない、ということであった。この決まり文句の使用はとりわけ歴史的観点におけるー義性の獲得を暗に意味した。この文句は彼の神学を一つの特定の学派の立場の表現にそして同時に一つのかなり大きな学派全体内での一つの契機（Moment）にすることによって、この文句においてトレルチの歴史的な場所が確定されている。とりわけ二〇世紀の釈義的神学がその固有の歴史について合意に達しようとしているところでは、いわば反省せず自明なものとしてこの文句が伝承されたし、今なお伝承されており、またトレルチ神学という概念の符号として使用されて来たし、また今なお使用されている。「エルンスト・トレルチは自分を〈宗教史学派の体系家〉と呼んだということは周知である」[8]と言う主張がこの文句の――比較的短い――伝承史のさしあたって終わりに置かれている。私にはこのことは周知のことではないので、[9]以下においてこの決まり文句がトレルチの自己理解をどこまで適切に表現できるか、もしくはここでは「この伝承の批判」[10]がどこまで提示されるかが問題とされる。その際、新しい神学のあの「学派」によって定義された「伝承」の再構成の基準が考慮されるようにしたいである。

と思う。というのはこの神学はこの問題ではこの学派における若いトレルチの立場を顧慮してテーマ的であるから

2. トレルチを宗教史学派の教義学者として見ることは、神学の歴史的-釈義的意識にとっては十分にうなずける。というのはこの意識は彼をかの学派の教義学者として見ることと「宗教史学派」の成立の解釈を結びつけることができるからである。この解釈が神学史における新しいものの構成を新しいものそれ自身の生産的行為と宣言することを許すのである。「学派」の発生（Genese）の解釈において、〈歴史的〉と〈体系的〉の違いから独特な解釈力を受け取る一つの解釈のひな型が支配的となった。教義学的決定から解き放されることによって、歴史的意識は歴史的材料の現実に適合した〈遮られない〉そして〈より自由な〉視界への可能性を獲得する。首尾一貫した歴史家として「前提なき学問」[11]を遂行するという「宗教史学派」の釈義家の固有の要求は神学史の記述において以下の様な程度までに証される。つまり歴史的意識の自律化、リッチュル神学の教義学的前提からの歴史的意識の解放——これは実際に存在した、と思われる——が（原始）キリスト教の真の概念への新しい洞察を可能にし、その限りでついに神学の体系的な新しい方向づけを引き起こしたのではないか、と考えられる程度までに証される。これに対する範例としては今日通例「学派」に数えられているヨハネス・ヴァイスが行った解釈が存在しうる。[12] 神の国概念の解明に関して「神の国についてのイエスの説教」によってもたらされた進歩は神の国が歴史的に存在しないことの提示による教義学的慣用語法の破壊として理解される。歴史的材料への体系的前提によって制約されない断念によってこの釈義家「ヴァイス」はリッチュルもしくは一般に「体系的神学者から彼らの立場を守る慣用語法の主要証拠」[13]を奪いそしてイエスの神の国という表象の本来的な、終末論的内容を認識可能にした。

この場合に「体系家」には釈義家たちの歴史的洞察によって明白なリッチュルの教義学の危機を新しい教義学に

おいて生産的なものにする課題だけが残されている。再三、実際にトレルチは非常に遅れてやっと学派に合流した、ということが仮定される。「トレルチは最初サークルとあまり接触がなかった。そして一八九五年以降はじめて宗教史学派の〈教義学者〉になるために、宗教史学派の思考の歩みに心を開いた」[14]。この判断は、すでに一九一三年にラーデによって掲げられた「宗教史学派の前史」を研究するという要求にもかかわらず[15]、研究がその端緒にすらついていない学派の発端への歴史的洞察に基づいているのではなくて、キリスト教についての歴史家によって生み出された新しい学識の諸条件の下であの学識が構成的に入っていく一つの体系をあとから構想するのは体系家の特別な課題であるという仮定をする神学の歴史的並びに組織的活動――問題があるが――のせいである。以下ではトレルチと「学派」の釈義家たちを顧慮して、この図式――歴史的意識の教義学的仮定が問題になるであろう――はふさわしくないということが示される。トレルチは学派に「後になってようやく」[16]加わったという情報は本当のこととして考えることは事実の成り行きには――その成り行きに最初すこし近づけば示されるように――そぐわない。

3．該当する［百科］事典の項目が提供している諸情報がすでに神学における「宗教史学派」という概念の使用と結びついていたし、そして今なお結びついているところの一義性の欠如をはっきりと裏付けている[17]。その全体性においては見渡され得ない歴史的過程の具体的多様性を組み立てる神学史的分類諸概念［旧・新約聖書学、教義史、教会史、組織神学、実践神学、等］は［それぞれ］何をなすべきかをこの［宗教史学派という］概念は示していない。むしろこの概念の使用は拡散性を生み出している。このことはこの概念についてのコンセンサスの欠如においてはっきりと示される。この「学派」――これは周知のように一人の先生への結びつきによって設立されているのではない――に本来誰が数えられうるのか。最近の文献では一部ばかげた数え方がみられる。この学派に「ばかげた数え方より」ずっとはっきりと数えられうる人たちの名前が欠けている[18]。このことに関する例えばブセットとグンケルの慎重さに従えばこの概念はここではそれ故比較的短い時期——一八八八年二月から一八九三年二月——にゲッティンゲンで神学得業士［内容的には今の神学博士に当たる］を授与され、そしてその都度学位授与のあとすぐ神学の種々の専門分野で教授資格を与えられた若いゲッティンゲンの神学者に専ら関係している。神学の内部で「宗教史学派」についての講演が意味あるものにしたいならば、即ち一九世紀の最後の三分の一世紀におけるプロテスタント神学の非常に複雑な歴史の内的経過を理解するために成果をあげようとすれば、この講演はまず若いゲッティンゲンの学徒のあのグループに関係させられなければならない。そういうことだから「宗教史学派」は——ヘルマン・グンケルによって要求されているように——「終始神学内の運動」[19]として理解されうる。「一つの学派は偶然に生じない」[20]。けれどもすでに「宗教史学派」の時代以来彼らより年配のどういう神学者たちによって「ゲッティンゲンの」若い神学者たちが積極的に刺激を受けたのかについてのコンセンサスがない。一例をあげれば、一八六九年以来ゲッティンゲンで教鞭を執り、神学を宗教史において発展解消することを主張したパウル・ド・ラガルド[21]はどの範囲で若者に影響を及ぼすことができたかは今なお争われている。同時に神学において何がなされるべきかについて共通の理解の形成を促進した諸動機が今なお解明されていない。即ち歴史的思考による、Th・カーライルへの熱中等による魅惑への抽象的に一般的な言及では若いゲッティンゲンの学徒たちを結びつける神学理解の特別なものはどこに見られうるのかということを認識させない。「[一九世紀]八〇年代中頃に」やがて神学史を形成することになるあの「若い神学者の交友サークル」[22]がどうして生まれたのか。お互いにどのようにして知り合うようになり、お互いどのように交友したのか。サークルのなかでの個人的な関係はどのようであったか。もしくは誰が当時この若い神学者の交友サークルに属していたか。そしてとりわけついには「われわれ」と言うようになり[23]、またお互いを「学問上の友」[24]と呼べるに至った学問的な交換がどのようにして行われたか。これらのことはもっとわかっていない。「〈宗教史学派〉の端緒について……われわれはまさしく多くのことを知らないのである」[25]。もしゲッティンゲンで萌芽の形で発展させられた批判的歴史研究の理解に従えば、この発端こそわれわれの特別な関心を引くのである。何となれば例えばトレルチによれば、「一つの歴史現象のオリジナルな意味はその始源において最も強力にかつ最も純粋に保持されている」[26]からである。

トレルチの「神学得業士の学位を得るための……諸テーゼ」〔本訳書一九〇頁以下参照〕は、なるほど「学派」の発端には由来していないが、時期的にみれば発端に非常に近いので、トレルチの諸テーゼはあの初期の時期の暗闇を少し照らすことが出来る。トレルチの［学位取得］の公開討論会において、A・ラールフスとW・ブセットは反論者として登場したので、彼らのこれまで一部行先不明と見なされていた諸テーゼと比較することができるようになった。何となれば、もう一度トレルチを煩わせることになるが、「まず比較することによってわれわれは理解することを習う」[28]。若いゲッティンゲンの学徒たちが彼らの歴史研究の決定的な基本傾向を見たかかる「比較をすること」[29]が、たった五か月前にトレルチはW・ヴレーデと共にブセットの諸テーゼの反論者になったばかりだけに、それだけ一層要請される。ヴレーデは、トレルチの一週間後、J・ヴァイスとH・ハックマンの異議に対して自分の諸テーゼを弁護しなければならなかったので、ヴァイスとハックマンも比較に引き入れられうる。ハックマンの場合にはラールフスとブセットが反論し、ラールフスの場合にはハックマンとブセットが批判者の論拠を持ち出さなければならなかった。

若いゲッティンゲンの学徒たちが神学の方法的自己理解と歴史部門の研究実践に革命をもたらした洞察に属するのが、とりわけ伝承された文献的文書の歴史的仲介性への洞察である。歴史的-批判的釈義はテキストをほぼ専一的に文献批判の観点で分析する限りテキストの純所与性に固定され続けたが、そのような歴史的-批判的釈義の理解に逆襲する形で、彼らは次のような意味でのあらゆる文献的文書の歴史的構成を力をこめて主張した。すなわち、ことごとくのテキストはもともと一定の生活世界の関連のうちにそして伝統の関連のうちにあり、従ってかかる連関はテキストの解釈が真に歴史的であるべきであれば再構成されなければならない、という意味においてである。トレルチの学位取得の諸テーゼを彼の後の出版物からではなくて、他の若いゲッティンゲンの学徒たちの同時期の学位取得の諸テーゼに関係して解釈することがテキストの［社会・文化的］文脈性を現実化する。トレルチの学位取得の諸テーゼはそれらの可能な「環境」――とりわけグンケルによって使用された意味深長な表現を使えば[30]――を描写している。この［社会的・文化的］文脈をさぐることの適切性はその成果によってのみ弁護されうる。その際トレルチの諸テーゼの一次的な文脈が二次的な文脈から区別されなければならない。ブセットとヴレーデはトレルチと同じ学期に神学得業士の学位を与えられたので、彼らの諸テーゼはトレルチには確かに周知のものであった[31]。同じことがラールフスの諸テーゼにもあてはまる。彼の［学位取得の］公開討論会は次の学期の初めに行われた。

ハックマンが学部構成員［教授と学生］の前に［学位取得の公開討論会のために］登場した一八九三年二月一八日には、トレルチはすでに［員外教授として］ボンに居たので、トレルチにハックマンの諸テーゼが知られていたと仮定されることは出来ない。その限りでハックマンの諸テーゼはJ・ヴァイスとH・グンケルの諸テーゼと共に二次的な解釈文脈を形成する。ヴァイスが自分の諸テーゼをグンケルとC・ミルプト[32]に対して防衛した一八八七／八八年の冬学期にブセットとトレルチはなるほどゲッティンゲンの学生ではあったが、公開討論会に出席した証拠がない。グンケルの学位取得の時はトレルチは［副牧師として］ミュンヘンの説教者ゼミナール［バイエルンのエリート牧師養成所］に居た。トレルチにグンケルの諸テーゼが知られていたかどうかは決定されえない。というのは諸テーゼのどの版が「W・F・ケストナーの大学印刷所」で印刷されたのか確認されえないから。[33] アルバート・アイヒホルンは再三「学派」の最も重要な提案者と呼ばれているので、ないしは何人かの人は彼を最も重要な代表者と見ているので、上述のゲッティンゲンの学位試験受験者の諸テーゼを遡って彼の一八八六年六月二六日に防衛された諸テーゼと比較することは意味あることである。なおこの諸テーゼはすでに出版されている。[34]

4．一つのテキストの歴史的構成への洞察をテキストの文章形式（文学類型 Gattung）と社会的文化的文脈（「生活の座（Sitz im Leben）」）の間の内的連関の分析へと発展させること——これはとりわけグンケルによって創世記の長年の研究において行われた——は若いゲッティンゲンの学徒たちの頭に浮かんだ徹底的に歴史的な神学の内的帰結であった。グンケルは伝承された言語的表現が反省に由来していない——それ故に前文学的でかつ直接民衆的である——ほど、伝承された言語的表現は社会生活の特定の規定が描かれている超個人的な形式によってそれだけ強く刻印されているのを見たが、文学形式と社会的文脈の相互依存への彼の洞察はトレルチの諸テーゼの解釈にも役立てられうるのである。個別研究論文、学術的エッセイ、文献報告書、書評等々と同様諸テーゼは学問的文献の一つの固有の文学類型（Gattung）として理解される。この文学類型の「生活の座（Sitz im Leben）」は公的なアカデミックな集会である。その集会の終わりに新しく取得された学位が請求者に、固有の儀式の形をとって、学部長によってきっぱりと表明されて、与えられるのである。この行為が学位取得手続きのクライマックスなのである。特定のテーマを学問的に論じる受験者は独立的な学問的な研究の能力を証明した後に、彼は口頭試問の形で神学の個々の部門における彼の知識に関する能力について（pro facultate）問われた。請求者が行わなければならない第三の行為［第一、論文。第二、口頭試問］においても神学のあらゆる分野がテーマ的に取り上げられる。けれどもこれは試験とは大いに異なった方法で行われた。何となれば今度は受験者は意見を述べたいテーマを自ら選ぶのみならず、彼によってきりだされた問題に対して彼自身の見解をテーゼの形でうまく持ち出せたのである。彼自身の見解の社会的文脈から学位取得のテーゼにおいて特別な方法で請求者の固有の神学的立場が表現されている、と言われうる。公開討論会において彼は初めてかなり大きいアカデミックな公衆の前に現れる。そしてこの公衆に対して彼は正当に神学得業士の学位を請求することを表明するのである。論争の形でのかかる表明は不意に行われるのではない。諸テーゼの公開討論会という内的論理のうちに、請求者によってあらかじめ書面で表明された見解が反論者によって批判され、そして可能な異議が提出されるということが含まれている。受験生にとってはそのことによって神学的独立の主張をするチャンスが一層大きくなる。何となれば彼の諸テーゼに対する異議に対して討論することによって彼は彼の立場を弁護するチャンス、即ち個々の点を説明し、そして特定の理由づけを展開するチャンス、それ故に可能ならば固有の立場のプロフィールを以前よりもはっきりさせるチャンスを与えられるのである。

この公開討論会が学部の構成員［教授と学生］の出席のもとで行われるということは、少なくともこの構成員のうちの何人かは受験生の神学の先生であった或いは今なおそうであるという限りで、特別な注目を受ける。彼はこの諸テーゼにおいて神学的独立を主張しようとすれば、彼はここで彼の学問上の先生たちとの関係について意見を述べなければならない。いずれにしても特定の優勢な立場に対して否定的で、かつ独立の資格ありとみなされる主張の場合にのみ、独立性が認められるのである。［学部構成員の集会という］「生活の座」から見られると、トレルチの学位取得の諸テーゼの解釈の場合にそれ故、トレルチの諸テーゼにおいて独自の神学的立場がどの範囲で表されているかもしくは［逆に］当時この大学の神学部において特に優勢であった立場へひきもどされること［独自性が見られないこと］が提示されるかどうかについて問われうる。「一般的に請求者の諸テーゼの背後に重要なかつしばしば個人的な種類の隠された暗示が隠れているものである。そしてこの隠された暗示を完全に理解するためには、その諸テーゼが誰に向けられたものであるか、或いは学問の内部でどの方向に向けられたものであるのか、われわれは知らなければならない」[35]。かかる知識は、もしそもそも得られうるとすれば、諸テーゼそのものからのみ得られうる。

Ⅱ．釈義的――歴史的神学

1．トレルチの一七のテーゼのうち二つだけが旧約に関係している。けれどもそれらは他の若いゲッティンゲンの学徒の場合にもたやすく同一であると確認されうる問題意識を認識させるので、それらはわれわれの問題提起との関連で特に重要である。同時にトレルチの第二と第三のテーゼは、トレルチが彼の学位の公開討論会に際してブセットによって五か月前に弁護された諸テーゼにいかに強く引き戻されているかを証している。私はまず彼らの可能な文脈を述べる。

H・グンケルのライフワークは多年創世記にたずさわったことと並んでとりわけ片や詩篇へのそして他方預言者文学への持続的研究によって特徴づけられる[36]。この預言と詩篇へのはっきりとした関心はすでに彼の学位取得の諸テーゼにおいて明確に現れている。旧約に関係する一二のテーゼのうち三つは専ら詩篇と預言に関係している。預言者文学と詩篇を一つの現象の二つの互いに対応した表現として解釈するグンケルの釈義の後に見られる基本態度は一八八八年の［学位取得］の諸テーゼにおいてはまだ読みとられえない。しかしまさしくこの傾向が他のゲッティンゲンの学徒の場合にはすでに一八九〇年から明確に現れる。一八九二／九三年の夏学期の終わりにブセットとラールフスはハックマンの主張「イザヤ書の成立は詩篇の成立にきわめて似ている」（ハックマンの第五テーゼ）に反論しなければならない。しかしそれに対して少なくともブセットは、もし仮に異議を申し立てることがあるにしても、文学批評的異議しか申し立てることが出来ない。何となれば詩篇と預言者文学を対比するという事柄それ自身に関しては彼はハックマンと同じ意見である。ブセットの第二テーゼにおいて彼は論理的に要求される第三のもの（tertium）である解釈のカテゴリー［宗教的個人主義］さえ挙げている。つまりこの第三のものに関係してあの対比は次の様に表現される。「われわれが預言者エレミヤ（一二・一—六、一五、一〇—二一その他）の場合に初めて出くわす宗教的個人主義は詩篇文学の大団塊のうちに最も強力な表現を見出す」。宗教的個人主義の現象への関連づけはトレルチの場合にも見られる。「エレミヤ三〇と三一章」（イスラエルの捕囚からの解放と新しい契約の約束）は、それは「おそらく捕囚後の教団」に由来する（第二テーゼ）としても、「古いイスラエルの預言者的民族宗教の成果でありそして結果」である、という主張に彼は彼の第二の旧約のテーゼにおいて「捕囚並びに捕囚後のユダヤ民族の宗教」という規定を結びつける。この規定は預言並びに詩篇の根底にある宗教的個人主義への洞察がとりわけ個人主義という言葉の含蓄を顧慮して彼にキリスト教という特別な概念の展開に興味を起こさせるということを認識させる。唯一人トレルチは体系的な観点における釈義的な内容をテーマ化する。旧約への関連づけが原理的にキリスト教に制限される。そしてそれと共に同時に「古イスラエルの民族宗教」もしくは捕囚-捕囚後のユダヤ教に取り組むことがキリスト教の理論の機能のためと定められる。「捕囚と捕囚後のユダヤ民族の宗教はキリスト教の母体である。前者から最初に後者の大いなる宗教史的基盤が、即ち復活信仰、メシア概念、黙示文学、普遍的一神教、宗教的個人主義、箴言の知恵の道徳が出て来たという限りで」（第三テーゼ）。

「キリスト教の母体」というトレルチの規定はキリスト教を宗教史的に引き出すという綱領（Programm）の意

味を含んでいる。この綱領はキリスト教的なるものの可能な特性をキリスト教に対して直接その諸条件としてあらかじめ存在した歴史的形態への関係、即ち相違と継続性から展開するということを新約神学の必然的な課題にさせるのである。新約神学の領域でキリスト教の可能な特性を考慮して原始キリスト教の直接的-歴史的、社会的並びに宗教的文脈への関係を再構成するという「学派」の特別な綱領になったことがトレルチのテーゼにおいて内容的にすでに暗に含まれている。そのことのうちにとりわけキリスト教の教義学的概念の展開においてすでに宗教史的に文脈をさぐることについて［賛成の］決定をする一つの神学［トレルチの立場］への拒否［リッチュルの立場］が認識されうる。アルブレヒト・リッチュルの神学の全体を決定する主張、即ち「キリスト教は旧約聖書の宗教との……歴史的連関からのみ理解されうる［捕囚-捕囚後のユダヤ教の否定］」という主張に、捕囚-捕囚後のユダヤ民族の宗教と「古イスラエルの民族宗教［旧約聖書の宗教］」との間に誰が区別を設けることが出来るのか、という問いは続くことが出来ない。けれどもトレルチは――ヴレーデ（第九テーゼ）と異なって――後期ユダヤ教をそこからキリスト教の新しいものが理解されなければならない第一次的文脈としては語っていない。彼のテーゼにおいてのみ「学派」の釈義家たちの最も重要なテーゼの一つとなった「黙示文学」はキリスト教の宗教史的前提であるという主張がみられる。

キリスト教の「大いなる宗教史的基盤」にトレルチは全部で六つの要素を挙げている。けれどもこの六つの要素は彼によって一つの体系的連関にもたらされてはいない。このことはその不均質性と関係するのかもしれない。個々の要素、例えば復活信仰と黙示文学が彼の視界の中でお互いにどの様に関係しているのかについては何も言われ得ない。トレルチの表現からはむしろ彼によって挙げられた六つの要素はことごとく原始キリスト教という一つの概念を構成しているという確認にわれわれは制限せざるをえない。その際、特に彼のメシア概念への言及はブセットの五か月前の［学位取得の］公開討論会の時から彼にはよく知られていたテーゼへ遡って関係づけられるものとして理解される。「イエスの人格性における最も独自にしてかつ有意義なるものは新しい宗教‐倫理的理念のうちにあるのではなくて、イエスがメシアとして、来るべき時代の招来者として自覚していた自意識のうちにある」（ブセット第四テーゼ）をブセットは同じゼメスターの初めに主張した。他の人たちの新約聖書のキリスト論と関係する諸テーゼと比較されると、これは「イエスの人格性」についての非常に特色ある証言である。これをブセットの［公開討論会の］二人の反論者［トレルチとヴレーデ］が受け継ぐ。トレルチの公開討論会の一週間後、ヴレーデは「イエス像において教育的‐牧会的傾向は見られない」（ヴレーデ第五テーゼ）と主張した。メシア概念へのトレルチの関連づけがキリスト論の倫理的理解［リッチュルの立場］への拒否をどの範囲で暗に含んでいるかは決定されえない。

　けれども「キリスト教の母体」というトレルチの「規定」はリッチュルに対して距離をとっていることの表現と読まれなければならない。すでにA・アイヒホルンは一八八六年に彼の第八テーゼにおいて「教団は個人に対しては宗教的意義を持っていない」と主張した。彼の反論者オットー・リッチュルはこのことを彼の父の神学の基本的仮定のはっきりとした拒否として理解した。A・リッチュル自身彼の教義学的立場の独自的なるものを彼は「神と和解した教団の立場から」考えているということのうちに確認している。[38] かくて宗教は専ら必然的に共同体的な態度として規定されうる。この「キリスト教の教団を高く評価すること」並びに「共同体的な神崇拝」とは異なる宗教は存在しない[39]、というリッチュルの主張にアイヒホルンのテーゼは正反対である。相応することがブセット並びにトレルチに当てはまる。「宗教的個人主義」への言及でもって彼ら二人はその存在の可能性をリッチュルが原理的に否定した事情に立ち戻っている。彼の第八のテーゼにおいてブセットはリッチュルに反対して、パウロの「キリスト教は個人的なキリスト教」であると主張する。トレルチは宗教的個人主義をキリスト教の構成要素であるとさえ宣言する。このことをゲッティンゲンの学部構成員の前で行うことは、一八八八年三月まで規定して来たそして多くの人々において今なお規定している教義学に対する広範囲に及ぶ拒否として理解されえた。

2．彼の第三のテーゼにおいてA・アイヒホルンは綱領的に「新約聖書の導入は原始キリスト教の文学史でなければならない」と主張した。この要求はまず第一に「新約聖書の単に文学批判的な扱いと聖典《カノン》への一面的制限への攻撃として理解され」なければならない。(40) キール［大学］時代からのアイヒホルンの弟子であるフーゴ・グレスマンは彼の(41)——非常に一面的な(42)——書物「Albert Eichhorn und Die Religionsgeschichtliche Schule」によって「学派」の一般的な姿を決定的に刻印したのであるが、一九一四年に実際にグレスマンが主張したことは、アイヒホルンの場合一八八八年［の学位取得の公開討論会］では「〈宗教史〉と〈宗教史的方法〉については諸テーゼにおいては論じられていないけれども」、アイヒホルンはここで「基本的に宗教史的考察の要求」を掲げている、と。(43) しかしこの確認は「アイヒホルンの言葉或いは少なくとも彼が最初に表現を与えた見解がなおそれ以上に影響を及ぼした」(44)という判断に基づいている。何となればアイヒホルンの諸テーゼそのものにおいては、伝統的な導入学を原始キリスト教の「文学史」に変えるという綱領の下で何がより正確に理解されうるかということについて、詳細な規定が見いだされないからである。

ライシュレが一九〇四年トレルチの絶対性の書物［『キリスト教の絶対性と宗教史』一九〇二年］の印象の下で「学派」に反対して登場したとき、彼は学派の釈義家たちを「類比を高く評価しすぎているしまた類比を依存関係に変えている」と非難した。(45) トレルチとグンケルの反批判でもって彼らも「類比と依存関係を原理的に」(46) 区別することを要求しているということが確認されうる。グンケルも彼の七つの新約に関するテーゼの第一において、新約の

「緒論」はどのようになされるべきかを綱領的に問題としている、という事実からはアイヒホルンとの直接的な依存関係は推論されえない。このことは、グンケルはアイヒホルンをゲッティンゲンですでに知っていた、或いは彼をハレにおいて初めて知った——後者がどちらかといえば本当らしい——のかについてははっきりしないので、ますます妥当する。けれども［二人の間の］驚くべき近さが示される。「新約聖書緒論は使徒時代の諸資料の学問である」（グンケル第四テーゼ）。これはこれまでの新約聖書緒論の変更を意味する、これまでの新約聖書緒論が伝統的に正典的な文書の文学的特性の規定を狙っている限りで、それに対して、すべてのキリスト教の「使徒時代」に帰されうるテキスト［外典等を含めて］がその二次的な教会の評価［正典・外典等の区別をしたこと］と関係なしに新約聖書緒論学のテーマと材料となることによって、グンケルは正典に限ることを越えていくことを要求する。アイヒホルンは一八八八年において「原始キリスト教の文学史」という概念でもって個々には何を意図したとしても——ゲッティンゲンの公開討論会では、正典にのみ関係づける代わりに、原始キリスト教一般への参照指示が綱領的に登場する。正典としてのテキストを顧慮して、緒論学はもっと大きな全体における、即ち原始キリスト教の世界におけるそれぞれのテキストの位置を明らかにするものとして、そして原始キリスト教の世界を構成する歴史的な諸人物への関係を定めるものとして理解される。「新約聖書辞典」について「それは時代を遡っては後期ユダヤ教の文学、時代を下っては使徒の直弟子の教父たちを含んでいる場合にのみ学問的欲求」を満たす、とヴレーデは主張する（ヴレーデ第九テーゼ）。

ブセットは彼の第五テーゼにおいてこの事情と同じ要求をグンケルやヴレーデよりも比較にならないほど明確に掲げている。ブセットは上述の人たちよりももっとラディカルな形で登場する。何となればブセットは新約聖書学のこれまでの業績をひっくるめてテーマにし、そして新約聖書学の真の課題を知っている人の表現でこの分野の所与の立場を彼自身の綱領の純粋な前提とした。この二五歳の学位請求者に「彼のテーゼの持つ」固有の意義の意識は欠けていない。「聖書〈神学〉のこれまでの全業績はイエス・キリストの時代の宗教生活の特性と歴史の研究のための準備作業とのみみなされうる」。このことは独自の研究に取り組もうとする人であろうとさえする要求を暗に含んでいる。この学位請求者が「神学」という言葉に着せた引用符はこのように読まれうる。この引用符は「既存の」〈聖書神学〉の当面の構想に対して距離を表現している、この引用符が「既存の」聖書神学の神学性を相対化することによって。これまで存在しているものは本当に神学として妥当しうる新約聖書並びに原始キリスト教の叙述の諸条件を満たしていない。その限りで「引用符」は「宗教的生」という概念への言及を含んでいる。神学とは生きていた宗教の再構成を行うものと主張される。新約聖書神学はキリスト教的–宗教的生の始まりの包括的な叙述として推蔵されなければならない。しかしこのことはすくなくとも二つの面において伝来の研究実践に対する違いを意味する。一方では、キリスト教的–宗教的生の「特性」が規定されなければならない。そのことはそれと比較すると原始キリスト教の特性がはっきりと述べられうる歴史的諸人物との比較によってのみ可能である。その限りでブセットの聖書神学の課題の新しい規定はキリスト教の発端にとって関連ある他宗教の文脈の方向でキリスト教を越えていくことを必然的に含んでいる。他方で、「原始キリスト教の知識」（ブセット第一〇テーゼ）は、キリスト教的–宗教的生の固有の歴史が記されうるという観点において、目指されうる。このことはこれまでの「聖書神学」に対して新約学者が第一次的に関わらなければならないテキストの質的に新しい理解を狙っている。〈聖書神学〉は教会にその認識の規範として仕える文書の学問として理解された。正典の文書としてのテキストのこの関係づけ——この関係づけは教会の働きによって伝えられている——はテキストを特に神学的な生産行為の結果として解釈することを必然的に伴う。その結果われわれは完全に首尾一貫して個人の神学者を新約のテキストの生産主体として考えるのである。〈聖書神学〉の発端において、つまり正典にひたすら関係しているときに、聖書神学が新約聖書のテキストをいわば教義学的小冊子として理解するならば、事態は決定される。

ブセットのテーゼが表現を与えている従来のものに代わるものはそれに対してテキストの生産構造の徹底的に違った理解を前提としている。ブセットはテキストを宗教意識のあとからの客観化として理解している限りで、テキストの背後にある一つの現実に照準を当てている。テキストは一人で立っているのではない。テキストのうちにむしろ宗教意識の生ける現実性が、即ち宗教的生が、仲介されたかつあとからの表現を見出す。歴史批判がすべきことはテキストから宗教内容――それは神学的に仲介されたテキストにおいて客観化されている――を推し量ることでなければならない。何となれば「イエス・キリストの時代の宗教的生の特性と歴史」の再構成を新約学者はテキストを越えて行わなければならない。即ちテキストを通り抜けて宗教に達しなければならない。

この綱領がパウル・ド・ラガルドによって彼のリッチュル批判の枠のなかで代表されたテーゼ、即ち「われわれは認識の目的ではなくて、生、しかも一種独特の生である宗教を認識理論で煩わす事は出来ない」[47]というテーゼによって影響されるのかどうか、またどの程度影響されるのかはここでは検討されえない。他の若いゲッティンゲンの学徒の諸テーゼによって定義された文脈において、ラールフスの二つの新約のテーゼにおいても、ハックマンの四つの新約のテーゼにおいても、この綱領への想起は見出されない、ということが示される。二人はむしろきわめて伝統的な枠のなかで動いている。それだけ一層目に付くのは、新約を顧慮するとき、ブセットとトレルチの間に非常に満足させる内容的な一致の表現として解釈されなければならないテーゼをトレルチが代表しているということである。かかる「トレルチとブセットの」類似は依存関係を暗に含んでいるのか、もしくは誰が誰を規定したのかは言われ得ない。

これらの諸テーゼがまず示しているのは、ブセットは新約神学の新しい規定という友人たちに共通の綱領をキリスト教的–宗教的生の初め頃の包括的な歴史への方向でトレルチよりはより徹底的にこの分野の資料的な諸関連において展開することが出来たということである。トレルチの四つの新約の諸テーゼの第一のテーゼは原則的な点ではコンセンサスを表現している。「古代キリスト教の研究とカトリック教会の新約の正典の釈義は二つの異なったものである」（第四テーゼ）。ここでも教義学的に定められた釈義と真に歴史的な研究は互いに対照化されているので、真に歴史的な研究が暗黙のうちに自己の立場を［相手によってではなくて］自ら定義できるものとして要求される。トレルチは伝統的な釈義にとらわれることを新約の正典に依存することとの結果として理解し、そして正典は教会の産物であることをはっきりと示した。彼自身の神学的関心が妥当性を持つ競合する概念は［外典等をも含む］キリスト教（Christentum）の概念だけでありうる。それ故トレルチの表現はブセットの表現を越えて行く。けれども彼は同時にブセットの背後に留まっている。というのはトレルチは原始キリスト教の歴史の神学的関心をより詳細には明確にしなかった。このことと関連するのがトレルチのこのあとの新約に関するテーゼは〈研究〉と〈釈義〉の区別にもはや言及していないことである。ブセットは彼の綱領的な第五テーゼに、どういう方法で彼は頭に浮かぶ綱領を実現しようとしているかということの最初の言及を結びつける。「使徒パウロの思想世界において神話的世界像と宗教経験を概念的に表現することが入り交じっている」（ブセット第六テーゼ）。新しい歴史的批判は過去の宗教への逆推論（Rückschluss）を狙っているので、テキストのどこにおいて宗教意識が客観化されるのかが問題とされなければならない。ブセットはこの文脈において宗教経験の概念に妥当性を与えているということは「われわれを」驚かせることはできない。この概念において宗教を単なる神学から区別することが表現されている。この関心の論理に神学的伝統の非常にはやい段階を表している諸神学の独自の好みが従っている。「使徒行伝一—

一二章において非常に古い――おそらくパウロ以前の――資料が手を加えられて使われている。これの古風な傾向は原始キリスト教の知識にとってきわめて重要である」(ブセット第一〇テーゼ)。文献批判はここでは新しい位置価値を含んでいる。文献批判は今や機能的に原始キリスト教についての知識の樹立に適用される。文献批判がこのことに仕えるのは神学の発展の種々なる段階の区分化によってである。神学は〈古い〉ほど、神学に伝えられて表現されている原初的な宗教性をいよいよ証言することができるということから出発しているように思われる。

得業士の諸テーゼにおいて、キリスト教的‐宗教的生の初めの徹底的に歴史的な再構成という内容的な具体化がなされなければならないところでは、ブセットは彼の友人[トレルチ]よりも優れている。しかしトレルチは――諸テーゼに関連して――体系的まとまりという点ではブセットよりも先行しており、そしてそれ以上に他の〈若いゲッティンゲンの学徒〉よりも先行している。トレルチはブセット並びに彼の新約聖書の綱領テーゼ[第五テーゼ]において照準を定められている神学研究の観点の下で他の分野をも考察している。トレルチは教会の機能として構成されているのではなくて、キリスト[宗]教(die christliche Religion)[本訳文では das Christentum をキリスト教と訳し、die christliche Religion をキリスト[宗]教と訳す。トレルチの場合、前者は教会の枠のなかのキリスト教であり、後者は教会の枠にとらわれないキリスト教、従って教会に属さない者、教会によって異端とされた者等すべてを含む]の宗教を生ける世界の仲介性という形で課題として知っている神学の綱領を、神学全体のためにブセットよりももっと強力に遂行している。その際、彼の場合原理的な観点において学問としての神学の概念の新しい規定が問題なのである。四つの教会史と教義史の諸テーゼの最初のものは彼の第四テーゼに結びつく。「いわゆる教会史とキリスト[宗]教の歴史は厳しく区別されなければならない。後者のみが神学的学問(theologische Wissenschaft)[神学 Theologie でないことに注意!]に直接関係を持っている」(第八テーゼ)。改めてトレルチは神学に関して彼の頭に浮かぶ綱領を宗教と教会の違いの上に置いたので、宗教に基づいて神学の伝来の自己理解の枠をはずすことが神学の学問性（Wissenschaftlichkeit）の基準となる。二五歳の学位請求者は神学をキリスト［宗］教の学問（Wissenschaft von der christlichen Religion）として理解する。一九世紀の九〇年代の初めにこのことは、事態そのものが神学の新しい意識の独自性を定義することを認めたという意味では新奇ではない。神学の新しい概念を〈教会〉と〈宗教〉をコントラスする方向へ展開することはむしろ啓蒙の条件の下での新しい立場の構築といういわばすでに古典的な可能性に属するのである。トレルチが神学の彼固有の綱領のテーゼ的な規定のためにこの［教会と宗教の］区別並びにこの区別に必然的に結びついている宗教と神学の区別を用いたということは、神学の活動は教会の自己理解の再生産においてくみつくされるのではなくて、神学の活動はむしろ普遍的な、キリスト教の関係づけにおいて対象化される課題を認めるというすべての近代神学の基本コンセンサスに彼が同意していることの表現なのである。このコンセンサスによって定義された歴史的文脈において神学というトレルチの頭に浮かぶ概念の特殊性がどこに位置づけられうるかはそれ故この区別の内容的詳細化として捉えられる諸テーゼに関してのみ決定されうる。このことは組織神学の諸テーゼを指し示している。これら諸テーゼは、この教会史と教義史の大学教授資格取得志願者［トレルチ］にとっては一次的にゲッティンゲンで今なお支配的である体系化のための従来のものにかかわるものという表現が問題であることをはっきりと証言している。純教会史と「キリスト［宗］教の歴史」の区別がすでにこのことを示している。後者だけが学問（Wissenschaft）という概念の諸条件を満たすことができると主張されるので、神学の学問性のためにキリスト［宗］教の歴史が教会史にとって代わらなければならない。なるほどA・リッチュルも彼自身の神学を「キリスト［宗］教の叙述」(48)と理解した。しかし「神学のプロテスタント的-教会的原則(49)」の彼の規定の前提の下で宗教の概念について普遍性と地方性の違いが特徴にまではもたらされず、宗教概念に立ち戻ることが逆に「キリスト教教団における組織神学の立場」[50]を確認することに貢献するので、組織神学は教会的意識の自己理解の学問的叙述として構築される。リッチュルは——シュライアーマッハーとの批判的な関わりにおいて——「中立的な宗教概念」[51]をはっきりと攻撃しそして教会の主体から、キリスト教の設立者から、もしくは教会から、即ちキリスト教に設立者のよって設立された教団から排他的に考えることを組織神学にとって必要条件と宣言した。「キリスト教団の立場」に神学を直接結びつけることを暗に含んでいるところのキリスト中心の構成によって宗教に関わることが教会に関わることとは異なっていないということが保証される。[52]宗教概念においてリッチュルはむしろ宗教と教会の違いを消滅させた。「古い教義史の方法」という一八七一年の論文においてリッチュルは教義史の課題を、教義史は「教会の内的発展を理解させる」[53]ものというところまで規定している。そしてキリスト教（Christentum）と教会（Kirche）の違いをはっきりと引っ込めている。キリスト教の歴史のかかる方法にトレルチは学問性を認めない。しかしこれがリッチュルに対する従来のものに代わる体系的関心の表現である。

Ⅲ．教義学と倫理学

他の若いゲッティンゲンの組織-神学的諸テーゼから、組織神学のためのトレルチの四つのテーゼは、トレルチの諸テーゼにおいて学問的分野としての教義学の理論的状態はテーマ的となるということによって、本質的に区別される。トレルチは組織［神学］的な諸テーゼにおいて教義学と倫理学からの個々の問いを取り扱っていない唯一の人である。例えば、J・ヴァイス或いはH・グンケルが登場したもしくは後にルドルフ・オットーが登場するよりも綱領的にトレルチは教義学の新しい概念を代表する意識で行動している。彼は誰に対して立ち向かうのかを聴衆に向かって黙っていない。なるほど彼は名前を挙げていない。それにもかかわらず一八九〇／九一年の冬学期にゲッティンゲンで神学部の学籍簿に登録した学生のうちトレルチと彼の反論者との公開討論に関心を持った人たちはトレルチの批判を受ける人をよく知っていた。A・リッチュルの死後も彼らはとりわけヘルマン・シュルツとテーオドーア・ヘリング[54]によってリッチュルの教義学の精神で授業を施されていた。「宗教と形而上学の違いは非常によく理解されてはいるが、ことごとくの実定的な信仰論に宗教哲学的形而上学が結びつく」（トレルチ第一五テーゼ）というこのテーゼが誰を念頭において言われているかに気がつかないものはいなかった。

上記テーゼの前半の認容部分でもってトレルチは、ゲッティンゲンの学部もしくは学部の特定の人たちに、リッチュル神学の発端にとって絶対的に基本的な宗教と形而上学の区別をトレルチは適切に知覚していなかったと言われることを欲していないと意識的に認識させようとしている。「宗教と形而上学は密接に関係しているという仮定[55]」に対するリッチュルの批判に結びつくことができるとトレルチはある観点では自分を見ているということが示されるであろう。これはトレルチを例えばアイヒホルンから区別する。つまりアイヒホルンは学位取得の公開討論会のときに教義学と形而上学の不一致――これはリッチュルの場合は形而上学と宗教の相違から結果している――に対する批判的な関連から以下のことを主張した。「教義学は形而上学にも歴史にも依存しないわけにはいかない」（アイヒホルン第九テーゼ）。トレルチはリッチュルによって依存しないと主張されたことの相互依存をアイヒホルンのようには簡単には主張しない。リッチュルにとって何が重要であったかを「自分は非常によくわかった」という少なからず傲慢に聞こえる表現でもって、宗教意識と形而上学的統一思考の違いへの洞察は、リッチュルが信仰意識とそれを組織的に模写する神学の独自性の関心において推し量らなければならないと考えた、あの結果を必ずしも引き出さなかった、ということをトレルチは認識させようとした。トレルチは組織神学の反形而上学的概念、即ちリッチュルの立場にとって大いに意義ある概念に反論した。

宗教と教義学の関係の規定は若いゲッティンゲンの学徒にとって特に重要であったということはこれ以上長い解説を必要としない。神学を「生ける信仰」（ヴレーデ第一七テーゼ）への関わりから理解する人は教義学という特別の仕事は神学のなかでどこにあるのかという説明をしなければならない立場に自らがさらされているのを知る。この説明への発端を提示しているのがブセットの第一九テーゼである。「ことごとくの生ける宗教は特定の表象や概念と解かれがたく結びついている。それ故強力な宗教的共同体がドグマと思弁に抱く関心は特定の表象や概念と解かれがたく結びついている」。神学は宗教的な生を再構成すると言われる限りで、神学は宗教意識を成立させるあの表象や概念を高めねばならない。すべての生きていた宗教は特別な内容を暗に含んでいるということからブセットは出発する。宗教共同体の教義学への関心は宗教意識のなかで設定された内容の特定の説明への関心として理解されなければならない。教義学の課題はその限りで宗教意識に対する働きから規定されうる。

学位論文の序論においてトレルチは「教義学的課題」もしくは「教義学の意義」について一つの見解を綱領的に展開した。この見解は、若いゲッティンゲンの学徒たちはお互いに神学的に結びついていた、ということを改めて認識させるのみならず、ブセットとトレルチの場合にはかかる結びつきは神学の一定の基本的な諸問題における一致を意味した――宗教と教義学の関係の規定を顧慮するとき彼らの立場はほとんど一致している。このことが改めて誰が誰に依存しているのかという問いを引き起こすのである。歴史的神学への諸テーゼにおいて獲得された洞察に従えば、トレルチは彼の学位論文において「教義学の真の意義」[56]を生きていた宗教への機能的関わりから理解するとき、このことは驚くべきことではない。

それは「宗教の生にとっての……意義」である。[57] ベルンハルト・ドゥームの「非常に興味ある講演[58]」に批判的に関連してトレルチは次のように主張した。「宗教は神による人間への神的生の一種の神秘的暗示であるのみではなくて、まさしく〈生ける宗教〉は必ず信ジラレル信仰（fides quae creditur）を伴っている。そしていかなるそのような信仰も不可避的に他の表象との論争に、即ち教義学に至る[59]」。われわれが教義学をキリスト教的–宗教的意識の組織的叙述としてのみ理解しようとするときに、教義学はしっかりと規定されるであろう。教義学はそれを越えて宗教の特別な内容を意識のその他の内容への可能な関係において展開しなければならない。そして教義学の目的は宗教の意識内容と精神のその他の内容との可能な一致を表現することである。そのことでもってトレルチははっきりと、教義学は「信仰内容或いは教会意識の単なる固定化の理想」から発するものとして理解される「教義学の本質の近代的理理解」——これはリッチュルも主張する規定である[60]——から離脱する。教義学のテーマはむしろ意識の宗教的内容と意識のその他の内容との仲介である。「世俗的教養と宗教的真理との共存」への問い、即ち「二つが共存しうるかどうかまたいかにして共存しうるかの問いは教義学の本来の主要な問いである[61]」。

教義学の「課題」のこの規定はブセットの以下の諸テーゼにおいても見られる。「教義学の課題は、教義学がそれに仕えるためにある宗教を世界観全体の枠のなかで理解することである。教義学はそのために論理的概念形式主義を必要とするのみならず、完結する認識を求めることごとくの哲学同様、思弁的な力とファンタジーを必要とする」（ブセット第二〇テーゼ）。これは、術語的にみられると、「世界の全認識」として理解される形而上学へのリッチュルの攻撃[62]に関係しており、また形而上学を「基本的な、純形式的な認識」にリッチュルが経験神学的に還元していることに反対している。けれどもこのことは、リッチュルによってはげしく攻撃された「形而上学を経験からの認識の上位に置くこと[63]」をブセットが弁護しているということを意味しない。むしろ神学は、示されたように、終始宗教経験の場合には宗教経験を出発点とする。この点にリッチュルへの継続性が表現されている。そしてこの継続性をトレルチも守っている。神学が教義学として経験内容とその他の意識内容との可能な調整をテーマ化する限りで、神学は宗教経験のところの出発点を形而上学へ向かって、即ち形式的認識としてのみ規定されえない精神の統一の理論へ向かって越えて行かなければならない。教義学的神学はブセットやトレルチの場合には特有の二重性において表現される。生ける宗教に関わることによって、もしくは主体的な宗教経験によって、神学は片や経験科学である。しかし［他方］神学は宗教内容の仲介できるもの（Mediatisierbarkeit）［＝Vermittelbarkeit 著者より直接教示］を表現にもたらし、そして意識の統一を説明する度合において、神学は形而上学として叙述されなければならない。

何となれば、「宗教の根本諸命題の経験性は真理の保証ではない」。ハックマンの第一五テーゼは同じ問題を他の表現で言い表している。このテーゼはキリスト教の意識に独特の経験もしくは経験内容の学問的説明として理解され、そしてキリスト教信仰の真理性をキリスト教の救済経験から基礎づけられる同時代の教義学の広いコンセンサスへの批判を含んでいる。フランク、ケーラー、リッチュル、ヘルマン並びにリプジウスのような「種々なる色合いの神学者たち[64]」が位置的に異なった仕方で仕上げる教義学のこの理解に対して、ハックマンは宗教内容の経験性は主観を越えた（transsubjektiv）真理の十分な理由づけではないと主張している。直接的な関わり或いは依存関係を仮定することなしに、ハックマンは内容にしたがって実定的な信仰論と宗教哲学的形而上学のトレルチによってなされた区別を強調している、と言われうる。この区別は教義学の概念にとって重大な結果を持つ。神学が宗教的主観の経験に関連して十分な方法で宗教的（経験―）内容の真理を保証することができる場合を引き合いに出すということが疑われるとき、われわれは教義学の学問性を否定しなければならない――教義学は必然的にキリスト教的主観の経験の場合にそこを出発点とすることによって、教義学は主観的な契機を背負わされている。このことは教義学を厳密な意味で学問として理解することを妨げるのである。かくてトレルチは、その時代の言語の使い方に準拠して、その出発点への拘束性を表現するために、「実定的な信仰論」について語っているのみならず、実質的な教義学の学問性を否定している。「教義学の学問的契機は原理論にある。信仰内容そのものの説明の場合に学問性ということは厳密な意味ではもはや語られえない」（トレルチ第一二テーゼ）。もしかするとこのテーゼも教義学的神学の自己理解——それはリッチュルによって十分に発達させられた——への否定的関連として理解されうる。何となればリッチュルが教義学に対してはっきりと主張したことは、教義学は「キリスト教の個々の真理の学問的認識」である、ということである。

トレルチの諸テーゼは、「実定的な信仰論」或いは実質的な教義学と異なって学問とみなされうる教義学的原理論並びに実質的教義学が、宗教哲学的形而上学に対して「それぞれ」どのような関係にあるのか、もしくは第一二テーゼの証言が第一五テーゼのリッチュル批判とどのように関係するのかについて、それ以上踏み込んだ説明をしていない。学位取得のテーゼは一つの綱領を記述していて、綱領の詳述をテーマ化していないので、このことは期待されえない。けれどもこの二つのテーゼは教義学と宗教哲学に対するトレルチの後の業績の解釈に新しい観点を与えると言われなければならないであろう。この二つのテーゼが示しているのは、トレルチは「宗教哲学的形而上学」を神学の不可欠の契機として理解し、そしてその限りで彼の後の宗教哲学的研究は明白に神学的な解釈を必要とする、ということだけではない。むしろこの二つのテーゼは、少なくとも若いトレルチは教義学と宗教哲学の内的連関が存在するということを確信していた、ということを同時に証言している。この確信は後年の宗教哲学的形而上学の詳述と教義学についての点在的に発表された業績において証明されるであろう。後の業績の解釈にとって同じように重要なのは教義学の概念に対する第三のテーゼである。この第三のテーゼは教義学と倫理学の関係をテーマ化し、それ故に改めて「神学の理解が全体として議論になっている」ところの「理由づけの問題性」[65]を取り扱っている。「種々の立場によって輪郭を画かれている個々の教説の緩やかな結合」であるプロテスタントの教義学の伝統に反して、リッチュルは「一つの全体としてのキリスト教の見解」を展開しようとした。[66]特に『キリスト教講義』は、この書物の著者の自己理解にしたがえば――それについては実践神学の連関においてもっと詳しく報告されるであろう――、「伝来の教義学においては展開されないキリスト教の完全な全体的見解」[67]を提供した。トレルチが教義学と倫理学の分離について論じているということは、「両者を」統合的に叙述すべしとのリッチュルの要求への批判的関わり以外では理解されない。その際トレルチは、自分が倫理学の独立のために教義学と倫理学の明白な区別に関心を持っているということを認識せしめる。「倫理学の下で倫理化過程の歴史哲学的分析と叙述が理解される場合にのみ、教義学と倫理学は本当に分離されうる」（第一四テーゼ）。他の若いゲッティンゲンの学徒の諸テーゼは倫理学の個々の実質的な問いへの証言を提供しているので、トレルチの証言はここではこの文脈に関係させせられえない。比較としてアイヒホルンの第一〇テーゼだけが考えられる。「道徳性（Sittlichkeit）を歴史的に制約されたものとして提示しないことごとくの倫理学は不毛である」。再びトレルチの組織的優越性が示される。なんとなれば彼は道徳性の歴史的性格を現実化することを要求するので、倫理学は歴史的過程の理論として描かれる。もしわれわれがトレルチの倫理学に対する後の綱領的発言を考えるとき、驚くべき継続性が明らかになる。W・ヘルマンの倫理学との有名な論争において、トレルチは倫理学を普遍的な文化理論として新しく基礎づけることを要求する。倫理学は「倫理的な観点の下での文化哲学」とならなければならない。一八九一年のテーゼは同じ方向を示している。しかもトレルチは術語的にみられるとリッチュルを越えてシュライアーマッハー――シュライアーマッハーにトレルチは後にヘルマン批判においてはっきりと結びついている――に帰っていっているからだけではない。それのみならず「倫理化過程」についての発言は、共通の生の世界の生産に役に立つ人間の活動のすべてが世界の倫理化の行為と解釈されなければならない限りで、文化全体への傾向を含んでいる。人間の行為をその本性にまで遡って考えることが倫理のテーマとして規定されるところでは、文化だけがその特別な対象として理解されうるのである。初期の倫理学のテーゼは、トレルチのライフワークにおける内的継続性――これはこれまでの文献においてほんの一時的な役割を演じただけである――への問いに特別な注意を向けるということを容易にさせるのである。［教義学と倫理学の］断絶を確かめ、極端な影響によって引き起こされた変化を記述し、或いは段階モデルを発展させることはあの［教義学と倫理学の］統一――それに比べると発展について語ることは第一に意味がある――を理解するよりもずっと容易である、ということと上記のことは関係がある。

一八九二年にヨハネス・ヴァイスは『神の国についてのイエスの説教』Die Predigt Jesu vom Reiche Gottes を出版した。この書物はおそくともアルバート・シュヴァイツアーの力をこめた判断以来「歴史神学の最も重要な作品」の一つとみなされている。(68) 支配的な神学史の判断に従えば、このたった六七頁の書物と共にイエスの使信の終末論的性格への洞察が始まる。RGG^3［Die Religion in Gesichte und Gegenbart『歴史と現代における宗教辞典』第三版］の項目において次のように言われている。「宗教史学派の一員としてヴァイスは一八九二年に純釈義的な方法でイエスの神の国の宣告の未来的‐終末論的性格を発見した、そしてそれでもって彼の岳父A・リッチュルの神学の本質的な支えを取り除いた(69)」。

この判断は釈義神学の固有の歴史に関するこの神学の支配的な意見を表現しているにもかかわらず、この判断は歴史的に確かとみなされうる証言の諸条件をほとんど満たしていない。この書物は「宗教史学派」に分類されうるという主張がすでにきわめて問題である。何となればヴァイスが（すでに）一八九二年に自らをこの「学派」の「一員」として理解したということは、この学派の個々の代表者をまとめそしてこの学派に属しているということを保証するところの、神学の共通理解への参与を仮定するからである。この仮定は、いずれにしても現在もなされているが、決して歴史的に保証されているわけではなく――ヴァイスの「神学史的重要性」(70)にもかかわらず、奇妙なことに彼の神学全体についての叙述はまだ存在しないか、それどころか一冊の伝記すら存在しない(71)――、むしろ現に与えられている次の情報に反対している。その情報とは、「宗教史学派」の自己理解はなるほどリッチュルに対して次第に距離をとることによってだけではないが、しかしそれによって決定的に定義される、ということである。しかしこのことはヨハネス・ヴァイスには一生の間思いもよらないことであった。一八九二年、彼は「「神の国」概念の歴史的基盤を徹底的に検証できる」(72)という見解であった。しかし神の国概念の本来的に歴史的な内容と同時代の教義学的使用が不均質であるということの指摘が組織神学にとって何らかの結果を伴わざるを得ないということに至っていない。(73)一九〇〇年に出版されたこの書物の相当手を加えられそして拡大された第二版においても、彼は「今日なお」「アルブレヒト・リッチュル学派」に所属することに価値を置いている。(74)そして彼の書物が引き起こす影響に目をつぶって、この書物はリッチュルの慣用語法の修正を必ずしも引き起こさないという意見に固執している。

ヴァイスが「宗教史学派」に数えられるところでは、少なくとも一八九二年には、ブセットとグンケルは明らかにヴァイスから離れているということが一般に度外視されている。同じ年にブセットは「ヴァイスに対する」反論書を出版した。(75)そして一八九三年二月 ThLZ［Theologische Literaturzeitung］に神の国概念に関する新しい新約の研究書に対するグンケルによって書かれた全体批評が掲載された。この全体批評はすでに一八九二年に ThLZ に批評されたブセットの反論論文[76]と肯定的な関係を持っており、もしひとがヴァイスの書物を真に歴史的に解釈しようとするのであれば、ヴァイスの書物がそこから理解されうるところの文脈を記述している。

「A・リッチュルが神の国概念を彼の体系の中心に置いて以来、新約におけるこの概念の意義への問いが特別な関心をひいた[77]」。そのような関心が表現されているのはとりわけ次のような事実のうちにおいてである。すなわち、毎年神学の懸賞問題を公募した「キリスト教を守るためのハーグ協会」は一八八七年に、一八八九年一二月一五日までに「新約聖書の種々なる文書における神の国の教えについての学術論文」を懸賞論文として提出することを要求した[78]――これに実際六名の匿名の応募者が現れた[79]。ヴァイスの書物と並んで、グンケルは受賞した二つの作品を評論した[80]。デアエンディングの教区監督オットー・シュモラーのすでに一八九一年に出版された書物は、「福音の神の国を全力でもって」「宗教的概念しかも終末論的概念」として把握し、そして彼はその際はっきりと「リッチュルの理解に鋭く対立した[81]」ということが決定的である。グンケルはこの無名の地方の教区監督の立場を「神の国の首尾一貫した終末論的理解」として描いており、そしてシュモラーの書物の「テーゼ」への彼の「賛意」を公表した。「神の国は人間が〈生産する〉共同体（リッチュル）ではなくて、神の行為を通してのみ現れるのである[82]」というシュモラーの主張をグンケルははっきりと習得しているのみならず、この主張を「宗教史の連関のなかに」置き、そして「神の国の未来の取り扱い」のために「いくつかの願望」を独自に展開したが、それはヴァイスに対して向けられたものである。

　ヴァイスは「シュモラーと共に〈神の国〉概念の終末論的理解」を代表する[83]という表現にもかかわらず、グンケルはヴァイスの独創性を否定していない。「シュモラーによって刺激されてJ・ヴァイス教授はゲッティンゲンで彼の本質的にシュモラーと一致するが、独立的に獲得された見解を短く素描した」。けれどもグンケルはここで同時に自分自身を担ぎ出している。彼は「神の国のなによりもまず終末論的な意味を自ら否定しない」ブセットのヴァイス批判に同調しながら、「報告者［グンケル］」は「すでにとっくの以前から eggikem［ギリシャ語「近づいた」］という語についての終末論的理解を代表した」[84]と同時に告白している。それ故に発見の旅という隠喩はシュヴァイツアーの場合にヴァイスに関して初めて大役を演じるのではなくて、グンケルの場合にも彼自身に関して大役を演じるのであるということは偶然ではない。[85]このことに相応するのは、歴史的-釈義的所見を近代の教義学にとって重要でないと仮定するヴァイスの全体として首尾一貫していないことへの批判である。[86]

「すでにずっと以前から」終末論の意義を認識したというグンケル自身の主張の正当性がどういう事情にあったにせよ――ヴァイスの書物が評論集において論評されるという事実がすでに、ヴァイスを神学という新しいそしてわれわれの世紀において過密の国の孤独の「発見者」にすることはいかに間違っているかを、十分に明らかにする。ここで歴史的な区別が必要になる――しかも神の国概念のリッチュルの把握への批判が釈義的意識の独占的業績と宣告されえないという観点においても。なるほどヴァイスの書物の第一版は、神の国概念の倫理的資格付与をめぐっての組織的討議――ユリウス・カフタンとマックス・ライシュレの間で行われた――との親密さを認識させるけれども、ヴァイスは彼のテーゼを「純釈義的方法で」獲得したということは本当かもしれない。[87]けれどもヴァイスはこの書物を書き下ろす時点で、この概念のリッチュル的使用への組織的批判を知っていたということが考えられうる。何となればヴァイスがトレルチの四週間掲示されていた学位取得のためのテーゼを読まなかったということは考えられないからである。

一八九二年の彼の書物への「序論」において、ヴァイスは新しい神学が神の国概念に「強い注意」を払い、そしてこの概念を「出発点並びに組織神学にとって中心点に」することを、「新しい神学における最も喜ばしいかつ最も前途有望な現象」と呼んでいる。これがリッチュルに照準をあてているということは、彼が彼の岳父の綱領を岳父の言葉で再述しているところの次の文章で明らかとなる。「……神学がわれわれの時代の特別な課題を考慮して叙述しなければならないキリスト教思想系列の真に組織的な配列にとって、このこと［神の国概念を出発点並びに組織神学にとって中心点にすること］でもって十分な枠が提供されている。この枠において〈教義学〉と〈倫理学〉を統一的な叙述において統合することが可能である。教義学と倫理学はさもなければいつも多かれ少なかればらばらになる……」[88]。もしわれわれがトレルチの倫理学のテーゼに立ち返って考えると、この文章はもしかしたら新たに「二つの科目［教義学と倫理学］の分離」を要求していたゲッティンゲンの私講師［トレルチ］の批判に対するリッチュルの綱領の裏付けとしても読まれうる。かかる分離が何を意味するかはトレルチの第一四テーゼの叙述において展開された。けれども統合的な叙述というリッチュルの綱領を修正することが「実定的な信仰論」の実質的な展開にとっても帰結となった。リッチュルに対して代案となる「中心点」が、即ち教義学的内容の説明の新しい統合原理が展開されるか、或いはリッチュルによって激しく批判された「伝来の教義学」[89]のやり方が、即ち個々の立場 **Loci**［科目］の並存が復活されなければならないか、そのいずれかである。トレルチによって要求された教義学と倫理学の「分離」という条件の下で、どの様にしてトレルチがここで決心したかは、倫理学からはっきりと区別されている教義学の叙述方法がテーマ的となっている彼の第一三テーゼからは明確には読みとられえない。けれどもこのテーゼは〈若いゲッティンゲンの学徒〉の間で体系家といわれているこの人も終末論の件で発言しているということを示している。

「キリスト教の信仰表象を組織化することが望ましい限りで、終末論は諸関係の中心点を形成しなければならない」[90]。この教義学のテーゼもリッチュルに対する拒絶を暗に含んでいるということは、もはや特に強調される必要はない。「諸関係の中心点の」発言は［リッチュルに対する］ネガティーブな関係を十分に明らかにする。それ故若いトレルチもまた、リッチュルが倫理的な解釈によって「神学体系の真ん中」[91]に置いたところの、伝統的な教義学においては最も新しいところに由来する概念は倫理的には解釈されえない、という見解を主張した。けれどもここでは終末論の更なる「発見者」が考えられてはならない。つまりトレルチの第一三テーゼの「前史」[92]が解明されない限り、即ち〈若いゲッティンゲンの学徒〉の間で行われたコミュニケーションの過程が明らかにされない限り、ある一人の人を終末論のオリジナルの「発見者」と宣言することは歴史的に見て意味のないことである。例えば、終末論を樹立するに当たって、二、三の若いゲッティンゲンの学徒が共通の関心を表明しているということが閉め出されえない。トレルチの第一三テーゼは決定的な点においてヴァイスの書物とは違った方向を示している。ヴァイスは「イエスの主要思想」を再構成するが、この思想の教義学における「新しい中心的な使用」は触れられていない。[93]この観点ではヴァイスとトレルチの間には共通の分母はない。何となればトレルチは「終末論」を明らかに教義学に対して反対概念として使用しているからである。教義学は神の国概念から伝統的な終末論的内容を奪ったのであった。しかいヴァイスの素朴さは、彼のテーゼの組織的な重要性に関して、更に大きくなる。若い体系家がその際指導的な概念をすでに教義学の中心概念と宣言した時点で、ヴァイスは歴史的洞察が組織的に重要でないと言う意見を主張している。

新しい資料が若いゲッティンゲンの大学教授資格取得志願者たちに対するヴァイスの関係についての説明に情報を与えていない限りで、ブセットとグンケルによって行われた彼の書物に対する批判が、共通の学派という文脈の枠のなかでの自己伝達の過程の表現であるのか、それとも支配的な教義学の一人の信奉者に対してはっきりと距離をとること――それは特に自分自身をリッチュル学徒としてもはや理解できない場合に重要となるように――であるかは、最終的には決定されえない。けれどもこれまでに周知の事柄はこの後者の方向を示している。

トレルチの場合、終末論に関するヴァイスとの違いをはっきりと証明するのはトレルチの終末論のテーゼのみではないということが言われうる。一八九五年八月二三日のブセットあての手紙において、彼はヴァイスに対して大変批判的に述べているので、ここでは共通の神学的友人について語られているという印象は持てない。(94) 一九一四年七月二七日——ヴァイスはすでに六年間ハイデルベルクでトレルチの同僚であったとき——のブセットあての重要な手紙において初めてトレルチはヴァイスを彼の「友人」と呼んだ。(95) しかしとりわけ「トレルチの」実践神学の諸テーゼは、片や若いゲッティンゲンの学徒の間にはリッチュルの批判と「生ける宗教」へ決然と向かうことによって明示されるコンセンサスがあり、他方ヴァイスはこの共通の自己理解——少なくとも学位取得の時点では——を分かち合っていないということを示している。

Ⅳ. 実践神学

一九一九年六月二〇日、ヴィルヘルム・ブセットは彼の講義を中断し、(96) そして「宗教と神学」のテーマについて語った。この私家版の一時間にわたる講義は神学と時代経験を仲介する魅力的な文書である。連合国によって一方的に押しつけられたヴェルサイユ条約の受理を支持し、そしてそれ故にドイツ交渉代表団にはっきりと反対するというドイツ民主党の帝国議会議員団の内部での議員の多数の拒否に基づいて、社会民主党、中央党とＤＤＰ［ドイツ民主党］のいわゆる「ワイマール連合」のシャイデマン内閣は辞職した。(97) 連合国は六月一七日最後通牒の形で五日の期限内に条約の受諾を要求し、そして拒否の場合には帝国内への軍隊の進駐でもって威嚇したので、新しい戦争の危険がきわめて現実的となった。共和国の建設を心に抱いていた政治的諸勢力は最後通牒に対する態度の問題で分裂し、そしてもはや政治的に協力できないようにみえたので、きわめて危険な内政的危機にみまわれた。

ブセットが彼の学生たちに「一種の別れの言葉」を向けているということは「われわれは来週はここにお互いに集まっているかどうか」不確かであることによっている。[98]「われわれの状況の重大さ」に直面して、彼は「現在の神学の特別な苦境」を論じているのではなくて、「われわれの大学において学徒たちに期待されている神学研究についての……一連の学徒たちの」批判を取り上げ、いかなる神学者もいつの時代においても必ず再三立ち向かわなければならない「重いそして大きな基本問題」、即ち「深くて重大な問題たる宗教と神学」[100]に引き戻されている。政治的-社会的危機によって彼の人格性の基盤にまで揺さぶりをかけられて、ブセットは彼の神学的伝記の初めに立ち返っている。そのようにしてのみ彼は神学研究のあの継続性、即ち「直接性の酩酊」[101]によってとらえられた学生たちにそれを更に知覚するように納得させようとしているあの継続性におよそ表現を与えることが出来るようにみえる。「自分たちの信仰のキリスト中心的なるものを強調する傾向があり――しばしば一面的なほど――また、歴史なんか消えてしまえ、と叫びながらやって来る」[102]「この場の若い友人たち」に対して、彼は政治的-社会的観点においても知的歴史的観点においても歴史的明瞭性の喪失によって特徴づけられる現在の危機を、それに代わる仕方で対処すべきであると主張した。過去との断絶の意識に対して、ブセットは文化の深層構造を決定する歴史的継続性を指摘した。かかる歴史的継続性はキリスト教の歴史によって代表され、そしてキリスト［宗］教の取り返しのきかない原初に立ち返る際にそのつど新たに知覚されるものである。これが危機克服の一つの可能性なのであり、その可能性をブセットはその場合でも自分のものとしているのである。危機の意識は自己の生の歴史への回顧を誘発するのみではない。危機の経験に逆らって継続性を叙述することができるために、彼は伝記の初めを再生産することによって、自らの神学的伝記の内的統一を現在化する。このことは自己の神学的学びの初めにおいて全生涯の仕事の特定の動機（それを自己の責任において継続することを学生たちは課せられる）が特にはっきりと現れたということと関連するであろう。ところでブセットはあの始まりがトレルチによって決定的に規定されているのを見るのである。

「私が皆さんにこのことについて（即ち〈あの深いそして重大な問題たる宗教と神学〉について）言いたいことを述べる前に、私はこういう状況をよく照らしている私の友人トレルチの言葉を先に取り上げる。それは次の内容である。神学は宗教にとってがまんできないものであると同様、無くて済ますことが出来ないものである」。[103] 宗教と神学のこの二重の関係をブセットは彼の講義の構成の原理にしている。まず第一にこの文章の最初の部分において表現された関係が比較的詳細に展開される。このことは「宗教の学問的な、認識に適った把握」としての、即ち「学問に供されるあらゆる手段を用いての〈宗教〉現象の学問的な取り扱いの試み」としての神学の規定に至る。「今や非常に強く皆さんの間に台頭してくるように見えるムード」に対する彼の批判にもかかわらず、「私は皆さんの困窮と戦いに、そして神学は宗教にとってがまんできないものである、という根底にある問題に理解を持っている」と学生たちに「示した」と主張した。時代の出来事を継続的に引き合いに出しながら——「すべての歴史的な余計な荷物なんか消えてしまえ、と叫ぶ誘惑的な革命的叫び」という比較の第三項を用いて、ミュンヘンの評議会制共和国、宗教社会主義、「余計な荷物なんか、とりわけ歴史神学なんか消えてしまえ」[104]と口走る神学、といった種々なる現象が、時代の一つの基本ムードのお互いに呼応する表現として解釈されうる！——「歴史神学」[105]としての神学の理解に対する合理的に基礎づけられうる代案は存在しない、というテーゼをブセットは展開している。その際トレルチの「神学の不可欠性の命題」は、神学が「その（即ち神学の）合理的な、自省と自己規律へとかかりたてる力」の不可欠性として踏み込んで規定される限りで、詳細に説明される。

ブセットが解釈している命題は、彼自身の情報によれば、われわれが学問的神学者としてそれを下回ってはいけないところの、文献学上の基準の意味での引用文を意味しているのではない。ブセットは不正確に引用している。このことは彼はこの命題をわざわざ［トレルチの文章に］当たってみず、〈記憶を頼りに〉引用したということを証している。このことはまたすごい記憶能力を示している。何となれば、おそらく偶然ではないであろうが、彼が何回も〈若者たち〉と呼んだ学生たちの批判に直面して引用していることが、彼をゲッティンゲン時代に連れ戻しているからである。この引用文においてほとんど三〇年が橋渡されている。ブセットは彼の神学的ライフワークの諸原理と組織的内容を、彼が一八九一年二月一四日に公開の席上で反論しなければならなかった命題の形で提示している。彼が「危機の時に」彼の友人の神学得業士の諸テーゼの一つを思い出したということが、どのように説明されうるとも――これは確かに、ブセットが組織的な観点においていかに昔の友人に大変恩義を受けているか自覚していたことに対する表現である。

トレルチの第一六テーゼの内容は、正確には「神学は教会にとってはがまんできないものであると同様、無くて済ますこともできないものである」。ブセットが〈宗教〉と引用しているところで、トレルチは〈教会〉と言っている。このことは、この二つの定式化が異なった連関を示しており、各々の場合にテーゼはその異なった連関に関係している限りで、重大な違いを示している。彼には意識されていない定式化のし直しによって、友人トレルチをもう一人の別のゲッティンゲンの友人の宗教理論に反対する重要な証人と宣言することが、ブセットに可能となる。この友人は一八九一／九二年の冬学期にゲッティンゲンにやって来て、そしてそこで一八九八年七月九日、A・ラールフスとW・ハイトミュラーに対して彼の学位取得のテーゼを守らなければならなかった。[106] もちろんR・オットーが話題になっているのであり、ブセットは講義において彼をはっきりと自分の「友人」と呼んでいる。[107]「人間生活における」絶対的に「非合理的なるもの」としての宗教というオットーの理論の諸条件の下では、「宗教の認識による把握」としての神学は、ブセットの言うように、「それ自身矛盾であり、そして円積法［円と等積の正方形を作れという歴史的に有名な作図不能問題、即ち解けない問題］[108]」であろう。宗教と神学の関係を規定することは、宗教において具体化した合理性の特別な内容を、精神のその他の客観化に関係させるという課題を神学に課するが、そのような宗教と神学の関係の規定の内的一貫性のために、ブセットは宗教の非合理性と並んで、宗教意識における特有の合理性の契機に妥当性を与えることに関心があるに違いない。「もし宗教があの非合理的なものだけであるならば、宗教は端的に恐ろしいもの、滅ぼすもの、殺すものであろう。そしてかかる力として、宗教は非常にしばしば事実恐ろしさと戦慄のなかで爆発した。……しかし宗教は他面マイルドな祝福する力となった。そしていまや、宗教において、最初は一見全く非合理的なるものからはじまったその発展の過程において、合理的な要素が益々意気揚々と発展したという、大いなる現象が宗教史において示される……[109]」。ブセットが宗教史の過程における宗教意識の進歩的合理化のこのテーゼに与える証拠は、ここで［われわれの］興味を引くものではない。決定的に重要なことは、彼がこのテーゼのためにトレルチをもち出していることである。定式化のし直しによって神学得業士のテーゼは特別な宗教理論の文脈のなかへ置かれる。そしてブセットが彼の講義において「トレルチの」指導的命題を展開する方法は、本質的にオットーに対する宗教理論的代案によって規定されている。オットーの非合理性の公理を、ブセットは神学、教会、時代精神における新しい潮流の出発点と宣言している。この新しい潮流は、宗教的直接性と歴史からの現実逃避主義を綱領に掲げているが、こうしたものはブセットにとっては、セクトのメンタリティの別の表現のようなものである。しかしトレルチは、宗教意識の非合理性と理性性という［相反する］契機を同じく正当に評価することが出来る、それに代わりうる宗教の知覚の著者としてもち出されている。トレルチのテーゼのブセットによる定式化のし直しにおいて、宗教意識のこの特別の構造が描かれる。神学は宗教にとってがまんできないものであるということは、反省的仲介によって最終的に手に入れられないところの、すべての宗教の非合理的契機に関係している。宗教にとって神学の不可欠性は、宗教意識に含まれている合理性の契機が理性的な確証を目指しており、そして精神のその他の姿の取り方（Gestaltweise）との仲介を必要としている限りで、かかる合理性の契機と関連している。ブセットはこの連関において、トレルチによって彼の学位論文の枠のなかで与えられた教義学の規定を取り上げた、もしくは彼自身のこれに関する神学得業士のテーゼに結びついた、ということは偶然ではないであろう――これは改めて、一九一九年における彼にとっていかに彼自身の神学作業の初めと終わりが一致しているかということの証明である。「神学は敬虔を普遍的人間的生活に関係させるという目的を持っている。神学は、いかなる時代にあっても、またいかなる場所においても、宗教をこの特定の世代の国民生活と結びつけるという課題を持っている[110]」。

　これがトレルチ自身の見解に相応するとしても、彼の第一六テーゼの本来の表現は、素描された宗教理論的文脈とは違った文脈を指し示している。諸テーゼの内容的な順序からして、第一六テーゼは実践神学のための二つのテーゼのうちの第一のものである。このテーゼのこの実践的-神学的場所が、トレルチが何故に教会について語るか、を理解させる。テーマは、制度化されたキリスト〔宗〕教と学問性の要求によってのみ定義されたアカデミックな神学との間の取り除かれ得ない緊張である。ブセットとは異なって、トレルチにとってここで宗教的主体性、即ち不連続性の経験――宗教的個人が神学者へと形成される過程で必要とする経験――、もしくは宗教の内実の反省的仲介の問題が重要なのではなくて、トレルチは教会と神学の関係の問いをテーマとする、しかも教会の主体存在

(Subjektsein) によって定義された観点において。しかしこのことは彼のテーゼの実践的‐神学的性格をさし示す。何となれば、学問的な基礎づけの行為と、それ自体としてもはや学問としては妥当しえない（第一二テーゼ）神学の教義学的内容を実質的に説明することとの間にある、アカデミックな神学に内在的な違いはもはや展開されず、上述の違いによって規定された神学がかかるものとして、キリスト［宗］教の制度化された形態に対して、教会の中で一定の働きを成し遂げることができるかどうかが問われるからである。われわれがこの問いに対する可能な答えの両極端を考えるとき、トレルチが与える答えは［我々を］驚かせる。そしてかかる驚きはトレルチのこれに関する影響史によって強められる。当時の討議の連関において主張された答えの立場は、狭く定義された教会の教義学的な同一性のために断固とした学問的神学一般の必要性を否定するか、或いは消極的に対応して、学問的概念の一面的高揚の結果、宗教の生の世界の存立のために宗教に学問的にたずさわることとの重要性を、分離の観点においてのみ指摘することが出来たかのいずれかであるが、かかる答えの立場に対してトレルチは、彼の〈あれもこれも〉の立場でもって真ん中の立場を要求した。何となれば、トレルチは教会にとっての神学の機能という意味で、教会と神学の関連を主張したからである。このことはもちろん、その後の神学の立場のスタイルであの［教会と神学の］関連が一面的な依存関係として解釈される、ということを意味しない。そうではなくて、［教会と神学の］関連は教会に対する神学の独立を暗に含んでいる。このことはトレルチのテーゼにおいて、神学的行為を要求しそれを必要とする教会に関して、神学によるいらだちも同時に指摘される、ということによって表現されている。もちろんトレルチは、教会にとっての神学の不可欠性をそれ以上には詳細には記していない。けれども第一二テーゼを回顧するとき、少なくとも神学は、例えば教義学の形で、信仰の意識の内容の方法的に反省された、もしくは形式的‐学問的な説明を行う、ということが非常にはっきりとなる。この点に、教会に対する神学の積極的な機能と神学が必然的に生み出すいらだちが、同時に存する。何となれば、「信ジラレル信仰」(fides quae creditur)の学問的反省は、普遍的理性への関係を暗に含んでいると言われるからである。

トレルチのテーゼが他のここで考慮されるべき学位取得志願者の実践神学的諸テーゼと比較されるとき、綱領的に新しい神学を告げるために、トレルチが学部の教授と学生の前に公然と登場する機会をいかにうまく利用したかが改めて注目される。他の人たちの実践神学的テーゼは綱領的にずっと特殊的であり、また部分的にはこっけいさを欠いてはいない。後者はとりわけハックマンの第一八テーゼに妥当する。このテーゼにおいて、御言葉の教会のためには、「純粋な祭式礼拝」のために「すくなくとも［クリスマスの四週間前の待降節第一日曜日から始まる］教会歴のクライマックスにおいて」説教礼拝の廃止が要求される。ブセットとグンケルも実践神学のテーゼにおいては、彼らのその他の学位取得の諸テーゼとの連関を認識させないし、或いは特に特色あるとみなされないようなテーゼを提供している。ブセットとグンケルのテーゼは、内容的な明確さと簡潔・的確さにおいて、ラールフスの二つの実践-神学的テーゼによって凌駕されている。「会衆に」「逐語霊感説をもち出すことはもはや許されず」、むしろ会衆は「歴史的聖書研究の成果に基づいて、聖書のより一層の理解へと導き入れられなければならない」(第一三並びに一四テーゼ)というラールフスの諸要求は、おそらくリッチュルのこれに関する表現に反対して向けられている。リッチュルは、「神学教育一般は……教会の成員にかかるものとして要求されてはならない」[三]と考えた。ラールフスのテーゼはこれに対して教育綱領を狙っている。けれどもアイヒホルンのむしろ控えめなリッチュルへの距離の取り方と同様、ラールフスの距離の取り方は、実践神学に関してトレルチと並んでとりわけヴレーデが主張している綱領的表現に比べるとずっと控え目である。

諸テーゼのほぼ四分の一を実践的な問いに捧げている(第二一から二七テーゼまで)ヴレーデの場合、説教理論の問題の詳細な取扱いが注目をひく。ブセットの性格描写によれば、ヴレーデは「牧師職をやめてそして学問的な経歴を歩むことに比較的遅くになってやっと決心した」[112]のであったが、彼はすでに一八九一年ハノーヴァの学術的説教者協会で「説教者と聴衆」という講演をした。一八九一年六月三〇日のボンの学部の所見［当時ボン大学神学部は組織神学第二講座のポストの人選を行っており、ヴレーデも選考の対象の一人であった。しかしこのポストは員外教授のポストとなり、トレルチが採用された］において、上記のことに応じて、ヴレーデの「これまでの活動は圧倒的に実践神学の領域と新約聖書の領域に向けられていた」[113]と言われた。彼の講演は実践神学の根本的な変革の綱領を含んでいる。彼は「実践神学の専門分野に宗教的-倫理的生活の実践心理学を付け加えること」を要求した。ところでこの実践心理学は、「経験的な宗教的-倫理的生活をその諸要素の多様性に従って、最も重要な法則的に繰り返し起こる現象に従って、その生活の相対性に従って、表象にもたらさなければ」ならないのである[114]。事柄の性格上、彼はこの要求をすでに彼の神学得業士のテーゼにおいて掲げた。「説教の理論は通常行われているよりもずっと真剣に、聞き手の経験的な倫理的-宗教的状態への配慮を説教者に課すという課題を強調しなければならない」（第二三テーゼ）。「生そのもの」におけるかかる方向づけは、実践神学の伝統的な科目規準（Fachkanon）に「宗教心理学」[115]を付け加えることを前提にしている。「あらゆる画一主義から解放された、シャープな眼差しと現実の人間の知識への傾向が、未来の聖職者のものになるべきならば、実践心理学が具申されることが〈正しい願望〉（**pium desiderium**）と言われてよい。なぜなら実践心理学は、宗教的-倫理的諸タイプの多様な混合と最も重要な諸要素の法則的連関を、記述しながら生けるものの見方にするからである」（第二六テーゼ）。実践神学の当時の立場に関係づけられた場合、それは一つの要求であった。この要求はなるほど完全に新しいものではない——比較できるものをアードルフ・シュラッターはすでに一八八七年に要求していた[116]——しかしゲッティンゲンの状況の枠のなかで、この要求は実践神学の完全な変革の努力の表現としてしか理解されえない。ヴレーデの要求は、パウル・ドレーフスとフリードリヒ・ニーバーガルの研究によって、実際はやく実現された。ドレーフスが「宗教的民族学」のプログラムを初めて掲げた「教義学か或いは宗教心理学か」という論文において、彼ははっきりとヴレーデの「すぐれた言葉」に富んだ講演に帰っていった(117)。依存関係は、ドレーフスがヴレーデのテキストからの抜粋を自分のプログラムと称するほどまでになった(118)。

宗教心理学を実践神学に取り入れることの要求は、教義学と神学から区別される宗教的生をその直接性において神学的に知覚することへの、若いゲッティンゲンの学徒たちのすでに考察された共通の関心の実践神学的具体化である。とりわけグンケル、ブセット、トレルチの相応する釈義的前提への内容的接近は見逃されえない。ここでもかしこでも、宗教の経験的存立が意図的に神学の特別なテーマにされる。即ち神学とは、教義学的に歪曲されていない宗教的生を知覚することにおいて、宗教意識の特有の生産性に気づくべきである。宗教意識はとりわけ大いなる宗教的「人格性」において明白となるのであるから。ヴレーデの慣用語法は彼の時代に支配的な教義学的術語によって強く刻印されているが――最も良い証拠は「宗教的-倫理的生の種々なる段階」でしばしば語られた言葉である――、宗教への、特に教義学的関心から区別されるところの宗教への関心が、生の世界の直接性に関連づけて示される。教義学的関心の場合には、宗教意識が社会の担い手として教義学的内容によって規定されうる限りでのみ、宗教意識が問題となる。

リッチュルが「キリスト教的生の教説」という表題の下で展開していることは、伝統的な教義学の全素材を統合する叙述の原理を介して、特定の倫理的カテゴリーと結びつけられる教義学的諸規定の目録以外の何物でもない。「キリスト教団における個々の信仰者は……この恩寵の働きを同時にそれに相応した自主性への衝動として経験することなしには、神の国への召命と和解を、或いは神の子として受け入れられることを、自分のものとすることができない[119]」という論拠に基づいて、キリスト教的生の叙述は、キリスト教的主体への聖霊の働きを表現している聖霊論的カテゴリーの展開についてしか行われえない。——その場合、教義学者の仕事は、ことごとくの恩寵の働きにそれに相応する人間の「活動[120]」を相関させることである。それに対して宗教的もしくはキリスト教的生の概念において、若いゲッティンゲンの学徒たちは、教義学と倫理学の統合から結果として生じるカテゴリー性（Kategorialität）という面では十分にではないが、はっきりと言葉で表現される神学的関心に妥当性を与えている。神の働きと人間の自主性を統一的な教義学的-倫理学的叙述連関において言語にもたらすことができるという、究極的にそれ自体教義学的な要求の諸条件の下で、キリスト教的生について語ることができるのはその理想のケースが展開される限りにおいてである。キリスト教的生についてのリッチュルの証言は、断絶なしに教義学的-倫理学的秩序の図式にぴったりはまる。この秩序の図式において、伝統的な「幸イノ秩序」（ordo salutis）という語は新しい場所を見つける。それとは逆に、宗教の経験的現実（Realität）に向かうことにおいて示されるのは、神学による教義学的-倫理学的意識の構築行為とは違った形で知覚される、宗教意識のオリジナルな生産性への関心である。

若いゲッティンゲンの学徒の幾人かは、すでに神学得業士の諸テーゼにおいて、彼らの先生の神学から自由になろうと努力をしたというこの解釈的観点は、実践神学の第二の大きなテーマ、即ち宗教教育への発言に明白な確認を見出す。これがリッチュルへの批判的関わりの可能な関心が主として表現することができたテーマである。一八七五年、そしてその都度修正されて、一八八一年と一八八六年に、「プロテスタントのギムナジウムの最上のクラスにおける使用のために[121]」、リッチュルの『キリスト教講義』という教科書が出版された。それの第三版、即ちリッチュル自身によって改訂された最後の版は、一八九〇年に改めて印刷された。近代神学史において初めて——私はリッチュル以外に類似のケースを知らない——一人の有名な大学の神学者が、ギムナジウムの上級の段階ですでに彼の神学の原理に従って教えられることを希望することによって、専門以外のところで、もしくはもっと広いキリスト教世界で、彼の立場の貫徹を促進しようとした。カルヴァンから引き継がれたタイトル［カルヴァンに Christianae religionis Institutio（フランス語版 Institution de lareligion chretienne）という著書があり、このタイトルを引き継いだ］がすでに、「神学の、いやキリスト［宗］教の歴史において新時代を画するところのものを創る」、という著者の「誇り高い意識」に対する表現であった。事実この『講義』は、立場上の自己貫徹の新しい質を保証していた。このことが促進されるように、リッチュルは非常に厳密な計算をしていた。まず第一に、彼は文部官僚行政に対して「最上級クラスの授業は……根本的な改革を必要とする」という所見を書いた。その後、彼は文部大臣を訪ね、そして自らが作り出した「公的な欲求に対策を講ずる」という「意図」を大臣に伝えた。個別的な欲求と普遍的な欲求の一致を確保するために、この仕事の普及に関する幾人かの弟子たちや友人たちを必要とした。ヴィルヘルム・ヘルマンは構想のその都度出来上がったパラグラフをコピーし、それを学校で十分に試しに使ってみた。書物がこうした手助けによってついに完成したとき、リッチュルはもはや当該の［ギムナジウムの高学年の宗教を担当する」先生のところへ送るだけでよかった。

それにもかかわらず、『講義』は日々の学校の授業ではリッチュルが期待した程度には貫徹されなかった。しかし『講義』の成果は専門の世界内ではそれだけいっそう大きかった。一般にリッチュル学派に数えられる人たちの少なからずが、「授業」が原因で彼の神学に魅惑された。「だから〈『講義』……〉は、それが出現して最初の数年で、リッチュル神学が若い神学者の間の最も才能のあるかつ最も前途有望な神学者たちに委ねられ、そしてそれを越えて広い範囲に知られるようになったことに貢献した」。われわれのゲッティンゲンの学徒たちも［学位取得のための」口頭試問の前にそれを読んだということは、疑われ得ない。

　そのことがまずヨハネス・ヴァイスの場合に示される。彼は一八八八年二月二五日、それ故リッチュルの死（一八八九年三月二〇日）の一年余り前、未来の岳父である学部長の面前で彼の諸テーゼを弁護したとき、自分の実践神学の唯一のテーゼにおいて、はっきりと『講義』を引用した。彼は反論者のカール・ミルプト――彼自身リッチュル陣営にあった(128)――とグンケルをそれによって苦境に追いやった。彼らは実際にリッチュルの面前で彼の『講義』に反対意見を述べることをヴァイスによって余儀なくされたのである。ヴァイスの第一〇テーゼは、リッチュルの成果を挙げた書物の意図を生き生きと再現することに尽くされている。「ギムナジウムにおける宗教の授業は、とりわけキリスト教的世界観の完全かつ印象深い叙述をするという課題を持つ」。これは『講義』のプログラムを言葉で生き生きと再現している。リッチュルによって第一版の序言に添えられた情報によれば、彼の『概説書』はとりわけ「宗教授業」に向いている。というのは、それは「キリスト教の全体観を提示している」からである。「キリスト［宗］教の叙述」を、彼は「学校」というテーマをまさに顧慮して「キリスト教の宗教的世界観」の説明と呼ぶことが出来る(129)。ヴァイスのテーゼはそれゆえ、はっきりと言えば次の如くである。ギムナジウムにおける宗教の授業は、リッチュルの教科書に基づいて行われなければならない。この教科書を使用することが「課題」である。このことは恐らく学部長殿を喜ばしたことであろう。というのは、「ゲッティンゲンではそれは同時に教授資格取得を含んでいたが、公開討論会と学位取得」のほんの数日前、ヴァイスは最優等で合格した「神学得業士試験」のすぐ後で、「帰途父リッチュルにアウグステ――グリと呼ばれた――への愛を告白して(130)」いたからである。早くも十か月後、その間重病に陥っていたリッチュルは、「ヨハネス・ヴァイスは、教義学についてリッチュルの講義をリッチュルのノートに従って受け持つ(131)」というH・シュルツの提案に従う決心をした。これは確かに、ヴァイスが既に数年来密接な個人的関係にあった先生に対して距離をもっていたことの表現ではない。

ヴレーデが関連する諸テーゼについてリッチュルと関わりをもっていたかもしれないということを適切に解釈することはもっと難しい。なるほどヴレーデは宗教の授業に関して、周知のようにリッチュルにとって「神学体系の中心」を形成する、『義認と和解についてのキリスト教の教理』というリッチュル神学の一つのテーマ[132]に言及していることは注目をひく。けれどもこのテーマ的なほのめかしは、リッチュルへの距離の取り方の表示として必ずしも理解されえない。「ルター派の義認論は、国民に（教養ある国民にも）理解されないだろう」。ヴレーデの第二四のテーゼのこの最初の命題は、キリスト教の倫理学的-教義学的中心内容を一般の聴衆にも伝えることができるというリッチュルの『講義』に暗に含まれている要求に、もしかすると反対する形で向けられているかもしれない。『講義』は「神学ではなくて本当に宗教の授業」を提供しようとし、そして二次的にようやく「本来的に神学的な教養サークルのために」書かれているので、ヴレーデの定式を『講義』へのほのめかしとして理解することは、リッチュルの立場を「ルター派の義認論」の諸条件の下に包摂することを前提としている。リッチュル自身は自分の立場の同一性を、なるほど「伝来の教義学」への、特にまたそのルター派の教理的伝統への明白な批判によって解釈していた。――リッチュルの自己理解にとって構成的な、エアランゲン並びにフィリッピの「新ルター主義」との継続的な論争がこれにつけ加わる――。しかし彼は、ルター主義の批判のためにルターをもち出し、そして古ルター派正統派への批判において、自分をいわば最初のルター主義者として宣言した。つまり自分こそが、ルター並びにメランヒトンの義認のオリジナルな解釈を「信仰的主体の欲求から[135]」適切に解釈することのできた、最初のルター主義者であると宣言した。リッチュルのうちに「ルター派の義認論」の一人の代表者をみることはその限りで立場的に制約されている。すなわち、この歴史的に見て極めて問題ある自己解釈をどの程度までともに実行する用意があるか、あるいは特別に近代的な意識の自己関心に従って、宗教改革者と後の解釈者との間の割れ目をどの程度まで前面に押し出すか、ということにかかっている。ヴレーデはここで批判的にリッチュルに関係していると仮定すると、リッチュルへの激しい批判において同時に良きルター主義者として自らを描こうとしている同時代の神学者よりも、より良きルター主義者であるというリッチュルの自己理解を彼は問題にしていない、と言わなければならない。けれども明確な決定はここでは不可能である。何となれば、このテーゼの後半の命題もこれと関して何ら明白ではないからである。「教会の授業においては、それゆえその（すなわち、義認論の）宗教的内容は別の形で理解される」。これはリッチュルに賛成してまた反対して読まれうる。一方ではヴレーデがここで、一般にキリスト教の教義学的-倫理学的中心内容そのものを学校の授業のテーマにするという『講義』の傾向への原理的な批判を表明しようとしているということ、このことははっきりとは閉め出され得ない。けれどもヴレーデは、それに代わるいかなる形で義認の内容が一般の意識により適切に、そしてより有望に仲介されうるかを未決定のままにしているので、他方では彼のテーゼは正反対にも読まれうる。彼の定式はいずれにしても、「別の形」という彼の要求がリッチュルによってすでに満たされているとは彼がみていないということを、必ずしも閉め出してはいない。このことは、他の部門へのヴレーデのテーゼに関してのみならず、授業のテーマへの第二のテーゼからしても、本当らしくないにもかかわらず、ここでヴレーデを反リッチュル的傾向に縛り付けることは許されない。

「第一戒についてのルターの説明において、畏怖は子ども的な恐れによって説明されえない。キリスト教の授業一般にとって、良き行為の最高のそしてそれゆえに極めて珍しく効果のある［報酬をもとめない］動機が、応報の思想を押し戻すとすれば、ゆゆしい結果を招く」（ヴレーデ第二五テーゼ）。なるほどリッチュルは「神の恐れ」の概念の展開に際して、私が見る限り、彼の出版物のどこにおいても第一戒のルターの解釈に帰っていない。けれども彼は内容からいって、この概念のヴレーデが反対している解釈を代表している。「神を恐れること」はキリスト教の謙遜の「最も明白な」表現である。この謙遜をリッチュルは「神の子としての諸機能」の一つとして規定する。「神の子としての活動[137]」として神を恐れることは、「神による父としての指導の認識」の反映である。リッチュルはこの概念を専ら父‐子関係の図式の中で解釈する。まさにそれに対してヴレーデは反対する。それに対応して応報思想を彼が強調することの根底にあるのは、リッチュルへの関わりである。ひとつの「法概念」として規定された、「すべての宗教的世界観」に共通な「応報」の概念を、リッチュルは神の「世界支配」の方法として理解しているので、彼はこの概念のキリスト教への使用を「ある制約に服した」ものとして示すことができる[138]。キリスト教においては「この表象は……その本来の意味を」奪われている。というのは、「人間の悪と罪、財産と善悪の間の直接的な一致は個々のケースにおいては認められない」からである、「この一致は神の力から期待されてはいるが[139]」。だから「報酬（罰）と品位（不品位）の間の人間の法において設定された機械的関係に代わって、原因と結果の有機的関係[140]」が現れる。しかしこの場合、応報の概念はキリスト教の生にもはやはっきりとは関係させられない。このキリスト教の生をリッチュルはむしろ世界支配と神の子であることの概念から展開する。その中でリッチュルが応報の概念を扱っている文脈が、リッチュルが応報の概念からその倫理的関連性を奪っているということを認識させる。応報の概念はキリスト教的生の諸条件の下で、倫理性の理論のために一つの方向づけの機能を引きうけることができる、もしくは引き受けることが許されるということを、リッチュルははっきりと否定する。それに対してヴレーデは、倫理的行為の事実的刺激が、キリスト教の宗教的意識においても、神に対して子であるというこの関係についての知識によってよりも、応報に対する恐れによって規定されている限りにおいて、新たには経験的結果を主張する。宗教に内在する倫理性を教義学的に美化することに反対して、生ける世界の事実性が重んじられる。

たとえわれわれが、そこから結果するプログラムに対して、すなわち教会の授業において応報思想を積極的に受容することによってかかる事実性を肯定するというプログラムに対して、キリスト教の内的論理にお蔭を負うている理由から同意することを拒まなければならない場合でも、ヴレーデがリッチュルにおける応報思想の独特の玉虫色的な位置づけに対して、少なくとも否定的な指示の仕方をしていることは、理に適ったやり方では否定され得ない。なぜなら、リッチュルにおける応報思想は、一方では決して放棄されないが、しかし他方ではキリスト教に関しては、その特別な内実が奪われているからである。

リッチュル神学の特徴が素晴らしく表現されている特定の神学的内容を、批判的にテーマに掲げているのみならず、むしろこの立場を激しく攻撃しているのが、またしてもエルンスト・トレルチである。彼の第二の実践神学のテーゼにおいても、トレルチは他の〈若い〉ゲッティンゲンの学徒を、徹底性においても直接性においても、凌駕している。新しい立場の綱領的自意識は、以下のことによってその主張者を際だたせる。すなわち、神学一般に欠落していると規定されていたものを自分の研究綱領と宣言するために、彼は支配的活動［神学のこと］に不足しているものの名前を挙げるか、もしくは仮定するのである。比較可能な方法でリッチュルは、既述のように時代の一般的欲求を、少なくともこの欲求を満たすことが彼の直接の私有財産となるような仕方で、自分のものにすることによって、より広い世界で彼の立場の自己貫徹を行った。相応の戦術でもってトレルチは、同時代の神学のその支配的立場にとって代わることができるという要求を最初に公的な場で発言した。彼の第一七番目にしてかつ最後のテーゼにおいて、トレルチは時代の一般的欲求に応ずるという［この支配的な］立場の主張を破壊した。まず最初にトレルチは、宗教の授業を新しい教科書によって別の土台の上に立てるというリッチュルの要求を、自分が共有していることを認識させる。だがリッチュルはこの要求に自ら既に応じていたので、彼の批判者はまさしくこの点を論難しなければならない。この要求の充足はまだなされていないと主張されることによって、この要求が立場的に自分のものになるような仕方で、トレルチはリッチュルの要求を自分のものにしている。

「現代における神学の最も重要な実践的課題は、ギムナジウムの宗教の授業のための技巧を凝らさない方法と信用のできる教科書の確立である」。学校における失敗を目の前にして、リッチュルに対して不自然な技巧を責めることは少なからず巧妙さを示している。けれども信用が欠如していることの非難はもっと重要であろう。なるほどトレルチがこの非難をテーゼの討論のなかで内容的にどれほど詳しく述べたかをわれわれは知らない。しかし一八九一年二月一四日に出席したすべての人たちは、これが誰に向けられていたかを知っていたことは疑われ得ない。何となれば、新しい教科書が現れなければならない！　これは古い教科書は彼の特別な目的には役に立たないということを意味していた。われわれはヨハネス・ヴァイスのこれに関するテーゼを思い返さなければならない。そうすれば、すでに若いトレルチは簡単にはリッチュルの弟子としては理解され得ない、ということは明白である。

V．リッチュルに対する拒否

1．トレルチの神学得業士の諸テーゼの独特の神学的プロフィールが特に明らかになるのは、トレルチの諸テーゼが他のゲッティンゲンの学徒の諸テーゼと最後になお総括的に比較されるときである。かかる比較がまず最初に神学的傾向の共通性を認識させるのはブセット、トレルチ、ヴレーデの場合、並びにトレルチによって後に「感覚の鋭敏なそして愛すべき仲間」として特徴づけられたハックマンの場合である。[141]「ラガルドの親しい弟子」ラールフスの神学得業士の諸テーゼは主として旧約に関係しているので、これら諸テーゼからラールフスが他の人たちの共通のリッチュル批判の自己理解に関係しているかどうか、またどこまで関係しているかは決定されえない。けれども彼は時間的にみれば上述の四人のグループに属する。このサークルの核は互いに大変親しかったブセットとトレルチによって形成された――彼らは、相互関係によっても、ヴレーデとハックマンよりもずっとはっきりとリッチュルへの批判を行った限りで、彼らの諸テーゼはリッチュルへの共同の挑戦という点で、ずっと高い程度の共通性を示した。トレルチが一九二〇年に「私の友人ヴィルヘルム・ブセットへの想い出」のために描いた「共に過ごした神学青年像」において、彼は「次第にわれわれの周りに集まった仲間たち[142]」という言葉を使っている。トレルチはこの論文において、この表現を後の二か所で特定の他のゲッティンゲンの学徒に関係させているので、トレルチは彼によってここでそのように呼ばれたリッチュルの「最後の学徒」を、その中心がブセットとトレルチ自身であったグループとして想い出している。この見解は、若いゲッティンゲンの学徒の共通性を定義しているものが、ブセットとトレルチの場合にはヴレーデ、ハックマン、並びにラールフスの場合よりもずっと簡明・的確に主張されているという限りで、諸テーゼによって証される。

　このことはアイヒホルン、グンケル、ヴァイスに対して益々当てはまる。たとえアイヒホルンが、上述の五人の諸テーゼにおいても一役を演じ、そして特にヴレーデの諸テーゼにアイヒホルンによる影響の可能性を認識させるところの、特定の諸テーマを主張しているとしても、一九一二年にW・ラウシェンブシュがA・フォン・ハルナックの相応の判断に依存して主張したように、アイヒホルンは「宗教史学派」はその成立に際してお陰をこうむっている一人であったと言われるにしては、彼の特定の諸テーマはブセットやトレルチのテーゼからかなり遠く離れている[143]。若い人たちに対するアイヒホルンの影響が具体的にはどのようなものであったかはここでは決定されえない。トレルチ自身がこれに関して注意するように警告している。「アイヒホルンの影響は定めるのがむずかしい[144]」。新しい資料によって、若い人たちが「彼から聞いた」ところの「刺激、言葉の稲妻、時々の論争、逆説的思いつき、賢明に立てられた問い」が内容に従って再構成されえない限り、歴史家は諸テーゼに頼らなければならない。しかし諸テーゼは物事についてのトレルチの用心深い見解を証している。「とりわけヴレーデの媒介を通して、この時代のゲッティンゲンの神学私講師たちすべてがアイヒホルンの精神と何らかの意味で関わった、ということが起こった」[146]。これまでもっと詳細には論じられない影響が考えられるとしても、アイヒホルンはサークルの「明白な発言者代表」[147]であった、というグレスマンの書物以来繰り返された主張に従うことは、これら諸テーゼを考慮にいれるとき正しくない。これら諸テーゼが示しているのは、若い人たち、とりわけトレルチは、グレスマンでさえ組織的［思考の］欠陥を証明しているところのアイヒホルンに[148]、組織的［思考の］厳格さにおいてのみならずはっきりと凌駕しているということである。更に上述の五人のグループの共通性が明示していること――リッチュルに対する拒否――は、彼らの場合には比較できないほどずっとはっきりと、かつずっと直接的に、リッチュル神学の特別な内容に関係づけられて現れているということである。トレルチは――そしてブセットも――グンケルともしかしたらすでにゲッティンゲンの勉学時代に知り合いになっていた。グンケルのトレルチへの個人的な関係と彼らの神学的事情については、更なる説明を必要とする現象、即ちグンケルが彼の大著たる創世記注解の序論の、アイヒホルンの助言に帰っていく別冊――「創世記の口碑」[149]――をトレルチに捧げたという事実しか［われわれに］示されないので、ここでも諸テーゼだけが第一の情報なのである。時間的にみるとグンケルの公開討論会は、五人が現れる二ないし三年半前であった。トレルチが［ミュンヘンでの］副牧師の後、学位論文を書くために一八八九年の晩夏ゲッティンゲンへ帰ってきた時、彼はなるほどブセット、ヴレーデ、ラールフス、並びに一八九〇／九一年の冬学期からはハックマンと、直接交わる可能性を持ったが、しかしグンケルとは持たなかった――なんとなれば、トレルチが帰って来たのとほとんど同じ頃に、グンケルはハレに向かって出発し、ハレで一八八九／九〇年の冬学期から講義を持っていたからである。[150] 文献において、グンケルとヴァイス、ヴレーデとブセット、ラールフスとハイトミュラーが、同様の仕方で「学派」の代表者と呼ばれる場合、上述の人たちの間のアカデミックな年齢［学位取得のための研究生活に入った年齢等、アカデミックな経歴］の違いがほとんど注目されていないので、その限りではこのことは、可能な結びつきもしくは緊密な関係についての誤った像を伝えている。ヴァイスが大学教授資格を取ったとき、ブセットとトレルチはまだ最初の試験［論文審査のこと、第二の試験は口頭試問、第三試験は公開討論会］も片づけていなかった。時間的にみると、グンケルは後の五人に近づくよりもヴァイスに近づいている。ハイトミュラーはトレルチよりも四年若かっただけであるが、彼のアカデミックな経歴からみると、彼はもっと後の世代に属している――彼はゲッティンゲンでようやく一九〇二年に教授資格を獲得した――。したがって、彼はブセットの弟子と理解されるW・ロイケンとH・シュースターの文脈でみられなければならないであろう。[151] 更なる細分化を必要とし、また更なる細分化できるこの歴史的所見に、諸テーゼによって仲介される諸関係の像が対応している。グンケルが一八八八年一〇月一五日に、C・ミルプトと当時の私講師ヴァイスに対して［公開討論会において自分の諸テーゼを］弁護したことは、彼のテーゼには独自の神学的プロフィールが現れていないので、その限りにおいて、学部が二年後に聞くことが出来た［ブセットの］命題からは、遠くはなれていた――。しかし第四のテーゼにおいて、グンケルは釈義的神学においてこれまでそこで行われていたこととは違うものを行おうとしているということを、注意深く認識させようとした。その他に、彼は種々なる部門の個々の問いに自分の意見を述べたが、この表明は完結した像に組み立てられていない。E・カウチュが一八八九年一月に日付される訪問の後、グンケルの最初のゲッティンゲンの講義について、グンケルは「余りにも自意識的な、さもなければせっかちな表明をしている」ので、グンケルは「神学部の構成員から大いなる共感を得ていない」とハレに報告しているが、この判断[152]はいずれにしても印刷された諸テーゼに関係していず、もし関係しているようなことがあれば、学位論文にのみ関係している。ここで一つの箇所でみられるリッチュルに対する注意深い拒否[153]は、批判の鋭さと貫徹に関しては、後に他の人たちがゲッティンゲンで提示したものよりもずっと控え目である。グンケルの学位取得に関する諸テーゼは、彼の神学的ライフワークの種々なる新しい解釈のなかでは実際何の役割も演じていない。

J・ヴァイスの諸テーゼは、疑いもなく重要な一つの点において、リッチュルへの距離を認識させる（第七テーゼ）。その他の点では諸テーゼが提供する証言は、半分は彼の岳父の神学への明白な一致として理解されなければならず、半分は釈義的に非常に特殊であるので、これら歴史的証言から本来的に神学的な関心が認識されえない。他の若いゲッティンゲンの学徒へのヴァイスの関係――それはまだ完全に謎に包まれている[153a]――がどのように叙述されようとも、諸テーゼからはヴァイスは彼の学位取得の時点では、つまりトレルチの学位取得の三年半前では、リッチュルの批判者として理解されないということが明らかになる。歴史的な像を更に細分する［従来のような宗教史学派のおおまかな把握ではなく］という条件の下で、若いゲッティンゲンの学徒たちの共通性は一次的にはリッチュルに対する拒否ということに関して定義づけられたということに固執するべきであるとすれば、ヴァイスの場合は彼は一八八八年においてこの立場からまだ遠くにいたということがしっかり把握されなければならない。彼の諸テーゼにおいては、いずれにしても新しい立場の綱領的な預言は感じられない。

このことは、示されたように、後の人たちの諸テーゼの場合には――われわれがラールフスから読み取るように――明らかに違っている。その限りでブセット、ヴレーデ、ハックマン、ラールフスの諸テーゼはトレルチの諸テーゼの判断のための主要な文脈を形成する。けれどもこの関連を考慮するとき、トレルチは体系的な能力の点で他の人たちを凌駕したということが示される。トレルチはブセットと共に上述の五人のグループの核を形成しただけではない。彼がそれ以上に固有の立場を占めることになるのは、リッチュルへの批判の体系的統一に関して、彼がブセットを凌駕しているからである。トレルチの独創性の請求(154)が諸テーゼに関して客観的支点を持っているのは、彼がリッチュルへの批判を統一的体系的な観点から展開した唯一の人だからである。体系的な優越性の表現であるところの彼の諸テーゼの［他の人たちの諸テーゼより］より大いなる内的完結性は、独特な特性から結果として生じる――彼の諸テーゼは、構造上一つの決定的な点において、すべての他の人たちの諸テーゼとは異なっている。

2．ここで顧慮された学位取得の諸テーゼのすべては、同じ秩序の原理、即ち神学の諸部門の内的順序に従っている。その結果、旧約のテーゼに新約のテーゼが、新約のテーゼに教会史のテーゼが続いている。これらを介して組織神学に移行する――全体は実践神学のテーゼにおいてその終結を見出す。この図式は組織的な諸テーゼはひたすら特定の部門への陳述として一つの場所を持つということを暗に意味する。種々なる部門の対象の明確さによって与えられたテーマ的な多様性を目の前にして、それ故［全体の］内的統一性が確立されることができない。何となれば、順序の論理からではかかる統一を叙述する固有の場所は存在しないからである。トレルチが部門の順序の原理からはずれているということは、その限りでは決然とした体系的関心の表現として理解されなければならない。ただ一人彼は旧約でもって始めず、諸部門の内的順序に続く諸テーゼの前に一つの体系的なテーゼを置いている。そしてこのテーゼが彼に続く個々の陳述の内容的な統一を説明することを許している。トレルチの第一テーゼは神学の概念の展開に使われている。ここで述べられている自己理解は全体の統合点を形成している。このことは、神学概念に関する陳述は個々の諸部門に属する諸テーゼにおいても他のゲッティンゲンの学徒の場合よりもずっと大いなる役割を演じている、ということにおいて示されるだけではない。神学概念の陳述を冒頭に置くという芸当によって、種々なる部門の諸テーマへの関係づけでもって必然的に与えられた多様性が一つのテーマに集中される。「神学は一つの宗教史の部門であるが、普遍的な宗教史の構成の一要素としてではなくて、われわれが比較的よく知っている二三の大宗教との比較によるキリスト教の内的規定としてである」。しかしトレルチの場合、そして彼の場合にこの第一のテーゼにおいてのみ、宗教史という表現がみられる。もしトレルチの宗教史が神学概念の展開のための決定的な機能のなかに置かれないならば、このことは特別な意義を持たないであろう。宗教史について語ることは、彼の時代においては、非常に独創的ということではなかった。この概念の由来と使用文脈はまだ概念史的に明らかにされていないけれども、この概念が当時若いゲッティンゲンの学徒にとって使用されるのが当然であったということが非常に明らかである。ゲッティンゲンの学徒にとっては、特にこの概念は新しいどころではなかった。しかもB・ドゥームの宗教史の講義のため、或いはP・ド・ラガルドのためだけではない。ラガルドは若いゲッティンゲンの学徒が登場するずっと以前に、宗教学部のために神学部の解体を要求し、そして宗教史の概念において神学の反教義学的理解に対して妥当性を与えようとした[155]。若い人たち並びに特にトレルチへの部分的ではあるが直接的な影響――これはまだ歴史的に詳細には検討されていない――は、「学派」の二三の代表者の、並びに彼らに結びつく二次文献の、これに関する陳述が推測させるよりもずっと大きかったであろう[156]。ラガルドが宗教史を神学――これは「亜流中の亜流の一人H・ロッツエの認識論」に由来する存在判断と価値判断の区別によって、「古い教会の教義を無傷で現れさせよう」と意図した[157]――の教義学的理解の反対概念として使ったということは、宗教史という概念そのものがリッチュル神学に対する反対の立場を意味するかのような誤解――よくあることである――を引き起こした。これはリッチュルがこの「宗教史という」概念を終始自己の立場の特徴づけに使うことが出来た限りで不適切である。リッチュルにとってこの概念の最も重要な関係者、即ちシュライアーマッハーに罪を帰せて、リッチュルは例えば、シュライアーマッハーが、「彼の宗教史的方向づけを完成させなかった」[158]と非難した。そしてリッチュルは自分自身がこの点では、彼の賛美すべき消極的な模範〔シュライアーマッハー〕に凌駕していると思った。リッチュルが宗教史の概念を使う方法は、リッチュルに対するトレルチのテーゼの違いを特徴づけている点を同時に示している。トレルチが宗教史について語ったということにではなくて、トレルチが宗教史の概念を神学の活動についての自己伝達（Selbstverständigung）に使う方法にこそ、若いトレルチの独自性がある。――このことは二つの面に、即ちリッチュルに対しても、ラガルドに対しても妥当する。

トレルチの第一テーゼは片やリッチュルの主要作品〔『義認と和解についてのキリスト教の教え』〕――その第三版は一八八八年に出版された――教義学的-積極的な第三部〔第三巻『教えの積極的な発展』。本論文の注48参照〕に関係している。〔序論の〕最初に〔第一節で〕「キリスト教団における組織神学の立場」が固定された後、この序論の第二節において「組織神学の枠としてのキリスト教の概念」が展開される。この概念は「キリスト並びに使徒の思想圏の秩序ある再生産によって入手され、そしてこの思想圏と他の種類と段階の宗教との比較によってしっかりと確立される。普遍的な宗教史を引き入れることでもって初めてキリスト教の特殊な独自性が確かめられうる。この独自性は神学認識のすべての関係において守られなければならない」[159]。トレルチのテーゼはこの陳述の第二部に術語的に近い。かかる近さはもちろん基本的な違いを覆い隠すことは出来ない。リッチュルは第七章の命題の第二部において、シュライアーマッハーの『キリスト教信仰』に依存している。ここではシュライアーマッハーは次のように主張している。「歴史において現れる一定の制限された種々なる信仰の共同体は……ある時は種々なる発展段階として、ある時は種々なる種類としてお互いに」関係する[160]。上述の引用と関連して表現されたシュライアーマッハー批判にもかかわらず、リッチュルは以下の限定の下で「信仰共同体一般の多様性」というシュライアーマッハーの見方を分かち合っている。この場合の限定とは、シュライアーマッハーの概念性の採用において諸宗教の多様性を専ら二つの原理の下で、即ちことごとくの個々の宗教はいつも民族の外観（species eines genus）として、或いは進化の契機としてのみ規定されうる、という二つの原理の下で考察していることを言う。諸宗教の組織化の「やり方」の受容に基づいて、リッチュルのシュライアーマッハー批判は、それ故キリスト教の独自性というシュライアーマッハーの教義学的概念の内的規定に関係する。「旧約聖書の宗教を低く評価する」ために、シュライアーマッハーの「キリスト教の定義は……詳しく考察されると正しい主張に合致していない」[161]。キリスト教の彼自身の規定を、リッチュルはそれ故に教義学的要求水準を高めることによって獲得する。

そのことによって、宗教史を神学に取り入れる彼の綱領（Programm）は、独特の困難性を背負わされる。まずキリスト教の特別な本質概念は、キリスト教的・宗教的内容――これはイエスと使徒たちの教えにおいて表明されている――の体系的統合によって「入手される」。その限りでキリスト教という概念の固定化は、すべての宗教史的比較に依存していない。比較は、教義学的に入手された概念は「しっかりと確立される」、ということを明らかにする。このことは、この概念をしっかり確立することが教義学的に行われた固定化を越えて何をもたらすか、という問いを挑発するだけではない。このやり方の諸条件の下で、「キリスト教の独自性」が宗教史的比較によって「はじめて」説明されうるというリッチュル自身の回答が、そもそも適切かどうかということが問題となる。リッチュルは相応する概念をすでに教義学的に「入手した」。「普遍史を引き寄せること」は、キリスト教のこの教義学的概念の確認にのみ役に立つように思われる。

それに対して、神学を一つの「宗教史の部門」とするトレルチの規定は、特にキリスト教的なもの――これは結果を先取りする教義学的な仮決定によって設定されない——を描く方法を狙っている。「普遍宗教史の構成」の意味で、神学の要求された宗教史的方向づけの貫徹［リッチュルの立場］に対して距離を取ることにおいて、キリスト教の独特の内容を教義学的でない説明をしたいというこの関心が、自分の素性を力強く明らかにする。キリスト教の特別な概念は分析的に、歴史的比較によって生み出される、と主張される［トレルチの立場］。

ド・ラガルドが再三リッチュルに対して陳述した教条主義という嫌疑を、トレルチはどこまで自分のものにしたかはここでは決定されえない。けれどもトレルチは、神学を一つの「宗教史の部門」として理解するという要求でもって、ラガルドの立場そのものを肯定することからは遠く隔たっている。神学部を宗教学部に解体するというラガルドの要求には、普遍宗教史もしくは「比較宗教学」の綱領が根底にある。[162] この普遍宗教史もしくは比較宗教学は「あらゆる諸宗教のうちに」同一のものを探求し、そしてすべての特定の、もしくは歴史的宗教のうちに客観化される「宗教一般」[163] を認識させる、と［ラガルドによって］主張される。これに対してトレルチは、「われわれが比較的正確に知っている二三の大宗教」が関係させられる宗教史的比較を考えている、そしてこの点で、「普遍宗教史」の綱領（Programm）から離脱する。何となれば、トレルチの「比較」には宗教一般の本質の規定に対するド・ラガルドの関心とは異なる特定の宗教への特に神学的関心が根底にあるからである。即ち［トレルチの］比較は、比較される歴史的ないろいろな姿における共通なるものを規定することを狙っていず、キリスト教的なるものの特別な違い（**differentia specifica**）を狙っている。宗教史は、ド・ラガルドの場合、神学を一般宗教学に解体するという方向に向いている。神学を宗教史の部門として規定することでもって、トレルチは逆に宗教学的比較を一つの神学的機能に持ち込んだ。何となれば、神学は宗教一般の抽象概念を対象にするのではなくて、「キリスト教の内容の規定」に仕えるからである。このことによって、宗教学的比較は機能的にキリスト教の理論に向けて規定される。その限りで、トレルチのラガルドに対する違いは教義学的関心の違いとして理解される。トレルチにとって宗教史の考察のためにはキリスト教の視点が重要であることによって、「普遍宗教史」の綱領に対してトレルチはリッチュルへの継続性を表明している。何となれば、神学は宗教への一般的関心によってではなくて、キリスト教への特別な関係によって構成される、とトレルチは主張するからである。

リッチュルとは異なって、キリスト教の独自性は教義学的に規範的に生み出されるのではなくて、所与の宗教の経験的分析によって生み出される、とトレルチは主張する。われわれはこの点にトレルチの神学的自己理解の基本傾向を認めなければならないであろう。トレルチの「研究」は「特別な神学的方法、特にキリスト教的な方法を承認しない」[164]ということによっては十分に特徴付けられない。トレルチの研究は同時に、その「大きさと内的意義」[165]を彼が生涯にわたって確信し続けている「キリスト教の生の世界」の理解に役立つであろう。神学のこの理解を既に学位取得の第一テーゼが表明している。その限りでトレルチが学位取得と教授資格取得の時点で表した神学的立場は、もしこの立場がリッチュルに対する直接的な弟子の地位の立場として描かれるならば、誤って性格付けされる、という主張をこの第一のテーゼが証明している。なるほどトレルチに関する研究書においては、若いトレルチはリッチュルの弟子であって、一八九〇年代の過程の中ではじめて次第にリッチュルから離れていった、と再三主張される。けれどもこの見解は、彼がリッチュルを彼の「先生」と呼んでいるトレルチの多数の発言という制約のうちでのみ支持されるのである。[166]このタイトルを彼は彼の時代の幾人かの偉大な学者に使ったのみならず、[167]彼によって彼の先生と呼ばれた神学者並びに哲学者は種々なる立場を代表しているので、これらの種々なる立場のただ一つへの関係がトレルチの固有の立場の独自性に適切に遡源する（genetisieren）ことを許すものではない。弟子が自分を一人の先生にだけ配属するものではないということは、むしろ独自性の主張の第一の表現である。トレルチが彼の先生に語っているところでは、彼は同時に彼の「独立性」[168]を強調している。もし我々がこの独立性の主張を若きトレルチに関して一つの概念にしようとすれば、「宗教史学派の体系家」という表現は、若いゲッティンゲンの学徒たちを互いに結びつけていたものが一つの「学派」という形では十分正確には捉えられない、という限りでのみ不適切と思われる。なぜならば、神学の学派という言葉は、この言葉は先生もしくは学派の首領への結びつきによってつくられるという表象を暗に含んでいるからである。前世紀の八〇年代にゲッティンゲンで学んだ人は誰でも、種々なるゲッティンゲンの大学の先生の互いに競争しあう、非常に異なった構想に自分がある時は直接にある時は間接に直面しているのを経験したのである。これらの先生のうち誰が、もしくはこれらの先生のうちの一人一人が、どういう方法で若いゲッティンゲンの学徒の神学的自己理解に一定の影響を与えたのか知らないが、次の一つのことは確かである。彼らがアルブレヒト・リッチュルの「最後の学派［弟子であること］」であるということは、転用された意味［リッチュルという師がいたから結束して批判することができたという意味］でのみ真実である。社会学的にみれば、この最後の学派は、より適切には、若い神学者たちの一つのグループとして描かれうる。彼らは現在では正確には規定されない時点から、親密に意見を相互に交換しあう間柄であり、そして単なる神学と異なって、宗教の生の世界の事実性（Faktizität）を正当に評価するということが神学の課題である、ということについて合意したのである――このことは神学のリッチュルによって代表される綱領への拒否を暗に含んでいた。

　このグループの構成員、コミュニケーションの過程の種類、集団特有の自己理解の形成を促す種々なる影響、もしくは神学的共通性の程度、これらに関して現在では歴史的に支持できる答えよりは比較できない程のたくさんの問いが存在する。けれども神学的団結を表す内容的に決まっている意識の意味で、集団特有の自己理解があるということは確かなものとみなされうる。このことでもって、個々の若いゲッティンゲンの学徒の神学的個性が否定されるわけではない。トレルチとブセットを顧慮にいれるとき、既に九〇年代に重大な神学的相違が示される。そしてゲッティンゲンにおける彼らの関係は、緊張とコミュニケーションの問題から自由ではない。それぞれ固有の立場の意識と特定の問題提起への個別的関心は、神学的結びつきの感情を閉め出していない――少なくとも若いトレルチの場合に。ヴレーデの員外教授［ブレスラウ大学の新約神学］への任命に関して、トレルチはボンからブセットに手紙を書いている。「我々のゲッティンゲンの小学部は既に雲散霧消している」(169)。正教授の一人が若い教授資格取得志願者たちに与えた名前が自称となった。このことが自ら自身のことを「学派」と呼ぶことを許しさえしたのであった。一八九五年に出版されたブセットの『反キリスト』(170)において、ハイデルベルクの人トレルチは「若いゲッティンゲンの学派に共通の傾向」を感じている。そしてこの傾向のことを、「キリスト教を担いそして取り巻く宗教運動の種々なる材料を純歴史的並びに哲学的に探求する」(171)「無条件的に宗教史的な方法」、とトレルチは性格付けている。後に神学の内部で広い宗教史運動を決定的に刻印することができたこの学派にとっては、神学は徹底的に歴史的意識の諸条件に従わせられなければならない、ということは単なる共通の確信以上である。［記述された］歴史的（historisch）、［出来事としての］歴史的（geschichtlich）、宗教史的、文化史的等々のような諸概念の強調された使用――これはグループの構成員にとっては、特に彼らの相互評論(172)において証される――は、徹底的に歴史的な神学の綱領には生けるキリスト教とその独自性への組織的関心が根底にある、ということを示している。ゲッティンゲンのはじまりにおいてはこの関心は、諸テーゼから判断されるところによれば、もっとも論理的にはエルンスト・トレルチによって表現された。宗教的生の歴史的もしくは経験的現実性を知覚することを妨害しているアルブレヒト・リッチュルの神学の教義学的諸前提への批判に、トレルチは他の若いゲッティンゲンの学徒の学位の諸テーゼにおいてはそれほど確認されないような明確さと組織的厳格さでもって妥当性を与えることによって、パウル・ド・ラガルドの主張が次第に実現されるのに徹底的に貢献した。「リッチュルは神学の一つの歴史的な学派が現れる瞬間に片づけられる」[173]。しかしこの成果が専ら可能であったのは、ゲッティンゲンの小学部に歴史家達と並んで非常に歴史的に関心を持った体系家が存在したがゆえにである。つまり彼は非常に早く、徹底的歴史的な神学の綱領の組織的な暗示的なものを、リッチュルを批判する概念にまでもたらしたのであった。私講師としての彼のゲッティンゲンでの二学期目に、この体系家はリッチュルの『キリスト教講義』について「演習」を持った。ベルンハルト・ヴァイス〔ヨハネス・ヴァイスの父、ベルリン大学教授、プロイセン文部省の大学教員人事評定官〕は、プロイセンの文部省のプロテスタント神学の教授資格を審査する担当分野の副審査員としてトレルチの演習を視察した。そしてベルリンに次のように報告した。トレルチは「彼の先生に対して終始独立した立場を取った、また彼の先生を徹底的に批判することを恐れていない」[174]。

注

(1) M. Reischle : Theologie und Religionsgeschichte. Füenf Vorlesungen gehalten auf dem Ferienkurs in Hannover im Oktober 1903〔一九〇三年一〇月にハノーヴァでの休暇中の講習会で行われた五回の講義〕, Tübingen und Leipzig 1904,S.1.

(2) グンケルとブセットをライシュレは「〔宗教史〕学派」の最も重要な釈義の代表者とみなしている。J・ヴァイスは一度だけ言及される――シュピッタ、バルデンシュペルガー、ホルツマン、並びにエーヴェアリングらと同列で、即ち「学派」の一員とはみなされず、学派の見解の準備をした人とみなされている(5)。――ブセットとグンケルと並んでライシュレは、W・ハイトミュラー、P・ヴェルンレとH・ヴァイネルを引き合いに出す。つまり彼らはブセットとグンケルによって的確に述べられた綱領の意味で、「宗教史的研究方法」(23)を個々のテーマにおいて明確化した。

(3)上掲書、S. 11――トレルチへのこの関連づけには以下のものが前提にある。M. Reischle : Rez［書評］: Theologische Arbeiten aus dem rheinischen wissenschaftlichen Predigerverein, Neue Folge, 4. Heft, Tübingen und Leipzig 1900（in : ThLZ 26(1901), Sp. 336-338）. 同著者 Historische und dogmatische Methode der Theologie（in : ThR 5(1901), S. 261-275, 305-324）.「リッチュル学派の陣営」からのトレルチの「批判者」の後者の論文を、トレルチは絶対性の書物において引き合いに出している。E. Troeltsch : Die Absolutheit des Christentums und die Religionsgeschichte und zwei Schriften zur Theologie, München und Hamburg 1969（=Siebenstern-Taschenbuch, 138）, S.62 Anm. und S.15. 一九〇三年のライシュレの講義はその限りで絶対性の書物をめぐっての広い、これまで研究されていない討論の文脈に属している。

(4)Reischle［注1に前掲］、S. 10.

(5)上掲書、S. 11――この表現でもってライシュレは、多分同時代の討論の文脈のなかで強く注目されたフリートリヒ・トラウプのトレルチ批判をほのめかしている。トラウプはトレルチのニーバーガル批判の印象の下で「宗教史的神学の理念」に綱領的に反論した（F. Traub : Die Religionsgeschichtliche Methode und die systematische Theologie. Eine Auseinandersetzung mit Troeltschs theologischem Reformprogramm,（in : ZThK 11(1901), S. 301-340, hier［ここでは］: 303）.

(6)H. Gunkel : Rez. : M. Reischle, Theologie und Religionsgeschichte...1904,（in : DLZXXV（1904）, Sp. 1100-1110, hier : 1101. この書評は「宗教史学派の目標」について「最も的確に」言い表している（M. Rade: Art［項目］: Religionsgeschichte und Religionsgeschichtliche Schule,（in : RGG^{1}IV（1913）, Sp. 2183-2200, hier : 2186）というM・ラーデの主張以来、この［グンケルの］書評は再三学派に対してリッチュルの側から起こった批判に対する「学派」の表明と理解されている。ライシュレの専門仲間［トレルチ］もひとつの書評と論争を続けた限りで、それは不当である。E. Troeltsch: Rez. : M. Reischle, Theologie und Religionsgeschichte...1904,（in: ThLZ 29(1904), Sp. 613-617）. トレルチはここでは諸宗教の「私によって代表された比較歴史哲学的評価」に対するライシュレの批判を退けることに集中している（Sp. 616）.

(7) M. Rade［注6に前掲］、Sp. 2189. さらにもしかしたらラーデの表現に依存しているK・ボルンハウゼンの証言「……彼［即ちトレルチ］は宗教史学派の指導的体系的頭脳としてまもなく歓迎された」（K. Borunhauzen, Art.: Troeltsch, Ernst, in: RGG^{1}V［1913］, Sp. 1360-1364, hier: 1360）.

(8) C. Colpe: Die religionsgeschichtliche Schule. Darstellung und Kritik ihres Bildes vom gnostischen Erlösermythus, Göttingen 1961, S. 9 Anm. 1.

(9) とりわけ有名な、一九一三年にはじめて American Journal of Theology に掲載された論文 "Die Dogmatik der 〈religionsgeschichtlichen Schule〉"（GS II, 500-524）を参照。トレルチはこの聞き慣れない呼び方に直接にはなじめなかった。「〈宗教史学派〉という表現」に対して以下のようにいわれている。「この文章の著者はこの方向の体系家にして教義学者とみなされる。その限りで〈American Journal of Theology〉の編集者の好意あふれる質問、即ちこの学派の前提のもとでまた感覚において教義学とはどういう意味を持ちうるか、という質問に、私は答えるのが当然であろう」（500）, GS I, S. 935f. Anm. 504aをも比較参照。

(10) E. Troeltsch［注6に前掲］Sp. 614.――H. Paulsen: Traditionsgeschichtliche Methode und religionsgeschichtliche Schule, in: ZThK 75（1978）, S. 20-55によって代表されたテーゼ、即ち「一八九五／九六年以後「宗教史学派の更なる活動」は「終始〈Überlieferungs-〉もしくは〈Traditionsgeschi hite〉［訳注　いずれもグンケルの言葉で、Überlieferungsgeschichte は伝承が形成される過程の歴史を意味し、他方 Traditionsgeschichte は Überlieferungsgeschichte に注目する研究方法をいう］という術語の消失において認識されうる傾向」（37）によって規定されるというテーゼはトレルチの言語慣用において証明されない。

(11) W. Bousset: Jesu Predigt in ihrem Gegensatz zum Judentum. Ein religionsgeschichtlicher Vergleich, Göttingen 1892, S. 9. この概念のためにはE. Troeltsch: Voraussetzungslose Wissenschaft, in: ChW 15（1901）, Sp. 1177-1182,並びに GS II,S.195f.をも参照。

(12) W.G. Kümmel: Art.: Weiss, Johannes,（in: RGG^{3}VI（1962）, Sp. 1582f.）K. Prümm: Johannes Weiss als Darsteller und religionsgeschichtlicher Erklärer der paulinischen Botschaft. Ein Beitrag zur Vorgeschichte der Entmythologisierung,（in: Biblica 40（1959）, S. 815-836）; G.W. Ittel: Urchristentum und Fremdreligionen im

Urteil der Religionsgeschichtlichen Schule, Diss. Phil. Erlangen 1956［MS］, S. 39ff.

(13) R. Schäfer : Das Reich Gottes bei Albrecht Ritschl und Johannes Weiß,（in : ZThK 61（1964）, S. 68-88, hier : 75.）

(14) W. Klatt : Hermann Gunkel. Zu seiner Theologie der Religionsgeschichte und zur Entstehung der formgeschichtlichen Methode（=FRLANT 100）, Göttingen 1969, S, 21 Anm. 17.

(15) M. Rade［注6に前掲］、Sp. 2190.

(16) W. Klatt［注14に前掲］、S. 21–O. Eissfeldt: Art.: Religionsgeschichtliche Schule,（in : RGG² IV（1930）, Sp. 1898-1905, hier : 1898）はそれに対してトレルチを「最初の世代」に数えている。この最初の世代にアイスフェルトは誤ってハイトミュラーとベルンも入れているが、彼らはすでにブセットの弟子として理解されている。

(17) ラーデ［注6に前掲］並びにアイスフェルト［注16に前掲］の項目と並んで J. Hempel: Art.: Religionsgeschichtliche Schule,（in : RGG³ V（1961）, Sp. 991-994）, 並びに Ittel［注12に前掲］, S. 16ff.（「Der Begriff der 〈religionsgeschichtlichen Schule〉」）の場合に挙げられている文献を参照。

(18) このことはとりわけハインリヒ・ハックマンに当てはまる。彼はクラットの場合［注14に前掲］ですら全然名前を挙げられていないし、A・F・ブァフォイレ（Wilhelm Bousset. Leben und Werk. Ein theologiegeschichtlicher Versuch, Amsterdam 1973）の場合にほんのちょっと名前を挙げられている（S.12 und 329Anm. 1）――トレルチは彼をはっきりと「小学部」に数えているにもかかわらずである（Die “kleine Göttinger Fakultät” von 1890,（in : ChW 34（1920）, Sp. 281-283, hier : 283））。ハックマンはドイツの中国研究並びに仏教研究の「最古の代表者」の一人とみなされている（E. Erkes : Heinrich Hackmann †,（in : Artibus Asiae MCMXXX/XXXII Nr. 1, S. 272-275））.

(19) H. Gunkel : Die Richtungen der alttestamentlichen Forschung,（in : ChW 36（1922）,Sp.64-67 hier : 66）.以下のもの参照。同著者 Was will die “religionsgeschichtliche” Bewegung?（in : Deutsch-Evlangelisch. Monatsblätter für den gesamten deutschen Protestantismus 5（1914）, S. 385-397, hier : 386）.「宗教史的研究」一般の場合には、例えば「一般宗教史」の意味では問題となるのは「神学内の運動ではない」、（Gunkel［注6に前掲］、Sp. 1102）.

(20) M. Rade［注6に前掲］、Sp. 2190.

(21) H.W. Schütte : Theologie als Religionsgeschichte. Das Reformprogramm Paul de Lagardes,（in : NZSTh 8 (1966), S. 111-120）.

(22) H. Gunkel : Die Richtungen der alttestamentlichen Forschung,（in : ChW 36 (1922), Sp. 64-67, hier : 66）.

(23) H. Gunkel［注6に前掲］、Sp. 1109.

(24) H. Gunkel［注6に前掲］、Sp. 1104. 以下のもの参照。同著者［注18に前掲］、S. 146. Troeltsch［注18に前掲］、Sp. 282 と 283は「仲間」という言葉を使っている。

(25) W. Klatt : Ein Brief von Hermann Gunkel über Albert Eichhorn an Hugo Greßmann,（in : ZThK 66 (1969), S. 1-6, hier : 1）.

(26) E. Troeltsch : Was heißt "Wesen des Christentums"?,（in : GS II, S. 386-451, hier : 413）.

(27) 以下のもの参照。A.F. Verheule［注18に前掲］、S. 13 Anm. 4.

(28) E. Troeltsch［注6に前掲］、Sp. 616.以下のもの参照。GSII, S. 68.

(29)「比較すること」は若いゲッティンゲンの人たちの最も重要な概念の一つである。トレルチの引用文と並んで、例えばW. Bousset［注11に前掲］、S.6f., 9 u.oe.,並びに H. Gunkel: "Geschichtliche Exegese heißt...die Erklärung aus dem Zusammenhang"（Reden und Aufsätze, 1913, S. 26）参照。以下のもの参照。H. Gunkel : Die Religionsgeschichte und die alttestamentliche Wissenschaft. Sonderausgabe aus dem Protokoll des 5. Weltkongresses für Freies Christentum und Religiösen Fortschritt, Berlin 1910, S. 11ff., und W. Wrede :「解釈することは歴史的発展の連関のなかに置くことである、と言われる」（Das theologische Studium und die Religionsgeschichte. Vortrag im Neuen theol. Verein zu Breslau am 2. 11. 1903,（in : W. Wrede : Vorträge und Studien, Tübingen 1907, S. 64-83, hier : 75））.

(30) 以下のもの参照。H. Paulsen［注10に前掲］、S. 23-26.

(31) ブセットの公開討論会にトレルチは反論者として出席した。諸テーゼはその都度公開討論会の四週間前に掲示されたので、ゲッティンゲンの学生たちは三週間トレルチとヴレーデのテーゼを直接互いに比較することが出来た。彼らの

公開討論会の期日についてはTroeltsch-Studien I, S. 299 u. 301を参照。

(32) C・ミルプトは一八八六年から一八八八年までヴレーデの後継者として、そしてラールフスの前任者として神学部附属学生寮の舎監であった（以下のもの参照。J.A. Wagenmann: Das Theologische Stift, (in: Chronik der Georg-Augusts-Universität zu Göttingen für das Rechnungsjahr 1889-90. Mit Rückblicken auf frühere Jahrzehnte 1837-1890, Göttingen 1890, S. 33f.)が、一八八八年にゲッティンゲンで教授資格を与えられ、そこで一八八九年には員外教授となり、そして一年後マールブルクの教会史の正教授となった。以下のもの参照。Glaue: Art.: Mirbt, Carl, (in: RGG^{2}IV（1930）, Sp. 29f).

(33) 少なくともラールフスとヴレーデの諸テーゼはここで印刷された。比較に取り入れられたゲッティンゲンの学徒の諸テーゼをゲッティンゲン大学記録保管所でそれらを見つけたレンツ氏のお陰で私は自由に使わせてもらった。

(34) E. Barnikol: Albert Eichhorn（1856-1926). Sein "Lebenslauf", seine Thesen 1886, seine Abendmahlsthese 1898 und seine Leidensbriefe an seinen Schüler Erich Franz (1913/1919) nebst seinen Bekenntnissen über Heilige Geschichte und Evangelium, über Orthodoxie und Liberalismus, (in: WZ (H).GS 9（1960), S.141-152, hier: 144f).

(35) H. Greßmann: Albert Eichhorn und Die Religionsgeschichtliche Schule, Göttingen 1914,S.8.

(36) 以下のもの参照。W. Klatt［注14に前掲］、特にS.104ff.,H.-P. Müller: Hermann Gunkel (1862-1932), (in: M. Greschat (Hg.): Theologen des Protestantismus im 19.und 20.Jahrhundert, Bd.2, Stuttgart, Berlin, Köln und Mainz 1978,S.241-255,434f.).

(37) A. Ritschl: Unterricht in der christlichen Religion, § 20, (in: C. Fabricius (Hg.): Albrecht Ritschl. Die christliche Vollkommenheit. Ein Vortrag, Unterricht in der christlichen Religion. Kritische Ausgabe, Leibzig 1924, S.49). O. Ritschl: Albrecht Ritschls Leben, Zweiter Band: 1864-1889, Freiburg i.B. und Leipzig 1896, S.170, はリッチュルの「新約から常に旧約に帰っていく方法」について語っている。

(38) A. Ritschl: Unterricht...,Vorrede［zur ersten Auflage］, 上揚書、S.25. 以下参照。S.31f.

(39) A. Ritschl, 上掲書、S.102. 以下参照。S.32.

(40)H. Greßmann［注35に前掲］、S.8.

(41)以下のものを参照。E. Sellin : Gedächtnisrede gehalten am 28.5.1927 in der alten Aula der Berliner Universität,（in : Hugo Greßmann. Gedächtnisworte von W. Horst, A. Titius, Th. H. Robinson, E. Sellin, J. Hempel, o.O.o.J.(Jena 1927), S.15-28 ; H. Schuster : Hugo Greßmann. Ein Nachruf,(in : Die Schwarzburg. Hochschulmonatsschrift 10（1928), S.121-124.）

(42)グレスマンの書物を「信頼すべき」と宣言しているW・クラットでさえ、この書物は「幾多の誇張」から逃れていないと告白せざるをえない([注16に前掲]、S.21Anm.)。若いゲッティンゲンの学徒たちの非常にさまざまなニュアンスを持った自己証言に反対して、グレスマンは一面的な方法で彼らはアイヒホルンに依存していると主張する——他の影響、例えばリッチュル、ヴェルハウゼン、ハルナック、ドゥームとド・ラガルドの影響は不十分にしか目にとまらない。グレスマンへ宛てたトレルチの手紙の引用において、アイヒホルンは「ヴェルナーやラガルドと並んで〈宗教史学派〉に対する責任の一部」を担っている、いう部分をグレスマンは特徴のある方法で隠蔽している（以下のもの参照。H. Greßmann［注35に前掲］、S.12並びにW. Klatt［注16に前掲］、S.22f.)。

(43)H. Greßmann,上掲書、S.8.

(44)上掲書、S.9.

(45)M. Reischle［注1に前掲］、S.30.

(46)H. Gunkel［注6に前掲］、Sp.1106. 以下のもの参照。E. Troeltsch［注6に前掲］、Sp.614.

(47)P.de Lagarde: Zum letzten Male Albrecht Ritschl,（in : P.de Lagarde : Ausgewählte Schriften. Als Ergänzung zu Lagardes Deutschen Schriften zusammengestellt von P.Fischer,zweite,vermehrte Auflage, Müenchen 1934, S.280-301,hier : 282).

(48)A. Ritschl［注37に前掲］、S.25. 以下のもの参照。A. Ritschl: Die christliche Lehre von der Rechtfertigung und Versöhnung, Dritter Band : Die positive Entwicklung der Lehre, Bonn 1895^3, S. V（"Der Begriff der christ lichen Religion als Rahmen der systematischen Theologie“）und S.8ff.

(49)A. Ritschl［注48に前掲］、S.1.

(50)上掲書、S.V.
(51)上掲書、S.9.
(52)A. Ritschl［注37に前掲］、S.31――リッチュル神学の「キリスト論的集中」はR. Schäfer: Ritschl. Grundlinien eines fast verschollenen dogmatischen Systems（＝Beiträge zur historischen Theologie 41）, Tübingen 1968, 特に S.177によって証明された。キリスト論的集中が「キリスト教団における組織神学の立場」［注50に前掲］によってどの範囲にまで仲介されているかはシェーファーとの議論において論じられた。H. Grewel: Kirche und Gemeinde in der Theologie A.Ritschls,（in : NZSTh 11（1969）,S.292-311）.
(53)A. Ritschl : Über die Methode der älteren Dogmengeschichte,（in : O. Ritschl（Hg.）: Gesammelte Aufsätze von Albrecht Ritschl, Freiburg i. B. u. Leibzig 1893, S. 147-169, hier : 147）
(54)以下のもの参照。E. Vischer : Art.: Schultz, Hermann,（in : RE^3 17（1906）,S.799-804）; H. Häring: Theodor Häring 1848-1928. Christ und systematischer Theologe. Ein Lebens- und Zeitbild. Stuttgart 1963,特に S. 206ff., 333ff., 366.
(55)A. Ritschl: Theologie und Metaphysik. Zur Verständigung und Abwehr, Bonn 1887^2, S.9.
(56)E. Troeltsch: Vernunft und Offenbarung bei Johann Gerhard und Melanchthon. Untersuchung zur Geschichte der altprotestantischen Theologie, Göttingen 1891, S. 2.
(57)上掲書、S.3.
(58)B. Duhm : Über Ziel und Methode der theologischen Wissenschaft. Antrittsvorlesung in der Aula der Universität zu Basel am 7. 5. 1889, Basel 1889. ドゥームが主として「宗教を神学によって取り違えること、即ち前者の後者による排除」（7）を「生ける宗教」（22 u.ae.）のために批判しているこのテキストはトレルチの業績に特有のテーマ的近さを示している。「キリスト［宗］教は、もし発展すれば、なお〈完全な〉宗教であ［りう］る」（5）かどうか、いかにすれば「純粋に宗教的要素が混合したものからはっきりと区別されうる」（7）か、といったような問い、もしくは「最も重要な現在の課題は宗教の独立した本質の、諸段階の、そしてもし可能ならばその発展の法則の、規定のうちに存する」（26）といったような要求は、何故にトレルチが後にしばしばドゥームによって影響されていることを示唆しているかを理解させる（就中以下のもの参照。E. Troeltsch : Zur Theologischen Lage,（in : ChW 12（1898）, Sp. 627-651, 650-657）. 同著者、Das Historische in Kants Religionsphilosophie. Zugleich ein Beitrag zu den Untersuchungen über Kants Philosophie der Geschichte, Berlin 1904, S.VI ; GS II, 16. 同著者［注18に前掲］、Sp.282）。トレルチはドゥームの「本質的に宗教的な関心の主張」（ChW 12［1898］, Sp. 631）を著しく発展させたので、彼のこのバーゼルの人［ドゥームのこと］に対する事実上の関係は特別な叙述を必要とする。

（59）E. Troeltsch［注56に前掲］、S.3,Anm.1.

（60）以下のもの参照。E. Troeltsch,上掲書、S.1,並びにA.Ritschl［注48に前掲］、S.14f.

（61）上掲書、S.3.

（62）A. Ritschl［注48に前掲］、S.16.

（63）同じ箇所。

（64）以下のもの参照。E. Troeltsch : Die Christliche Weltanschauung und die wissenschaftlichen Gegenströmungen,（in: ZThK 3（1893）, S.493-528 ; 4（1894）, S. 841-854 ; hier 3, S. 493）.

（65）H.-J. Birkner : Das Verhältnis von Dogmatik und Ethik,（in : A. Hertz, W. Korff, T. Rendtorff und H. Ringeling（Hg.）: Handbuch der christlichen Ethik, Bd.1, Freiburg, Basel, Wien und Gütersloh 1978,S.281-296, hier : 281）.

（66）A. Ritschl［注38に前掲］、S.25.

（67）同じ箇所——教義学と倫理学の「再結合」というビルクナーの叙述において、リッチュルの「授業」は何ら考慮されていないので、C・I・ニッシュの場合にのみ「再結合が本当に行われたという彼の判断」は問題とされうる［注65に前掲、S.287f.］。

（68）A. Schweitzer : Geschichte der Leben Jesu Forschung.（=Siebenstern-Taschenbuch 77/78）,Bd.1, München und Hamburg 1966, S. 255.

（69）W.G. Kümmel［注12に前掲］、Sp.1582. 以下のもの参照。同著者Die Eschatologie der Evangelien. Ihre Geschichte und ihr Sinn,（in : E. Graesser, O. Merk und A. Fritz（Hg.）W.G. Kümmel. Heilsgeschehen und

Geschichte. Gesammelte Aufsätze 1933-1964（=Marburger Theologische Studien 3）, Marburg 1965, S.48-66, hier : 48）.

（70）F. Hahn, Vorwort des Herausgebers,（in : J. Weiß : Die Predigt Jesu vom Reiche Gottes, Dritte Auflage, Göttingen 1964, S.VII-X, hier : VIII）.

（71）このことを正当にも　A・F・ヴァフォイレ［注18に前掲］、S.328　が強調している。ブセットの人生と業績の包括的な叙述をはじめて出版したのは外国人であったということがそれだけ一層注目を引くのである。

（72）J. Weiss［注70に前掲］、S.219.

（73）ヴァイスは「聖書の諸概念を使用する教義学」に、「この聖書の諸概念からその本来の歴史的特色を奪うこと」をはっきりと認めている。「教義学が聖書の諸概念に新解釈を施し、或いは変形して新しい観点の下で新しい目的に使用することによって。この方法に対して何も反対されることはない。何となれば精神生活の全領域において、言葉と概念は後の世代によって新しい特色と新しい意味で使われるということは起こるし、また起こらなければならないからである」（同じ箇所）。

（74）J. Weiss［注70に前掲］、S.XI.

（75）W. Bousset : Jesu Predigt in ihrem Gegensatz zum Judentum. Ein religionsgeschichtlicher Versuch, Göttingen 1892.

（76）以下のもの参照。E. Schuerer : Rez. : W. Bousset, Jesu Predigt...,（in ThLZ 17（1892）, Sp.444-447）. シューラーはバルデンシュペルガーとヴァイスにおいてブセットの書物の最初の受取人を見ている。

（77）H・グンケルの評論は次のものから始まっている。E. Issel, Die Lehre vom Reiche Gottes im Neuen Testament. Eine von der Haager Gesellschaft zur Verteidigung der Christlichen Religion gekrönte Preisschrift, Leiden 1891 ; O. Schmoller, Die Lehre vom Reiche Gottes in den Schriften des Neuen Testaments. Bearbeitung einer von der Haager Gesellschaft zur Verteidigung der christlichen Religion gestellten Aufgabe, Leiden 1891 ; J. Weiß, Die Predigt Jesu vom Reiche Gottes, Göttingen 1892,（in : ThLZ 18（1893）, Sp.38-45）.

（78）Programm der Haager Gesellschaft zur Verteidigung der christlichen Religion für das Jahr 1889,（in : TSK

63 (1890), S. 401-405). ここには賞金分配の方法と賞金の額——ともかく四〇〇グルデン——についての社会史的に有意義な情報もみられる。二回目の一八九七年に出されたテーマはリッチュル神学に暗に関係している。）「宗教における神秘主義の権利の研究」が要求された。

(79) Programm der Haager Gesellschaft zur Verteidigung der christlichen Religion für das Jahr 1890, (in : TSK 64 (1891), S. 405-412). ここには六つの提出された論文が詳細に特徴づけられ、そしてイッセルとシュモラーへの賞の授与が理由づけられている。

(80) Gunkel［注77に前掲］、Sp.39 が懸賞問題にわずか「二つしか応募せず、二つとも受賞した」と主張するとき、彼は賞金を与えられた論文の数と応募した論文の数を取り違えている。

(81) H. Gunkel, 上掲書、Sp.41. O・シュモラーの立場に対しては彼の以下の論文をも参照。Die geschichtliche Person Jesu nach den paulinischen Schriften, (in : TSK 67 (1894), S.656-705).

(82) H. Gunkel, 上掲書、Sp.42.

(83) 上掲書、Sp.43. ここでは以下の様にも言われる。「ヴァイスは神の国の終末論的理解の枠のなかでイエスの説教の全体像を少しタッチを入れるだけで描こうとすることによって、ヴァイスはシュモラーの結果を更に展開しようとした」。

(84) 同じ箇所——「報告者はヴァイスとブセットの争いにおいてブセットの方に加担したいと告白している」。

(85) シュモラーは「神の国を他国の人に故郷の親しい小道を案内する案内者の様にではなくて、未知の分野に踏み入る探検家のように描いている。しかしもっと高いレベルの仕方を想像出来るならば、われわれは勇敢な、恐れを知らない開拓者に共鳴して彼の難しい道にお供をするであろう」(Gunkel, 上掲書、Sp.40)。以下のもの参照。A.Schweitzer［注68に前掲］、S.254：「大波を打つスゲの間を苦労して通りぬけ、ついに森に達した、即ち沼地の代わりに堅い大地を踏みしめた、そしてしなやかなヨシの代わりに不動の樹木にたどりついた旅人のように、ヨハネス・ヴァイスにたどり着いた読者は……」。

(86)「ヴァイスは神の国のリッチュルの把握を教義学のために保存しようとしている、この把握は新約にはなじまないということを非常に鋭く確認しておりながら。しかし教義学に新しい近代的な意味での聖書の概念を新しく導入することが適当かどうかについては、ヴァイスと違った風に考えることは可能である。いずれにしてもかかる新しい導入は釈義としてたえず混乱を意味するであろう。聖書概念の改変と意識的新解釈との間には大いなる差異があるように思われる」(Gunkel, 上掲書, Sp.43. 上記注73参照)。

(87)J. Weiß［注70に前掲］、特に S.242ff.参照。

(88)上掲書、S.217.

(89)A. Ritschl［注37に前掲］、S.25.古プロテスタントの教義学に対するリッチュルの批判はヴァイス、上掲書、S.217f.によって引き継がれる。

(90)オリジナルの原本（UA Göttingen）には印刷ミス（systematisiren）がみられる。

(91)A. Ritschl : Die christliche Lehre von der Rechtfertigung und Versöhnung, Erster Band : Die Geschichte der Lehre, Bonn 1882^2, S.1.

(92)これは若いゲッティンゲンの釈義家たちの歴史方法論的自己理解にとってきわめて意義のある概念である。これに関しては「宗教史学派」をめぐっての最近のディスカッションではとりわけ H・パウルゼン［注10に前掲］によって持ち出された証明資料を参照。宗教史学派の学徒の研究の「根底にある解釈学的発端はアポリアをも含めたその諸帰結と共に最もよく」「トレルチにおいて」描かれている(15)という彼の主張の正当性にもかかわらず、D・ゼンガーによって持ち出されたトレルチと他のゲッティンゲンの学徒への批判は納得させられえない（Phänomenologie oder Geschichte? Methodische Anmerkungen zur religionsgeschichtlichen Schule, (in : ZRGG XXXII〔1980〕, S. 13-27)）.

(93)J. Weiß［注70に前掲］、S.219. 同じ著者による以下のもの参照。Die Idee des Reiches Gottes in der Theologie（=Vorträge der theologischen Konferenz zu Gießen, 16. Folge), Giessen 1901. ヴァイスはここで、「神の国の今日の見解はどのようにして成立したか」について記述し、そして「次にリッチュルの場合の神の国理念を詳細に」研究している（S.2）――釈義的な所見と組織的な慣用語法の彼によって確認された違いにもかかわらず、リッチュル神学を支持すると公言するために。

(94)以下のもの参照。E. Dinkler von Schubert（Hg.）: Ernst Troeltsch. Briefe aus der Heidelberger Zeit an Wilhelm Bousset 1894-1914, (in : Heidelberger Jahrbuecher XX（1976）, S. 19-52, hier : 28).

(95)上掲書、S.48.――ヴァイスは一九〇八年夏学期にハイデルベルクで教授活動を始めた。一九〇八年一月二三日の学部の［採用候補者］名簿ではヴァイスは第一番目に名前を挙げられている人（1）として、W・ブセット（2）と共に席Ⅰにあり、席ⅡのP.W.Schmiedel（3）や席ⅢのW・ハイトミュラー（4）の前であった〔この番号順は学部名簿による〕。このリストの理由づけ、L・レメの分離投票、並びにダイスマンの教授ポストへの再就職に際しての教会政治的出来事がバーデン公国の文部省の書類で詳細に証明される（Badisches GLA〔Karlsruhe〕235-Nr.3145.文部省。ハイデルベルク大学。就業。神学部、ここでは、教授ポストとその補充1908-1922。二頁から四八頁）。ハイデルベルク大学のプロテスタント神学部の平行する書類が欠けているので、トレルチが学部内での討議において、ヴァイスに対してどういう関係にあったかは決定されえない。一八〇八年三月一日のブセット宛の手紙によれば、トレルチはヴァイスを支持した（上掲書、S.44f.）。

(96)一九一九年夏学期にブセットは学部長であった。彼は二つの主要な講義即ち“Erklärung des Johannesevangeliums”（五時間にわたる）と“Neutestamentliche Religionsgeschichte, II. Teil (johanneische und nachpaulinische Theologie)”（四時間にわたる）を持っていた。以下のもの参照。Vorlesungsverzeichnis der Hessischen Ludwigs-Universität zu Gießen. Sommersemester 1919, Gießen 1919.

(97)ブセットの講義のテキストは以下の形で出版されている。Wilhelm Bousset : Religionsgeschichtliche Studien.Aufsätze zur Religionsgeschichte des Hellenistischen Zeitalters, hg.von A.F. Verheule（=Supplements to Novum Testamentum, Vol.L), Leiden 1979, S.29-49.「編者の序論」(S.1-27, hier : 1-6) においてブセットの講義の時事問題の最初の解釈がみられる。更に以下のもの参照。A・ラッカウの整備された資料。Unconditional Acceptance of the Treaty of Versailles by the German Goverment, June 22-28,1919,（in : The Joural of Modern History XVII (1945), S.215-220)。ブセットと並んでとりわけ R・オットー、O・バウムガルテン、M・ラーデ、H・グレスマンとトレルチが所属するところのヴェルサイユ問題で分裂したドイツ民主党の立場はシュッキングの場合に最も明らかになる。W. Schücking : Annehmen oder Ablehnen? Rede in der Fraktion der Demokratischen Partei zu Weimar am 19. 6. 1919. 文書として印刷されたのは、Berlin 1919, 並びに国会議員キュルツの論文。Das Ultimatum und die Demokratische Partei,（in : Das Demokratische Deutschland, 3.Jg., Nr.19

／20, 15.5. 1921, S.425-428).

(98) W. Bousset, 上掲書、S.29.

(99) 同じ箇所。

(100) 上掲書、S.30.

(101) 上掲書、S.35.

(102) 上掲書、S.39.

(103) 上掲書、S.30.

(104) 上掲書、S.35.

(105) 上掲書、S.31.

(106) 以下のもの参照。R. Boeke : Rudolf Otto. Leben und Werk, (in : Numen 14 (1967), S.130-143), und M.Kraatz : Rudolf Otto (1869-1937) ―Theologe und Religionswissenschaftler, (in : I. Schnack (Hg.) : Marburger Gelehrte in der ersten Hälfte des 20. Jahrhunderts (=Veröffentlichungen der historischen Kommission für Hessen 35 : Lebensbilder aus Hessen, Bd.1), Marburg 1977, S.362-389). オットーの学位修得のテーゼはH.-W. Schuette : Religion und Christentum in der Theologie Rudolf Ottos (=TBT 15), Berlin 1969, S.119-121, によって公表された。

(107) Bousset, 上掲書S.31――オットーのブセットに対する関係についてはミュンヘン大学プロテスタント神学部に学位取得のために提出されたH・カーレットの研究参照。Der Held und seine Gemeinde. Untersuchungen zum Verhältnis von Stifterpersönlichkeit und Verehrergemeinschaft in der Theologie des freien Protestantismus [MS 1980], hier S.85ff. (“R. Otto und die 〈religionsgeschichtliche Schule”〉). オットーのトレルチに対する関係についてはK.-E. Apfelbacher の研究参照。Frömmigkeit und Wissenschaft. Ernst Troeltsch und sein theologisches Programm (=BOET Bd.18), München, Paderborn, Wien 1978, S.48 並びにS.58, ここにははじめて引用されたオットーにあてたトレルチの手紙［がみられる］。

(108) 上掲書、S.30.

(109)上掲書、S.36.

(110)上掲書、S.38.

(111)A. Ritschl［注37に前掲］、S.110.

(112)W. Bousset : William Wrede.Zur zweiten Auflage von Wredes "Paulus", (in : Die Religion in Geschichte und Gegenwart.宗教史国民文庫の月刊誌1（一九〇七）、一月号、S.1-4,hier : 1). ヴレーデについては更に以下参照。A. Werde, (in: W. Wrede［注29に前掲］、S.Ⅲ-XIV ; G. Strecker : William Wrede. Zur hundertsten Wiederkehr seines Geburtstages, (in : ZThK57（1960）, S.67-91), 及びW. Wiefer : Zur Würdigung William Wredes, (in : ZRGG XXIII（1971）, S.60-83).

(113)所見からのヴレーデに関する抜粋は同封物として1892.8.22のプロテスタント上級宗教局へのプロイセン文部省の文書に添えられた、この文書はブレスラウの員外教授へのヴレーデの招聘に関係している（Evangelisches Zentralarchiv EOK Az. Gen. XIV 2Bd. iii, Blatt 125f.).

(114)W. Wrede : Der Prediger und sein Zuhörer, (in : 同著者、［注29に前掲］、S.1-39,ここで問題となっているのは、37f.)

(115)上掲書S.38.

(116)以下のもの参照。Der Bericht über die Verhandlungen der schweizerischen reformierten Predigergesellschaft im Jahre 1887, Schaffenhausen 1888, S. 118f., 及びP. Drews : Dogmatik oder religioese Psychologie?, (in : ZThK8（1898）,S.134-151,ここで問題となっているのはS.148。

(117)同じ箇所。

(118)上掲書、S.146.

(119)A. Ritschl［注37に前掲］、S.79.

(120)同じ箇所。――「神の子の活動」はリッチュルの中心的な概念のひとつである。

(121)上掲書、S.25.

(122)以下のもの参照。C. Fabricius : Vorbemerkungen des Herausgebers, (in : A. Ritschl［注37に前掲］、S.V-XXVII

ここで問題になっているのは、XVII).

(123)同じ箇所。

(124)O. Ritschl［注37に前掲］、S.158.

(125)上掲書、S.267ff.――以下のもの参照。P. Fischer-Appelt（Hg.）: Albrecht Ritschl und Wilhelm Herrmann. Eine Auswahl aus dem Briefwechsel（1875-1889),（in : ZKG79（1968),S.208-224).

(126)C. Fabricius［注122に前掲］、S.XIX.

(127)上掲書、S.XX.

(128)以下のもの参照。O. Ritschl［注37に前掲］、S.363. 前記注32参照。

(129)A. Ritschl［注37に前掲］、S.110.

(130)B. Weiß : Aus neunzig Lebensjahren 1827-1918, hg. von H. Weiß, Leipzig 1927, S. 127.

(131)O. Ritschl［注37に前掲］、S.520.

(132)注91に前掲。

(133)A. Ritschl［注37に前掲］、S.25とS.26.

(134)参照、O. Ritschl［注37に前掲］、S.85.

(135)O. Ritschl : Albrecht Ritschls Leben, Erster Band : 1822-1864, Freiburg i.B.1892, S.297.

(136)A. Ritschl［注37に前掲］、S.86. 参照。O.Ritschl［注37に前掲］、S.125.

(137)A. Ritschl［注37に前掲］、S.80.

(138)上掲書、S.46.

(139)同じ箇所。

(140)同じ箇所。

(141)E. Troeltsch［注18に前掲］、Sp.283. 前掲注18参照。

(142)上掲書 Sp.281.

(143)参照、H. Greßmann［注35に前掲］、S.24.

(144)1913.7.4.のトレルチからH・グレスマンへの手紙。一部W・クラットによって出版された［注14に前掲］、S.22f.この手紙の短縮されていない版がKlattの学位論文のタイプライターで打たれた大学による印刷のうちにみられる。Hamburg 1966, S.399-401.

(145)同じ箇所。

(146)同じ箇所。

(147)トレルチはアイヒホルンに「たびたび短時間であるが、彼がゲッティンゲンで彼の友人ヴィルヘルム・ヴレーデを訪れた時に、出会った、しかもそれは一八八九年―一八九二年のことであった」と報告している（zit.bei Klatt［注144に前掲］、S.399）。

(148)H. Greßmann［注35に前掲］、S.19.

(149)以下のもの参照。J. Hempel : Hermann Gunkels Bücher und Schriften,（in : H.Schmidt（Hg）: Eucharisterion. Studien zur Religion und Literatur des Alten und Neuen Testments. Hermann Gunkel zum 60. Geburtstag, dem 23.5.1922 dargebracht von seinen Schülern und Freunden, 2.Teil（=FRLANT36,Teil 2）, Göttingen 1923,S.214-225, Hier : 215）；以下参照。W. Klatt［注14に前掲］、S.81 Anm.8.

(150)Verzeichniss der auf der Königlichen vereinigten Fridrichs-Universität zu Halle-Wittenberg im Winter-Halbjahr vom 15.10.1889 bis 15.3.1890 zu haltenden Vorlesungen und der daselbst vorhandenen öffentlichen Institute und Sammlungen, Halle 1889. 参照。K. von Rabenau : Hermann Gunkel auf rauhen Pfaden nach Halle,（in : EvTh30（1970）, S. 433-444, 特に437）.

(151)H. Gunkel : 項目 : Bousset, Wilhelm,（in : Deutsches Biographisches Jahrbuch, Üeberleitungsband II : 1917-1920, Stuttgart, Berlin und Leipzig 1928,S.501-505）. ゲッティンゲンの「若い燃えるような人たちのサークル」についてハイトミュラーはゲッティンゲンのサークルには「一世代遅れて」所属する(501)とグンケルは言っている。

(152)［注150に前掲］K. von Rabenau に従っての引用、S.435f.

(153)H. Gunkel : Die Wirkungen des heiligen Geistes nach der populären Anschauung der apostolischen Zeit und der Lehre des Apostels Paulus, Göttingen 1883, S.3. 参照、W. Klatt［注14に前掲］、S29ff.

(153a) J・ヴァイスの遺稿に関する広範な調査はこれまで成果があがっていなかった。同様のことが、B・ヴァイスの遺稿に対しても妥当した。彼の長男から目下「彼の若き日の手紙の抜粋」だけが届いている。これはなるほどJ・ヴァイスの研究について詳細に報告しているが彼によってゲッティンゲンで過ごされた時代についての情報を伝えていない。

(154) 一八九二年一〇月一日のトレルチのブセットにあてた手紙（未発表）。ブセットの「［ユダヤ教との］対立におけるイエスの説教」（注75に前掲）を顧慮してトレルチは次のように書いている。「私は君に全体として期待されうる［我々の考え方の］採用に関して、いずれにしてもおめでとうということができる。私自身に関しても、多くの点で大変共鳴している。イエスの働きの取り扱いについて頂点に置かれた基本思想を私は当然完全に分かち合える。というのは私は同じ基本思想をとっくに表明していたから。同様に、イエスの働きの世界史的な効果的な実体として父なる神への信仰を、その結果においてみることに私も賛成である。我々の相談から私になじみのあるいくつかの考え方に私がしばしば出くわしたように。いくつかの考え方については、それらは友人たちの影響のもとで、君によって承認されたと私は思いたい」。これにブセットの著書への詳細な批判が続いている。

(155) H・レンツはトレルチとブセットは一八八七／八八年の冬学期にB・ドゥームの「宗教史」の講義を聴いたということを証明した（トレルチの神学研究、Troeltsch-Studien 1, S.48ff.）.〈宗教史〉の概念史については以下参照。K. Rudolph : Die Religionsgeschichte an der Leipziger Universität und die Entwicklung der Religionswissenschaft . Ein Beitrag zur Wissenschaftsgeschichte und zum Problem der Religionswissenschaft（Sitzungsberichte der Sächsischen Akademie der Wissenschaften zu Leipzig, Philologisch-historische Klasse, Bd.107, Heft 1), Berlin［-Ost］1962. この概念の同時代の神学的使用についてはとりわけオットー・プフライデラーを参照するように指示される。これに関しては今では以下参照。R. Leuze : Theologie und Religionsgeschichte. Der Weg Otto Pfleiderers（Münchner Monographien zur historischen und systematischen Theologie 6),München 1980.

(156) 若いゲッティンゲンの学徒の神学的自己理解へのラガルドの影響は直接的な弟子関係と仲介された影響の間で個々の

若いゲッティンゲン学徒を顧慮して細かく検討しなければならない固有の研究を必要とする。例えばH・グンケル(〔注6に前掲〕、Sp.1103)が「ラガルドの弟子」と呼ばれることを拒否したが、ラールフスは彼が生きている間直接のラガルデの弟子として自分を理解した(以下のもの参照。とりわけA. Rahlfs : Paul de Lagardes wissenschaftliches Lebenswerk im Rahmen einer Geschichte seines Lebens dargestellt, Göttingen 1928). 更にE・トレルチがGSIIを「私の別の大いなるゲッティンゲンの先生」ラガルドの思い出に捧げた(GSII S.VI und VIII 参照)ということはラガルドの「宗教史学派への影響」はこれまで「目立って低くしか評価されなかった」ということへのH・-W・シュッテの批判のクラットによる却下(〔注14に前掲〕S.27Anm.43)はいかに正しくないかを十分にはっきりとさせている。これに関する「代表者たちの自己感情」はシュッテが考えているほど統一的ではない。

(157) P. de Lagarde〔注47に前掲〕、S.282.参照GSIV, S.17.

(158) A. Ritschl〔注48に前掲〕、S.9.

(159) 上掲書S.8f.

(160) F.D.E. Schleiermacher : Der christliche Glaube nach den Grundsätzen der Evangelischen Kirche im Zusammenhange dargestellt, 7.Auflage, hg. von M. Redeker, 1. Band, Berlin 1960, S.47.

(161) A. Ritschl〔注48に前掲〕、S.9f.

(162) P. de Lagarde : Ueber die gegenwärtige Lage des Deutschen Reiches (1875), (in : 同著者Deutsche Schriften, hg. von K.A. Fischer, München 1934^{2}, S.114-194, hier : 179).

(163) P. de Lagarde : Über das Verhältnis des deutschen Staates zu Theologie, Kirche und Religion. Ein Versuch, Nicht-Theologen zu orientieren〔注162に前掲〕、S.45-90, hier : 80. このためにはH・-W・シュッテ〔注21に前掲〕、S.116ffを参照。

(164) E. Troeltsch, Vorwort, zu : Die Soziallehren der christlichen Kirchen und Gruppen, GSI, S.IX.

(165) 同じ箇所。

(166) E. Troeltsch : Das Historische in Kants Religionsphilosophie〔注58に前掲〕、S.V並びにGSIV, S.5, 以下のもの参照。GSII, S.VIII, 更にS.324 Anm.20も。トレルチは一八九六年一月出版社Paul Siebeckに「私の先生リッチ

ュルの写真」を送ってもらったことに対する礼を述べたとき、彼は彼の「学生時代リッチュルと大いに交わった」と報じている（Troeltsch an Paul Siebeck am 12.I.1896［Archiv des Verlages J.C.B.Mohr（P.Siebeck）Tübingen］）A・リッチュルの遺書が彼の息子O・リッチュルによって処分されたので（Briefliche Auskunft von Herrn Prof. Dr. D. Ritschl）、A・リッチュルと若いトレルチの間の個人的な関係については現在では正確なことは言われえない。

(167)しかし「私の著書」においてトレルチは学校の「幾人かの有能な先生」［トレルチが通ったアウグスブルクのアンナ・ギムナジウムには「幾人かの有能な先生」が居た］と並んで、（GS IV, S.3）、リッチュル、クラースとド・ラガルドをはっきりと彼の先生と呼んでいる（5u. 17）。カントの宗教哲学に対する大論文の書籍版の序言で（［注58に前掲］、S.V）彼は「アルブレヒト・リッチュルとヘルマン・シュルツ」を「彼の時代の教授団で彼が尊敬したところの」先生と呼んでいる。初期のテキストは他の像を提供する。一八九一／九二の冬学期に由来する他のテキストにおいてトレルチはK・クノーケを彼の「先生」と呼んでいる。ボンの「教授団のアルバム」のために書かれた履歴書においても同様である。

(168)GS II, S.VIII と並んで例えば "Das Historische in Kants Religionsphilosophie" の序言参照。ここでトレルチは彼なりに特定の「意味で終始リッチュルの弟子」と自らをみなしているということを認識させようとしているが、他面自らのために学生時代に原理的な独立を要求している。「しかし勿論私はリッチュルによって与えられた彼の教えの実行に対して既に学生時代に二つの根本的な疑念を持っていた……」（［注58に前掲］、S.V）。

(169)Brief Troeltschs an Bousset vom 1.10.1892（未公表；UB Göttingen）。

(170)W. Bousset : Der Antichrist in der Überlieferung des Judentums, des Neuen Testaments und der alten Kirche, Göttingen 1895.

(171)Brief Troeltschs an Bousset vom 23.7.1895［注94に前掲］, S.27.

(172)若いゲッティンゲンの学徒の後の研究が共通のグループもしくは「学派」独特の自己理解をどこまで反映しているかはこれまでまず初めに行われた歴史的総括を前提にする固有の叙述を必要とするであろう。その際とりわけ普通非常に綱領的な相互交換の評論に特に目が向けられなければならない。この評論はいわば論評された作品の受容の公的表明である。批評者にはここで彼の個人的な立場に妥当性を与える、並びに彼がこのことを欲する限りで、競争する立場に対して原理的に一致を表明する可能性が与えられる。若いゲッティンゲンの学徒たちは有意義な方法でこの可能性を使用し、そして評論において相手を〈認める〉ことを公言することを恐れないので、これらのテキストに彼らを神学的にお互いに結びつけているものを決定するにあたってこれまで以上の大きな意義が付与される。

(173) P. de Lagarde［注47に前掲］、S.283.

(174) B. Weißの報告からの未刊の抜粋、Troeltsch-Studien 1 S.111f. 参照。

神学得業士試験公開討論会テーゼ

受験生　エルンスト・トレルチ
日　時　一八九一年二月一四日(土)一一時
反論者　アルフレート・ラールフス
　　　　ヴィルヘルム・ブセット

1. 神学は一つの宗教史の部門であるが、普遍的な宗教史の構成の一要素としてではなくて、われわれが比較的よく知っている二三の大宗教との比較によるキリスト教の内的規定としてである。
2. エレミヤ三〇と三一章は古いイスラエルの預言者的民族宗教の成果並びに結果を示しているが、おそらく捕囚後の数団に由来する。
3. 捕囚と捕囚後のユダヤ民族の宗教はキリスト教の母体である。前者から最初に後者の大いなる宗教史的基盤が、即ち復活信仰、メシア概念、黙示録的預言書類、普遍的一神教、宗教的個人主義、箴言の知恵の道徳が出て来たという限りで。
4. 古代キリスト教の研究とカトリック教会の新約の正典の釈義は二つの異なったものである。
5. 学問は非常に種々なる方法で主の言葉と主の出来事に関係している。
6. sozomenoi［救われる者］と apollumenoi［滅ぼされる者］というカテゴリーのしばしばなる使用は使徒パウロの予定の思想の基本見解と関係している。
7. ロマ書一〇章六節以下はバラク三章二六節以下に従って理解されなければならない。Ⅳエズラ四章八節も参照。
8. いわゆる教会史とキリスト［宗］教の歴史は厳しく区別されなければならない。後者のみが神学的学問に直接関係を持っている。
9. パウロ主義の歴史的な影響の問題は義認論と律法論の観点の下でのみならず、キリスト論と永遠 Aeonen 論の下で取り扱われなければならない。第一の観点に従えば歴史的影響は大異邦人キリスト教が存在することであり、第二の観点に従えば歴史的影響はグノーシスと教会神学において現れた。

10. メランヒトンによって人文主義は古プロテスタント神学の普遍的基盤となった。個々の教えに関してはルター、ブレンツ、ケムニッツによってスコラ的並びに特に教父的教えの伝統が権威あるものとなった。

11. カリクストスは古ルター教会の神学におけるいわゆるスコラ哲学化の最重要推進者の一人である。

12. 教義学の学問的契機は原理論にある。信仰内容そのものの説明の場合に学問性ということは厳密な意味ではもはや語られえない。

13. キリスト教的信仰表象を体系化することが望ましい限りで、終末論は諸関係の中心点を形成しなければならない。

14. 倫理学の下で倫理化過程の歴史哲学的分析と叙述が理解される場合にのみ、教義学と倫理学は本当に分離されうる。

15. 宗教と形而上学の違いは非常によく理解されてはいるが、ことごとくの実定的な信仰論に宗教哲学的形而上学が結びつく。

16. 神学は教会にとってはがまんできないものであると同様、無くて済ますこともできないものである。

17. 現代における神学の最も重要な実践的課題はギムナジウムの宗教の授業のための技巧を凝らさない方法と信用の出来る教科書の確立である。

（高野晃兆訳）

宗教と個性
——エルンスト・トレルチの宗教理論の根本問題について——

1．予告のうちにしか存在しない理論を解釈することの難しさについて

トレルチの宗教理解を研究する人はすぐにひとつの困難な状況に陥る。一方では、トレルチを的確に解釈するためには、まず第一に、彼の宗教理解を理解することが要求されるということが、さしたる困難もなく認識できる。なぜなら、トレルチ自身が提供する情報によれば、宗教理論は彼の学問的研究全体の実質的中心を形づくっているからである。普遍的学問体系論と神学的エンチクロペディーに関する数多くの表現に従っても、自らの著作についての彼の註釈に従っても、(1) 宗教哲学はいわば彼の学問的研究の出発点と目標点、基礎と中心を同時に表わしている。しかしながら他方では、トレルチは彼の宗教哲学を実質的には仕上げることができなかったか、あるいはもはや仕上げることができなかった。実際に存在しているのは以下のようなものである。すなわち、そのうちの若干のものは幾重にも表現し直されているが、他のものは部分的に時代遅れになったものとして後にはっきりと特徴づけられたような、最初の綱領的スケッチにすぎないもの、(2) 相当数の理論史的な予備的研究、(3) 宗教を主題にした同時代人の出版物の集中的な受容と批判を反映している感銘深い数のテクスト、(4) そして最後に、トレルチの念頭に浮かんでい

た大がかりな体系的全体の特定部分についての一連の草案である。この大がかりな体系的全体そのものは、ただ著者の予告のうちにのみ、ないしは無数の確約やむしろ弁明的な響きのする断言のうちにのみ存在している。すなわち、一定の予備的研究をその間に片づける目処が立ったら、最後に自分の宗教哲学の全体を首尾一貫した仕方で叙述するという困難な仕事に着手できるというのである。これこそ、若干の他の理論的前提が十分に解明され次第、彼ができるだけ速やかに行ないたいと思っていることであると。『社会教説』の最終章の仕事に関連して、トレルチは一九一一年一月に出版主パウル・ジーベックにこう記している。「わたしはその都度自分の対象に集中せざるを得ず、それゆえその傍らで何か別の研究をすることはできません。ここ数年は社会教説に完全に時間をとられてしまい、自分の講義を別にすれば、組織神学や哲学の方面の読書も研究もひとつもやっていません。でも夏の訪れとともに全面的方向転換をしなければなりません。夏になればわたしは体系的な研究に戻ります」[5]。けれどもそれに引き続く冬にも、新しい前線はまだ開かれていなかった。彼の著書『キリスト教の絶対性』に関して、とりわけまたそれを論駁して現れた広範な文献を入手することに関連して、一九一一年一一月にはなるほど次のように言われている。「『キリスト教の絶対性』は新しい版においてははるかに広範な読書を前提しています。わたしがこの冬にいま新たに行なっている講義は、まさにこの目的のためにとても役立つでしょう。なぜなら、いまや再びすっかり体系的な仕事に没頭しており、歴史的研究はお仕舞いになったからです。望むらくは、『宗教学における心理学と認識論』にも第二版が必要です。ここでも変更すべき点は沢山あります。目下、宗教哲学に全力で取り組んでいます」[6]。しかしその後、宗教を主題にした幾つかの古い論文に手を加える作業のほかに[7]、トレルチが実際に着手したのは新たな歴史的研究であった。すなわち、おそらく一九一四年五月に完成された、もともとは単に論文として構想されたモノグラフィー『アウグスティヌス――キリスト教的古代と中世――』によって、トレルチは特に著作集第一巻が出版された比較的すぐ後に名だたる教会史家の側から表明された批判を通しておそらく彼にも明白になっていた、「わたしの社会教説における間隙を埋め」、そして同時にキリスト教生命世界の内的複合性に従って、「キリスト教の宗教史」という自分の研究計画を細分化しようと欲したのである。[8] そこでわたしは第一のテーゼを主張したいと思う。すなわち、トレルチの宗教理解に関するいかなる試みも、彼の宗教理論の実質的展開を妨げた体系的な問題を明らかにしなければならない。

もちろん、トレルチが自分の主張通りに宗教理論を概念化することの難しさは、しばしば部分的にしか知覚されず、あるいはまた押しのけられていた。自分が提示した問題を包括的に再定式化しようとする絶え間ないプロセスにおいて、(さしあたり) 自分の研究計画を仕上げることの難しさを度外視するこの傾向は、彼の宗教哲学を実現する上での欠損をいわば補償する関係にある、著作史解釈の一例によって模範的に明らかにされうる。すなわち、晩年の歴史哲学は、事柄にしたがえば、(初期の) 宗教哲学に取って代わる位置に就いたというのである。けれども、現存の歴史主義の巻はより大きな全体の第一部にすぎず、それゆえ断片であり、[9] そしてひとが著作集第三巻ならびにベルリン時代の二三の応用的内容の小さな研究からその輪郭を認識できる限り、トレルチ自身はこの全体をまたしても、実質的宗教哲学の仕上げるための長い道のりの途上にある、前進の一定の要素としてしか理解しなかった。[10] トレルチの神学に対して単に骨董的な関心ではなく、体系的・構成的な関心を抱く人は、それゆえトレルチ自身が宗教理論に対して近代的意識の地平において定式化した諸条件に直面して、トレルチが彼の研究計画を実行できなかったということに対する説明を回避することは許されない。例えばパウル・ティリッヒが主として政治的立場に基づく動機から、彼のひそかなる偉大な模範にその能力がないことを証明したように、[11] これについてトレルチのいわゆる体系的無能を引き合いに出すことは、もちろんふさわしくないであろう。なぜなら、論争的に先鋭化された節がないでもないが、すでにトレルチの同時代人たちによって申し立てられ、一九二〇年代の数名のより若い世代の神学の代表者たちによって粗悪にされた、そのような主張に対して、トレルチは自分の研究計画を履行することの難しさを明白に自覚しており、そしてそれを実現する上で何が欠けているかを挙げることができた、という注目すべき事実が対立しているからである。かくして彼の宗教理論の展開における、考えうるかぎりでの客観的な障害と矛盾とが問われなければならない。

2. 宗教の意義を発見する連関としての近代についての批判的理論

トレルチ自身は自分の宗教理論を概念化する難しさをどのように反省しているのか、という問題設定のもとに該当するテクストを読むと、彼の論証戦術の注目すべき連続性が確認できる。この主題についてのトレルチのあらゆる言表の根底には、歴史的活動と体系的活動の相互的関係づけの一定の姿がある。まずトレルチは、宗教理論の体系的展開は必然的に一定の歴史的予備研究に依存しているということをその都度強調する。その際それとつねに新たに結びついているのは、歴史的分析という媒体においてなされる宗教哲学の諸前提についての解明はますます複雑になり、したがってより広範な、必然的に方法的にも細分化した研究が不可避的であるという確認である。それゆえ、宗教哲学は歴史的意識の長椅子の上でますます先送りされる。しかしなぜトレルチはそのような歴史的予備作業を放棄できないのであろうか。こうした歴史的予備作業が放棄できないのは、近代文化の条件下では、近代的意識特有の構造を知った上でのみ宗教について語ることができるからである。ところで、そのような知識はもっぱら歴史的分析の道において獲得されうるはずであるということは、トレルチの理論綱領の特徴に属している。自らの発生を歴史的に現在化することは近代的意識の自己了解の主たる様式である。その結果、そのような歴史的知識は、一般に近代の文化的諸条件のもとで宗教がいまなお可能であるかどうか、またどの程度可能であるかどうか、といった問いを間主観的に到達可能な答えに導くことができるための条件である。近代の歴史的文脈における宗教哲学は、トレルチによれば、宗教の納得性を、それ自身の一定の場所の外部でも、それゆえ特に教会ノ城壁ノ外デ(extra muros ecclesiae)、示さなければならない。この問いと、それに適切に回答することの難しさをますます徹底的に洞察したことは、いわば彼の著作の途方もない生産性を駆り立てる中心である。

遅くとも一九世紀から二〇世紀へと転換する頃から、トレルチは近代文化をひとつの原理からのみ還元主義的に導出し説明することの実際的な不適切性を、ますます感じるようになった。当時の近代的・実証主義的な神学によって企てられ、その後好んで伝承された、トレルチを近代的主観性の勝利の歴史を宣布した人物へと、それどころかあらゆるものを調和的にするブルジョア神学者へと様式化するやり方は、彼の問題意識を過小に規定するものであると指摘することができる。かかる過小規定はおそらく過度に投影的な神学的構成主義の支配的関心のせいであると言ってよかろう。まずは一九世紀の神学史[12]と啓蒙主義[13]についての歴史的研究の文脈において、いわゆる《近代》という時代がきわめて異質的な諸傾向をもった、それ自体において最高に複雑な文化連関であることを、トレルチは発見する。なぜなら、近代的意識特有の解放の要求を定義する個性文化の解放は、おのが帰結によって打ち消されるからである。近代の基本構造に対するますます批判的な洞察は、彼のテクストのいろいろな箇所に特に可塑的に浮かび上がってくる。これらの箇所は、少なくとも幾多の二〇世紀神学史においては、好んでブルジョア文化の泥酔状態の牧歌として描かれる、ヴィルヘルム時代のハイデルベルクの神学者のものというよりも、むしろスターリン主義と国家社会主義の経験によって刻印された「フランクフルト市民」のものであると言いたくなる。だがトレルチ自身の時代受容は、断じて自分が生きている現代を牧歌的に美化するものではない。この第二のテーゼはふたつの点で模範的に解説されるべきである。

(a) 近代特有の個性文化が資本の支配によって脅かされていること

すでにトレルチの比較的初期のテクストにおいて、近代世界についての数多くの規定が見いだされるが、それらは個性化（Individualisierung）の概念にその総括的な表現を見いだす。トレルチは近代文化がさまざまな種類の伝統的拘束からの個人の解放の多様なプロセスによって本質的に刻印されているのを見る。近代精神の歴史は、純思想史的な関連において適切に再構成されることはできず、むしろ――神学内部における従来の歴史記述《ヒストリオグラフィー》とは明確に異なって――「文化史的方法による」[14]加工を必要としているという、すでにゲッティンゲンとボンで主張された歴史的・解釈学的綱領を、いまやハイデルベルクでより詳細に実体化しようと試みれば試みるほど、それにもかかわらず彼は個性文化の概念で近代を一次元的に把握することの不適切性をますます強く認識するのである。近代的思惟はその全体性において、非常にさまざまな精神的伝統のそれ自体において不統一な変質過程を発展させたり構成したりしているので、個性文化の分析的中心概念もまた必然的にますますひどく細分化される。個的主体のあの自由についての、ないしは宗教的・教会的かつ政治的・支配的な後見ならびに直接的な社会的統合からの個的主体の解放についての抽象的・普遍的な議論は、個的自由についての複数の、それ自体においても複合的構造を有する規定の細分化された相関のモデルから切り離される。このモデルに固有な発展容量は、歴史的素材にさんざん手を加えて獲得された洞察を考慮に入れることをトレルチに許す。その洞察とは、近代ならびにその歴史へと至る道は逆走する自由構想の未だ破棄されていない相剋と、それらを総合しようとする入れ替わり立ち替わりの試みを表わしている、というものである。

（トレルチがあまり精確でない仕方でこのように名づけることもできような）さまざまな「個人主義の類型」[15]についてのそのような研究に対応しているのは、一方では近代にとって構成的な基本的な自由の諸要求と、他方ではその実現化において生み出される、個的自由空間の政治的・社会的破壊との間の識別である。トレルチは注目すべき徹底化の傾向を発揮して、近代的「発展」に固有な「相剋性」[16]を際立たせる。「近代人のあらゆる感覚と思惟のまったく途方もない個別化」[17]は、啓蒙主義とイデアリスムスの綱領であったが、これは帝国主義的な権力国家によって脅かされ、そして「個々人の尊重」[18]の代わりに、いまや「《資本》という非人格的な抽象物」[19]の自由主義的支配が出現した。「もし個人と人格の価値がこれ（すなわち、近代の政治理念）によって高まるとすれば、それらは資本主義によって低下する。資本主義には大体において非人格化の作用がある。政治的＝法的個人主義、交通・居住の自由、個人が自分自身を好きなように扱える自由、これらが資本主義の前提であって、これがなければ資本主義は成立できなかったし、それゆえこの前提を、自分に有益であるかぎり保持しようと努める。しかしこの自らの前提をたえず繰り返し破棄しなければならないのが資本主義の運命である。資本主義は個々人をただ企業家また労働力としてしか見ず、この両者を《資本》という抽象物の仮借なき論理に服せしめる。この抽象物はその非人格性をいたるところに広め、人格としては資本主義の勇敢な傭兵隊長しか残さない。資本主義は大企業の回りに雪だるま式に新しい従属関係を膨れ上がらせ、古代の奴隷関係や中世の隷属関係との類比物を創り出す。しかも近代の従属関係には、これら昔の形態にはあった人格的要素が全くなく、国民と国家とは国際金融資本への従属から逃れられないのである。こうして資本主義は個人主義的政治理念の全傾向に……逆らう」[20]。これは明らかにマックス・ヴェーバーの「鉄の檻」[21]を理論的に普遍化し、そのかぎりでは急進化したものである。ヴェーバーが主として近代の経済的システムに即して指摘した自由破壊の傾向は、トレルチによってより原理的に捉えられる。なぜなら、トレルチは近代のアンビヴァレンスについての経済的規定を、時代の学問的世界像における主観性の漸進的解体についての包括的な理論史的分析と結びつけるからである。マックス・ヴェーバー、ゲオルク・ジンメル、ヴェルナー・ゾンバルト、ならびに同時代の歴史的方向性を有するさまざまな国民経済学者たちよりも強烈に、トレルチは多くの分析的地平において個的自由が脅かされている状態を同時に主題化している。

(b) 科学的意識の決定論と歴史からの個人の排除

「無神論と唯物主義の諸対立に対向してのキリスト教信仰の基礎づけ」[22]という有名なボン講義においてすでに、トレルチは心性史的に重要な結果を伴う脅威について記しているが、この脅威は自由の理念の理論的正当化をめぐるあらゆる今日的労苦にとって、自然科学的世界像から由来するものである。実証主義とダーウィン主義、機械論と自然主義は、世界を因果のメカニズムによって制御された制御連関と見なす見方において収斂する。この制御連関においては、個々の事象は普遍的法則によって完全に決定されている。しかしそのように啓蒙主義的・理想主義的な人間の世界を科学的な事実の世界へと規定し直すことは、自由に行為する主体の効果的な世界形成能力についてのあらゆる表象を、単なる仮象へと貶めるものであり、それゆえ人倫的・理性的行為の理念とともに、同時に歴史的実践一般も時代遅れのものになる。「数学的・機械論的自然科学」の「絶対的一元論」が「現実の厳密に閉じられた円環」[23]から精神を排除し、精神からそれ独自の実在性としてのあらゆる自立性を奪うかぎり、トレルチがすでに一八九三年に強調しているように、現実的な自由の思想もまた必然的に解体せざるを得ない[24]。けれども自然科学的な主体破壊を自律性理論によって批評するメタ批判に関連したボン時代のキリスト教宗教の弁証学は、まだ相対的に楽観主義的である。「小さな言葉が敵を破滅させることができる。すなわち、われわれが知っているようなあらゆる法則をともなった自然というものは、ただわれわれの精神のうちにのみ存在しており、ある点ではまさに精神の産物、精神の表象であるということである。精神はどんなことがあっても人間に意識されるあらゆる現実における第一のものである……」[25]。その後トレルチがそのようなあまりにも漠然とした「ある点」をより厳密に規定しようと努めれば努めるほど、あるいは西南学派の新カント主義によって主張された、破棄しがたい精神と自然の二元論という立場を自分のものとしようと努めれば努めるほど、それにもかかわらず彼は、精神の不可還元性を直接的に要求することの正当性を理論的に証明することが、いよいよもって難しいとますます強く認識する。トレルチが一生の間つねに新たなスタートを切りながら劇的に強調したように、このことは個的な行為主体としての人間にとって破滅的な結果をもたらす。すなわち、因果法則に従って自動的に作動する普遍的な自然連関に対する無力は、必然的に相対主義的な懐疑主義、運命論的な無感動、ならびにあらゆる人間的自己価値感情の衰弱というきわめて憂鬱な気分において表現される。「あらゆるものを呑み込む自然哲学的諸概念」によって表示される近代特有の思惟空間においては、人間は世界の中心から原理的に主体から独立した現実性の自然的システムの外周へと移動する。しかもこの自然的システムはもっぱら人間に内在的な自ら自身の法則性にしたがうのである[26]。

そのような人間の主体としての地位の自然主義的な解体は、避けがたい仕方で人間のあらゆる歴史的行為能力の急進的な無頓着化においても表される。社会史記述の方法的問題をめぐってなされたドイツ歴史学の最初の大きな理論的討議の連関において、つまりいわゆるランプレヒト論争において、トレルチはカール・ランプレヒトが歴史的過程の決定要素を主体から完全に独立した進化論的法則へと存在論的実体化することに対して、たしかに批判的に反対している[27]。しかしながら、人間は自然の王国において経験された朧気な依存状態から、明るい歴史の王国において自らの自由へと復活するという、イデアリスムスによって刻印された一九世紀の歴史神学の信仰を、彼はまた共有することができない。すなわち、歴史は自由な有限的精神の活動の場ではなく、超個人的な歴史的主体の盲目的な生成消滅の空間である。ブルジョア社会の石のように硬くなった状況をプロレタリアートによって流動化するという、自由の実現の問題についての古典的なマルクス主義的解決を、トレルチはそれゆえ見かけだけの解決としてきっぱり拒絶する。「歴史の歩みは全くひとりでに抽象的必然性によって駆り立てられると考える……社会民主主義の非人格的な運命論的歴史哲学」は、自らはまだ資本主義の「影」のもとに立っている。資本主義は「社会的原子から新しい依存的な大衆を集結させるか、あるいは彼らを自分の予備軍として確保」しようと努めるかぎりにおいてのみ、「原子化と個人主義化」(28)の作用をする。それのさまざまな革命主義的変種も含めて、マルクス主義に対するこうした批判は、(29)トレルチの理論形成の複合性がより一層高まっていくことを意味している。かくして彼は近代において個人が脅威に晒されている状態を、地球物理学的な隠喩法を用いて、人類文化一般の自然史的消滅にまでも急進化することができる。宇宙の不可避的な破局はタイタニック号の沈没をもっと上回るものである。そして近代の社会形成物の化石とも言うべき、『社会教説』の未完の終わりのあの有名な「岩」において経験できる《苛酷な現実性》(30)は、さながら自然的規定性におけるあらゆる生の永遠の厳しさを演じて見せる有限的前奏曲のようなものにすぎない。「われわれの博物館に収められている大規模の先史時代の収集品のひとつをかつて見学したことのある人は、太古の時代の果てしなく多数の遺物を目のあたりにして、次のような問いをほとんど避けることができないであろう。すなわち、われわれ以前の多くのものがそうであるように、われわれもまたいつかわれわれの時代が歴史上の一日となる日を体験しないであろうか、という問いである。なんらかの原因による極の変動によって、われわれの文化全体がいつの日か再び氷河時代の暗黒へ沈み込まないであろうか。そのような可能性を考えると、われわれはあらゆる歴史的存在の虚無性についての恐ろしい印象に襲われる。このような可能性は避け得ないものである……。通常は、黄金時代に至るまで間断なき進歩が続くという考えによって、その問題が扱われるが、このような考えに対しては、最後にはもはやいかなる進歩もないであろうという、はるかにきびしい洞察に眼を向けることが……肝要である」[31]。社会の腐敗と自然の滅亡に委ねられている個人にとっての救いは、およそ存在するとすれば、せいぜい歴史の彼岸に、つまり神において、かろうじて存在することができる。

トレルチのいわば黙示録的シナリオにむしろ距離をおいて対立している人と雖も、次のことをうまく論駁することはできないであろう。すなわち、近代的主体の危機を叫ぶことは、トレルチ以後の神学の特にオリジナルな偉業ではないし、あるいは品質商標ですらないということである。トレルチ以後の神学の代表者たちは、危機意識を力を込めて生み出すことで、超個人的権威の新しい構造を建設するのに有利になるように第一次世界大戦の経験を加工し、したがって彼らのうち数名の者は、人間の自律性から帰結する問題をそれを一時停止することで片づけようとした。それにひきかえ先に引用されたトレルチの箇所は、ことごとく一九一四年以前に書かれたテクストに由来している。世界大戦の出来事と全力で取り組むことで、歴史的脅威に晒されている個人を問題とした彼の記述に、その後一定の急進化が生じてくる。それゆえわたしは第三の、徹底的に挑発的な意図すらもったテーゼを主張したいと思う。すなわち、二〇世紀の神学者たちのうちでエルンスト・トレルチこそは真の意味での危機神学者である。彼は二〇年代に登場する多くの「危機の神学者たち」[32]に、危機意識の広がりないし強さに関して、何らかの仕方で量的ないし度合い的にはるかに優っている、などと言おうというのではない。けれども、近代の危機的傾向を規定するためのトレルチの分析的能力は、彼に続く世代の神学者たちのなかの、彼に批判的な大家や断固たる批判者のそれよりもはるかに精確である。かなり熟考された不快感（これはおそらくティリッヒにのみ当てはまる）であれ、あるいは大抵の場合のようにあまり熟考されていない不快感であれ、トレルチによって所与の文化に対して、そのような不快感が全く高飛車に宣言されることはない。むしろ彼はブルジョア的・資本主義的社会の発展のなかで呼び起こされた危機を分析的に明確に把握しようと努める。だがこれは近代的意識そのものの場所へ赴くことを厭わない程度に応じておよそ可能なことである。文化的拡散と没落的メンタリティーをもった後期の宗教的ならびに神学的表現形態との相違は、そのときどきに可能な社会分析の的確さの度合いに関してのみ注目に値するのではなく、神学的な観点においても大きな意義を有している。この相違は、従来われわれの世紀の神学史の内的歩みの再構成のために役立った範疇においては、神学概念についてのさまざまな立場をもった解釈の競合という意味で、あるいは方法上の相違として捉えられる。しかしながら、方法的相違はまた異なった内容を表している。近代についてのマルチ・パースペクティブな分析を、そのかぎりではまたそれ自体において複数の分析を、得ようとするトレルチの労苦は、いずれにせよすでに一定の内容をもった綱領のひとつの表現として理解されなければならない。すなわち、文化科学的におよそ可能なかぎりの精確さをもって近代の危機を規定すべきであるとの分析的要求のなかに、それを構成的に克服しようとする基本的関心がはっきり表現されている。つまり、近代的自由意識の要求の水準も、すでに到達されたその実現化の水準もともに下回らないような仕方で、近代特有の危機現象を扱おうというのである。すでに第一次世界大戦以前に、トレルチは「世紀末の文化批判」[33]についての数多くの言述において、次のように強調している。危機現象ならびに危機傾向が歴史的・解釈学的に捉えられるのではなく、あらゆる歴史的な媒介連関から脱出できるとの情念において単に厄払いされるところでは、自己を悲劇的主体へと仕立てているとの致命的外見を、あるいは危機を補完する退却的メンタリティーをほとんど超え出ることがない。けれどもそのようなメンタリティーは、それが同時に距離を置かなければならないものを、否定的に肯定することによって生きているので、自分だけが危機を逃れた彼岸にいるかのように様式化しようと努めることによって、どんなにうまくいっても危機の恒常化に特別な貢献をすることになる。近代の歴史によって惹き起こされた、個的主体が脅かされている今日の状況を、学問的合理性にできるすべての手段を講じて歴史的に細分化して捉えることは、それにひきかえつねに、その状況を最終的に克服する諸可能性を、歴史を媒介にして、そのかぎりでは政治的・社会的に規定できる仕方で、同定しようとする構成的関心の表現である。歴史的理性を欺けないことの強調、学際的開放性のために神学の純教義学的思惟形式を制限することなどのように、トレルチの神学にとって重要な方法的な根本的決断からしてすでに、彼が近代の危機を孕んだ歴史そのもののなかに、また近代の危機を孕んだ歴史そのものを手がかりにして、危機克服のための潜勢力を名づけることができるように、いかに全力を傾注して骨折ったかが認識できる。

近代の発展が危機を孕んでいるという洞察は、トレルチの時代分析にとって根本的であるが、かかる根本的洞察は彼の宗教哲学の特別な課題の規定にとって、重大ながらも徹底的にアンビヴァレントな結果を惹き起こす。つまり一面においては、近代的意識についての、ならびにその世界形成の結果によって生み出された個的主体が脅かされていることについての歴史的分析は、宗教の主題へと導かれる。この点に関してトレルチがもたらした注目に値する調停的業績は、次のような定式に要約することができる。すなわち、近代史の今日的状況に固有な危機を孕んだ状態は、宗教が特別の意義を有しているとの発見の最も重要な連関を表している。近代の分析において獲得された洞察に対応して、トレルチはそれゆえ自分の宗教哲学において、宗教を個人に敵対的な近代の諸勢力から個的主体を救済する主要な場として規定しようとする。他面においては、このような理論綱領の実現化は、自由は脅かされうるという近代に内在的な可能性についての知識によって、同時に重要な結果を伴いつつ再び困難にされる。なぜなら、近代文化の内的多層性を認識する度合いに応じて、トレルチはこちらの近代とあちらの宗教との関係を、単なる対立《アンティテーティク》という意味においても、あるいはひとつの世界像が他の世界像によって取って代わられる進化論的図式《シェーマ》においても、もはやけっして規定することができないからである。啓蒙主義のパラダイム変換によって後者が前者の場所をきっぱりと占めるようになったという意味で、宗教的意識と近代的意識との関係を一次元的に構造づけることは、歴史という媒介を用いて仕上げられた現代的状況の評価の内的複合性にとって外面的なものにとどまる。したがって、宗教的意識と近代的意識との間に連続性がありうるかどうかという問いは、ますます強力にトレルチの歴史的研究の中心へと移動する。宗教と近代を直接的に対立するものとして規定する可能性が消え失せてしまった以上、両者を調停する可能性についての分析は、両方の意識形態のうちにその都度含まれている相互的な解釈連関という意味での、両者の内的関係の問題へと向けられなければならない。すなわち、宗教的意識を構成する要素は近代的意識において全く無に解消されてしまうことはできず、したがって前者は後者のうちに見いだされることができるし、また逆に宗教的意識は近代的意識とも両立しうる自由の意識の一定の形態であることが証明されなければならない。

3．個的自由の構成の場としての宗教

トレルチの宗教哲学的研究は、近代の文脈においても宗教の必然性が存在するという、シュライアーマッハーの理論綱領を包括的に復権させることを目指していると、すでにトレルチの神学的同時代人たちによってたびたび主張されていた。けれども現代の診断に基づいて、トレルチは主体の内世界的な場を、彼の偉大な模範たるシュライアーマッハーと比べものにならないほど、きわめて不安定なものと見なす。したがって、彼は宗教の必然性をシュ

ライアーマッハーよりももっと強力に文化実践的に基礎づけようとする。マルクス以後の条件下で必然的により急進的に捉えられなければならないとはいえ、シュライアーマッハーとヘーゲルの根本的意図を受け入れて、トレルチは宗教的に規定することのできる個人の自由が、近代特有の社会的脅威に晒されているにもかかわらず、政治的・社会的関係においても確認できるものでなければならないことをはっきり見てとる。だがこのことは彼の宗教理論を実質的に遂行するために重大な困難を伴っている。

宗教哲学のためのトレルチの綱領のもくろみにおいては、個々における重要な相違にもかかわらず、一定の連続性が認められる。宗教哲学は一貫して四つの異なった理論的次元を有する分類モデルにおいて構成される[34]。実質的宗教哲学を四つの叙述レベルの図式にしたがってこのように区分することは、一八九五年から九六年にかけて出版された有名な論文「宗教の自立性[35]」においてすでに確認されうる。ところでその四つの叙述レベルとは、単に機能的な規定という意味で何らかの他の生命現象から導出されることのできない、特別な生命領域としての宗教特有の独自性についての理論的説明に、それぞれ一定の仕方で役立つ。四区分図式はこれまで知れ渡るようになった、宗教哲学に関するトレルチの講義のすべての口述筆記に見いだされるし、ハイデルベルク時代に構想された宗教理論のための数多くの出版物だけでなく、ベルリン時代の若干の明白に宗教哲学的なテクストの基礎にもなっている。トレルチは四つの異なった叙述レベルの関係を規定することに関してだけでなく、自分の念頭に浮かんでいる全体構想の個々の部分の特別の業績を規定することに関しても、たびたび自分の立場をずらすが、それにもかかわらず以下の点では初期の宗教哲学的綱領のもくろみに忠実であり続ける。すなわち、彼は宗教哲学の課題を全体としてはつねに、理性的に証明されるべき宗教の自立性の方向において記述し、そしてしかる後そこから——経験的・事実的な宗教の独自性から出発しつつ、次第に個的主体にとっての宗教の必然性に気づくための手段として——四区分図式を導入する。

宗教哲学は「われわれが宗教と呼んでいる精神現象の、しかもできるだけ純粋かつ即事的に捉えられた精神現象の分析[36]」を目指しているので、そのかぎりでは宗教哲学は必然的に、経験的に与えられた宗教の現状についての包括的な宗教心理学的調査をもって始めなければならない。できるだけありのままに客観化された宗教についての現象学的記述と「確定[37]」を通して、宗教心理学は宗教的なもの特有の同定基準を獲得しなければならない。つまり、すべての文化における宗教的要素ないし持ち分を爾余の文化的実践から区別することを許す、そのような規定を獲得しなければならない。宗教心理学的な研究計画[38]は、対象の歴史的・生命世界的複合性を目のあたりにすると、広範であるばかりかまた実現するのがきわめて難しいが、そのかぎりではそれは、社会的実践の爾余の行為から区別されうる独自の生命現象としての宗教が存在するという、いわば経験的な証明を目指している。トレルチの宗教哲学は現実に存在している宗教を、それに固有な爾余の文化との相違において、叙述へともたらそうと努める。

しかし宗教のそのような事実上の自立性は、宗教の妥当性要求を十分に正当化するものではない。「生きられた宗教」が存在するという事実は、それに対して申し立てられた「理性[39]」をまだ基礎づけはしない。宗教心理学はそれゆえ必然的に宗教の認識論を含んでいる。宗教の認識論は宗教的意識の妥当性要求の間主観的に媒介できる基礎づけを展開すべきである。宗教心理学によって宗教特有のものであると主張された「心理的な出来事」の、そのような「妥当性の価値あるいは真理価値を求める認識論的研究[40]」は、一方ではまさに宗教そのものの関心において放棄できない。だが他方ではまた、トレルチによってはっきりと避けて通れないものとして主張された、近代的な、主としてカントを通じて定義された認識論の条件下で要求されなければならないような、そのような理論的一貫性を宗教に付与することも同様に難しい[41]。かくして宗教哲学はここで「普遍的な認識論[42]」の難題に関与する。これらの難題はトレルチによってすでに九〇年代に挙げられ、それ以来引き続き手を加えられた問題において束ねられる。それはどの程度「確認された心理学の事実に基づいて一般に妥当性の判断が獲得されうるか」[43]という問題である。理性に内在的な「宗教的理念形成の先験的な法則」[44]――この法則は多くの理性のアプリオリのうちのある特定のものとして、同時にこれらの理性のアプリオリとの内的な連関を、そのかぎりでは理性の統一性を保証することができるはずである――を証明できるようにしようとするトレルチの労苦において、認識論の普遍的な問題へのそのような関与はその特有の表現を見いだした。しかしながら、こうした労苦についての以下に提示される洗練された解明を、その労苦は失敗に終わったというおきまりの（先入見的）判断を繰り返すことで妨げないために、ここでは以下のことを想起しておきたいと思う。それは普遍性の概念特有の論理性にしたがえば、普遍的な問題はたしかに、どんな理論にも独占的に加えることも、あるいはまた唯一認めないということも許されない、そのようなものとして規定されるべきだということである。

宗教哲学的認識論にとって構成的な宗教的意識への関係は、どっちみちすでに存在している認識論的問題の圧力をさらに高めるので、そのかぎりでは宗教哲学特有の認識論はまた、普遍的な哲学的認識論がかかえる根本的難題による重荷を超えて、むしろ容易ならざる理論状況にある。すべての近代的認識論が対象とするい、わ、ゆ、る意識は、遅くとも宗教的に構成された意識の特別の規定性が主題となるときには、まだ事実的な多数性をもった単なる抽象物としてのみ登場することができる。なぜなら、生命世界的実在性における宗教は、いろいろ異なった競合する宗教的な意識形態のアンサンブルを表しているからである。したがって、宗教哲学の内的経過は以下のように構想されなければならない。すなわち宗教哲学においては、一方では宗教的意識特有の真理要求は認識論的な合理性の概念において正当化され、他方では一元論は宗教的なものの多元的所与性にとって外面的なものにとどまるかぎり、このような合理性に内在的な抽象的一元論への傾向は阻止される。四つの叙述レベルは同時にまた並列されるか、ないしはひとつの閉じられた理論連関へと統合されなければならないが、かかる四つの叙述レベルの分化のうちに見てとれるように、全体的に見て、すでにトレルチの宗教哲学の独特の叙述論理は、そのような一元論を阻止することに彼が関心をもっていたことのひとつの表現として理解されなければならない。このような関心は宗教の認識論を、それゆえ第二の叙述レベルを、第三の、すなわちいわゆる独特の「宗教の歴史哲学」へと移行させるところに特に明瞭に現れる。このような一歩は、事実的な多様性を目がけて認識論的に閉鎖した合理性の限界をうち破ることとして、論証戦略的に再構成されうる。

なぜなら、純粋な認識論の限界内では、現実性の無限に広い広野、ないし（宗教の）歴史の汲み尽くしがたい大海は、どんなにうまくいっても遠近法的に短縮して知覚されうるだけで、その場合そのような相対性は、自分自身にとっては、もちろん絶対的な立場として現れるからである。高所に座っている原則主義者の、概念がはっきり見える望遠鏡も、周知のように、全体的ないし全面的により広範な眺めを可能にするものではなく、むしろその都度の視野をもちろん広範囲にわたって新たに制限する度合いに応じて、自然的な視力の限界をうち破ることができるだけである。このように、認識論の妥当性の範囲を批判的に制限する必要がある。宗教的生の立場の事実上の多元性——認識論は自らに内在的な論理性に基づいて、そのような多元性をまったく許容することができない——が破壊的に還元されるのを妨げるために、トレルチはそれゆえ宗教の妥当性の分析に、特に宗教哲学的な歴史哲学を連結しようとする。そしてこのような歴史哲学によって、宗教の歴史的・心理学的な実在性はあらたに実定宗教の多様性において主題的になるのである。

「宗教の歴史哲学」は、歴史的に実定的な諸宗教の所与の相違を抽象的な単一性の概念に気化させることなく、単一性と多元性との間を調停すべきである。それゆえ、歴史的な宗教の諸形態はここではとりわけ、あらゆる内歴史的な媒介連関の外部に位置している構成主義的な理性から、例えばそれの単なる顕現として、導き出されてはならない。トレルチはできるだけ「開かれた」態度でそれらの事実上の内容的相違を知覚することに関心をもっているので、むしろ宗教史の「規範的な目標」[45]を規定するための超個人的に有効な基準が、歴史からないしは歴史の内部で獲得されるような仕方でのみ、所与の多様性を単一性へ向かって規定しようとする。『キリスト教の絶対性』のふたつの版におけるこうしたやり方の模範的な実行は、周知のように、結局「最高価値」[46]という意味でのキリスト教の特権化に落着する。なぜなら、キリスト教はその個人的な目標設定からすれば、中心的には人格性の宗教として規定されうるからである。かくしてキリスト教は、すべての宗教の個的自由に対する関心がこれまでのところそこにおいて最も強烈な表現を見いだした宗教の歴史的形態を表している。歴史的に実在する宗教に対して開かれた態度を取ることを目指したので、トレルチは必然的にこの「これまでのところ」という箇所を強調しなければならないし、したがってまたキリスト教の完成可能性という伝統的・啓蒙主義的なモデルを超えて、宗教史的発展はおそらくキリスト教をおよそ超越してゆくとか、あるいは宗教の将来は開かれているといった、宗教史に関する第二の啓蒙を代表する思想を構想しなければならない。けれどもまさにそれに該当するトレルチの後代のテクストは、この思想そのものは神学的思想と見なされなければならないということを認識せしめる。なぜなら、例えばトレルチの「ヨーロッパ主義」の構想が示しているように、キリスト教の宗教史への、そしてここでは特に近代プロテスタンティズムの宗教史への明確な関係なしには、この思想はおよそいかなる実質的展開もなし遂げることができないからである。いまではキリスト教の考えうる歴史的限界についての、学問的に証明できる、つまり主として歴史的・批判的な神学理解の条件のもとで放棄できない規定は、キリスト教がそれによって中心的に定義されている、個的自由の理念を知覚するという行為である。トレルチや彼の世代と比べて「より少壮の」、二〇世紀の神学を代表する重鎮たちが発展させた神学概念は、これと比べると大抵ははるかに謙虚さを欠き、また部分的には判決主義的・帝国主義的なものであるが、このことはわけても彼らのそうした神学概念の解釈においても否定的に示されるであろう。いわば政治的状況の力によって彼らに押しつけられた秘密情報部員——彼らは近代的意識という敵の領地にひそかに送り込まれ、いまやここで反啓蒙のためのアジ活動を行なおうとする——のスタイルで、少なくとも彼らのうちの何人かは自由思想を個的主体への関係から断固として切り離し、そしてそこですべての個的なものを抽象的普遍性の絶対的優勢のために犠牲に供した。

宗教の歴史哲学の内部では、個的自由に対する宗教特有の関心は、主に宗教史との関係に関して、そしてここでは特に人格性の宗教としてのキリスト教との関係に関して、主題的になる。だがそれによっては個的自由そのものはまだ十分に把握されていない。個的自由は、すべての宗教に含まれている形而上学の包括的な再建という枠組みにおいて、はじめてふさわしい仕方で規定されることができる。このような宗教の形而上学はそれゆえ、個的主体性の構成理論を目指すのであるが、これはその論証展開の過程において、同時に現実性の普遍的な構成理論との、つまり事実上は存在論との一致を証明しなければならない。トレルチはこの形而上学の必然性を、すべての宗教的意識にはつねに現実性についての一定の見方がすでに固有のものとして備わっている、というやり方で基礎づける。しかしながら、宗教は実在性意識の唯一可能な形態を表すものでも、それの唯一現実的な形態を表すものでもない。そして特に近代的な条件下では、いろいろな競合する世界像が宗教的な現実性の見方を、いまにも周辺化《マーギナリジーレン》しようとしている。それゆえ、宗教的な現実性の見方に対して普遍的拘束性の要求の正しさが証明されうるのは、ひとが宗教的意識の特殊的な実在相応性（Realitätsadaquanz）を示すことができるかぎりにおいてのみである。したがって、現実性の内的構造に関して、宗教のパースペクティブにおける実在性が唯一ふさわしいものであるか、あるいはそうではないとしても、きっぱり非宗教的な認識態度におけるよりも少なくともよりふさわしいものである、ということが証明されなければならない。

まさにこのような証明を宗教の形而上学は行なうべきである。それは、次のことを証明する論証能力を備えていなければならない。すなわち、宗教的意識にとって固有な、個人の固有の権利に対する断固たる主張は、社会的普遍性の審級に対する非現実的な対抗勢力の無分別な、何の結果も生まない誓約に堕するものではないということである。そのように意図された「宗教の形而上学」がトレルチの宗教哲学全体にとって有する意義は、それゆえ近代社会の内部における個人の不安定で容易ならざる状況の分析との関係においてのみ、適切に把握されうる。社会科学における宗教的意識の伝統的知覚方法を包括的かつ批判的に再建しようとする連関において、フォルカー・ドレーゼンは近代特有の、つまり資本主義的・合理的な支配に対するトレルチとヴェーバーの理解と結びついている、宗教に対する「関心」を次のように精確に記している。「人間を即物的に意のままに使うことに反対して、また人間を手段化し機能主義的に還元することに反対して、宗教は人間のアイデンティティーを、声の大小の差はあれ、事実に抗して、つまりいわば自然発生的な社会的所与にたじろがずに有効ならしめる」(47)。ここからして宗教哲学的形而上学は、個人の固有の権利についての宗教的に媒介された知覚を、社会的事実性に単に反対するだけの運動を超えて、現実性の実在相応的な見方として証明できるようにしようとする、批判的関心の仕上げとして捉えることができる。なぜなら、特に近代特有の歴史的状況に関して宗教に帰せられる個性機能は、それが現実性の真実の見方の一定の表現として理解できるようにされうる度合いに応じてのみ、納得のゆくものであると見なされることができるからである。かくしてまず事実に対抗する仕方で確立された宗教の個性機能を、より高次の事実性についての知覚として証明することが、宗教哲学的形而上学の主要な課題である。このことに成功するかぎり、宗教的意識の特殊的な実在相応性はそのときに積極的にも説明されうる。それによって同時に、この形而上学の方法的やり方とそれの内的構造に関しても決定がなされている。すなわち、この形而上学は世界現実性一般の組織化的な構造原理としての個性（Individualität als organisierendes Strukturprinzip von Weltwirklichkeit überhaupt）を叙述にもたらすべきなので、それは還元主義的な一元論の意味において、あるいは固定された実体概念からの原理論的構成として、展開されてはならない。すでにその構想において、ならびにその実行の仕方において、有限的・個的な主体の事実上の「多元主義と自由」[48]に考慮が払われなければならない。このような要求のもとに立っている形而上学の実質的展開が無数の容易ならぬ問題を伴っているということは、その際トレルチによってけっして誤認されてはいない。歴史における本当に新しいものについての、ないしは主体の独創的な歴史的生産という意味での有限的自由についての思想を同時に思考することを許す、そのような普遍性と特殊性の調停がどの程度説明されうるかということは、例えば彼にとって形而上学的構想の「主要問題」[49]のひとつである。

一八九一年二月にゲッティンゲン大学の教授団の面前で擁護した学位論文のテーゼにおいて、「宗教哲学的形而上学」（religionsphilosophische Metaphysik）をはっきりと要求していたにもかかわらず[50]、トレルチがその計画された宗教哲学的形而上学を自分で仕上げることができなかったということ、そして彼の晩年の著作にはこれについての沢山のほのめかしと綱領の定式化しか見いだされないということは、そのような問題の圧力と重みに帰されてよいであろう。けれども、彼の形而上学が単なる綱領にとどまってしまったという事実にもかかわらず、トレルチは自分の形而上学の根本思想をこれまでずっと用いている。あたかもこの思想がすでに論証的に保証され、その前提と結果に関して実質的に展開しているかのようにして。ベルリン時代のさまざまな歴史哲学的研究は、やがて

『歴史主義とその諸問題』第一巻に大部分収録されたが、特にこうしたベルリン時代の歴史哲学的研究において、トレルチは個性をあらゆる現実性の存在論的根本構造として記述し、そしてまさにここで展開されたヨーロッパ主義と文化総合の構想に対しても、実質的歴史哲学の論証の枠においてはじめて彼独自の情報が提供されうるはずの洞察の明証性を、すでに彼は主張している。『歴史主義とその諸問題』の序言において、トレルチは「あらゆる哲学的諸科に触れる……わたしの宗教哲学」をはっきりともう一度予告している。(51) トレルチの死の直後、当時まさに『対象と方法による諸学問の体系』――本書を彼は後に「エルンスト・トレルチの思い出」に献げた(52)――を執筆していたパウル・ティリッヒは、この予告は「敬愛する師」の一種の体系的自己欺瞞であると宣言した。(53) このような主張はトレルチについてよりもむしろティリッヒについてより多くを語っていると言ってよいであろう。わたしはそれゆえ、トレルチの思惟が批判を超越した構成に関心をもっていたことは異論の余地がないにもかかわらず、それは構成的な出発点と体系的な締めくくりをも欠いているという、ティリッヒによって一九二三年すぐに何度か定式化されたテーゼを、(54) 体系的な問いへと引き戻すことを提案したい。すなわち、個性の形而上学 (Metaphysik der Individualität) は一般的にどの程度理性的であることが証明されうるかという、シュライアーマッハーの理論綱領に積極的に義務を負っていることを知っているすべての神学者に向けられるべき、おそらく根本的な問いに変ずることを提案したい。

　トレルチの念頭に浮かんでいるそのような形而上学の構想の主要な課題は、個的主体の自由をその宗教的関係から、つまり自由の超越的基礎への関係から発展させることである。トレルチ自身がこの主題について提供する情報にしたがえば、宗教の形而上学はしかしそれによって必然的に論証的な媒介可能性の限界に行き着く。トレルチはそれゆえ非合理的なものの侵入箇所についても語る。けれどもこのような侵入箇所は、一見したところでは、比較的後期の弾痕に似通っているように思われる。なぜなら、——シェリングの積極哲学の論証方法の受容においても注目に値する仕方で主題化されている——自由の超越的基礎の非合理性は、トレルチによってこの基礎の純論理的な自己把握という理論に移行させられないからである。それについての独自の合理性の要求はおよそ非合理的な基礎づけの構造についてのみ可能である。トレルチによって非合理的なものへの単純な誓約がなされ、そこにおいて論証的な理性が一時停止されるということも起こらない。むしろ彼はまさしくこの点について生涯にわたってひどく骨を折るのであるが、それは彼が超越的基礎の理性的な規定可能性に関して、恒久的な自己異議という理性的制御に身を晒さしているからである。このような自己異議は次の問いにその中心を据えている。すなわち、宗教は個的主体の自由の主要な場であるという自らに帰せられた仕事を、近代的な、ポスト啓蒙主義的・批判的な意識一般の条件下で、いまなお知覚することができるかどうかということである。トレルチは神学的教義学において生み出されるような、純粋な宗教の理想像をつくり出すことによってそれを妨害しないという点において、この問いがもっている即事的な重要さを正しく評価しようと努める。ここにスケッチされたトレルチの宗教哲学的綱領の多次元的な構想は、宗教心理学と宗教哲学的歴史哲学の内部で主題化したような、経験的に与えられた宗教に対して、宗教は自らに理論的に約束された特別の仕事（個性機能）を、一般的にあるいは少なくとも傾向的に、いまなお履行することができるかどうか、またどの程度できるかと問いかける、きわめて困難な課題に彼が着手しようと欲していることを、むしろ明確に認識せしめる。宗教の文化的現状は心理学的ならびに社会学的な範疇においても解明されなければならない以上、しかし教条主義的に単純な答えはここでは与えられない。社会科学的な解釈の模範が統合される度合いに応じて、この問いに答えることの難しさがむしろ必然的に大きくなる。なぜなら、所与の宗教は主に「宗教的なものと非宗教的なものとの無数の外的な結びつき」を分析することによってのみ解明されうることが、そのときに示されるからである。「《純・宗教的》なものは理論家と少数の内的に深く感受する魂に対してのみ存在する。生活の市場には、宗教との結合によって保護され強められなかったような関心は存在しない。そして宗教において、本来的には、宗教によって実際にあるいは表向き保護されている別の事物を憎悪しなかったような宗教憎悪はほとんど存在しない」[55]。宗教が個人に対して自由を構成する特別の機能をもっていることの宗教理論的な証明は、宗教のこのような特有の文化的仕事は一般にいかなる社会的ならびに生活史的な関係において確認されうるかという問いの制御に、それゆえ絶えず晒され続けなければならない。

トレルチの宗教哲学的綱領の多次元的構想は、そのかぎりではすでに熟考された訂正戦略とすら解釈されうる。ひとはそれによって生み出された彼の宗教哲学の非完結性ないし開放性を、原理的失敗のしるしとして解釈することができる。これに対してわたしは、このいわば体系構成的な非完結性を宗教理論の文化実践的限界の打破の媒体として理解したいと思う。この限界の打破は経験的主体の歴史的行為能力の再獲得を主として目指している。そのような行為理論はもちろん決定的に重要な前提を主張する。すなわち、宗教が主体の急進的な社会的抹殺という「宗教的縁取り」[56]に堕さないためには、資本主義的近代に内包されている個人の脅かしという条件のもとにおいても、個人に対して実際的な行為空間が証明されうるということがなければならない。その意図にしたがえば、宗教理論と文化的生命世界の社会学的・歴史的分析との相互的関係性についての断固たる主張は、まさにこのことを果たすべきなのである。というのも、――当時のプロテスタンティズムにおいては稀な、高度の社会分析的ならびに政治的な感受性をはっきり示す――「実践的な文化総合」のプログラム（『歴史主義とその諸問題』の第一部で展開されるというよりもむしろほのめかされるようなプログラム）に関して、いかに執拗にトレルチがここで絶えず宗教理論的な諸前提を使用するかを示すためには、いかなる特別な解釈的業績も必要ないからである。実質的展開を見なかった宗教哲学のそのような権利要求のうちに潜んでいるアポリアは、いまや明確になったと言ってよいであろう。宗教の概念においてその中心に据えられた神学の課題に関して、特に現代の神学的対話の状況に関しても、それを説明しようとしてそのようなアポリアが最初に成立しうるような、あの神学的関心に気づくことのほうが、もちろんより重要であると同時により生産的であるように思われる。「それゆえ、わたしは——少なくともわたしの個人的な状況理解にしたがって——次のような結論をもって結んでよいであろう。われわれは自由の宗教的＝形而上学的原理を保持しよう。さもなければ自由と人格性とは、われわれがそれらや、それらに達する進歩を声高に自慢する瞬間に、駄目になってしまうであろう(57)」。

注

(1) さまざまな自立的に現れた研究に対する序言や、「私の著書」(一九二一年、一九二三年)のふたつの版の他に、この点では若干の書簡も得るところが多い。活字になって現れたトレルチの書簡は、『エルンスト・トレルチ著作目録』フリードリヒ・ヴィルヘルム・グラーフならびにハルトムート・ルディース編集・解説・註釈(テュービンゲン、一九八二年、二六一—二六四頁)において確認されている。出版主オイゲン・ディーデリクス宛の一九一五年六月一〇日の書簡(オイゲン・ディーデリクス『自己証言と同時代人たちへの書簡』リューディガー・ロベルト・ベーア序言、ウルフ・ディーデリクス編集、デュッセルドルフ並びにケルン、一九六七年、二二四—二二六頁所収)の他に、この間に見つかったゲオルク・ルカーチ宛の一九一二年八月一日(ハイデルベルク発信)と一九一七年一月一〇日(ベルリン発信)付けの二通の書簡が、これにつけ加えられるべきである。ゲオルク・ルカーチ『書簡のやりとり(一九〇二―一九一七年)』(エーファ・カラディ並びにエーファ・フェケテ編集、シュトゥットガルト、一九八二年、二九二―二九三、三九〇頁)。

(2)代表例を挙げれば、トレルチの宗教哲学的綱領にとって重要なテクストの「宗教ならびに宗教学の本質」は、三つの異なった版において存在している(一九〇六年、一九〇九年、一九一二年)(『エルンスト・トレルチ著作目録』七四頁以下参照)。

(3)特に、『カント宗教哲学における歴史的なもの。同時に、カント歴史哲学に関する研究に寄せる一論文』(ベルリン、一九〇四年)。

(4)宗教哲学に関する無数の文献報告と書評は、通常そのときどきに論評されている著作についてよりもトレルチ自身についてより多くを語っているが(この点に関しては、アードルフ・フォン・ハルナック「エルンスト・トレルチ――一九二三年二月三日の葬儀の際の弔辞――」、『研究されたものと体験されたもの――講演集ならびに論文集(新シリーズ第四巻)――』ギーセン、一九二三年、三六〇―三六七頁、特に三六二頁参照)、こうした文献報告や書評以外に、特にヴィルヘルム・ヴィンデルバント編集『二〇世紀初頭の哲学――クーノ・フィッシャーへの献呈書――』第一巻(ハイデルベルク、一九〇四年、一〇四―一六二頁)所収の論文「宗教哲学」を参照のこと。トレルチは一九〇一年の四月にフリードリヒ・フォン・ヒューゲルに対して、このテクストを「哲学のエンチクロペディーの構成要素としての宗教哲学の概要」として予告している(エルンスト・トレルチ『フリードリヒ・フォン・ヒューゲル宛の書簡一九〇一―一九二三年』カール–エルンスト・アプフェルバッハーとペーター・ノイナーによる序論ならびに編集、パーダーボーン、一九七四年、五八頁)。ところが実際には、トレルチによってほとんど統一的でないものとして特徴づけられた、「現在におけるこの学科の現状」(「宗教哲学」一〇九頁)を叙述する試みがなされているにすぎない。

(5)一九一一年一月六日付けの出版主パウル・ジーベック宛のトレルチの書簡(出版社J・C・B・モール〔パウル・ジーベック〕の公文書館《アルヒーフ》、未出版)、二頁以下。

(6)一九一一年一一月五日付けのパウル・ジーベック宛のトレルチの未出版の書簡、一頁以下。それに直接先立つ一九一一年一一月一日付けのジーベック宛の書簡において、すでに次のように言われている。「社会教説を片づけられれば、わたしは安堵するでしょう」(二頁)。またなかんずく、「社会教説」によっていまはじめて実現されたフォン・フューゲルの度重なる要求に関する、一九一二年二月二五日付けのフォン・フューゲル宛のトレルチの書簡と比較されたい。曰く、「ついにわたしは大部の書物を書かなければなりませんでした……。もちろん全体的に見れば、これとても準備作業であって、わたしの本来的な仕事ではありません。わたしの本来的な仕事は宗教哲学と倫理学であらねばなりません。そして信仰論とキリスト教倫理学がこれに続く筈です。これがわたしの計画です……。大体五年くらいで宗教哲学を完成させたいと願っています」(エルンスト・トレルチ『フリードリヒ・フォン・フューゲル宛の書簡』九二頁以下)。このことによってトレルチの出版活動における注目すべき連続性が認識できる。遅くとも一九〇四年三月中旬にP・ジーベックがハイデルベルクを訪れた際に、トレルチはこの「見通しに……とても喜んだ」出版主に「宗教哲学と信仰論」の予告をした(一九〇四年三月二三日付けのジーベック宛のトレルチの書簡、三頁。出版社の公文書館にその写しがある)。それに対応して、一九〇七年一二月二九日付けのP・ジーベック宛の書簡において、トレルチはなかんずく、『社会科学ならびに社会政策雑誌』にまず掲載された諸論文を、後日「独立した版」として出すためにもう一度手直ししたい意向を表明している(「ここではマックス・ヴェーバーの刺激を受けて、さらに若干の註釈を施す必要があるでしょう」)が、そこでは『歴史と現在における宗教』に寄稿した教義学の項目記事に関して、次のように言われている。「これらすべてのものの背後にある更なる計画はご存知の通りです。わたしは自分の宗教哲学を仕上げなければなりません。そしてその後で簡潔な概要において信仰論と倫理学を続けて出すつもりです」。このような意向表明はトレルチによって出版主に対して度々請け合われた。

(7)『宗教的状況、宗教哲学ならびに倫理学のために』著作集第二巻(テュービンゲン、一九一三年)。諸論文の収集についてトレルチは序言で次のような註釈を施している。「部分的にはまさにモノグラフィーであるこれらの論文は、一書にまとめてみると、わたしの念頭に浮かんでいる全体像を生み出す。そのような全体には多くの個別的研究と原理をつねに新たに考え抜くことによってしか到達できない。特にそこから新しい全体を得ようとする歴史的状況が明確になっていなければならない……。将来にとっては、このようにしてそのために基礎が作られている、宗教哲学と倫理学を仕上げることが肝要であろう。そしてその後、そのような宗教哲学と倫理学から発展されなければならない、信仰論とキリスト教道徳哲学を後続させることが肝要であろう。現在の精神的状況にとっては、宗教哲学と普遍的倫理学が決定的に重要である。しかし事柄そのものにとっては、当然ながら重点は宗教的・倫理的思想そのものの具体的完成に存している。」

(8)『アウグスティヌス――キリスト教的古代と中世――(『神の国』に関連して)』(ミュンヘンならびにベルリン、一九一五年、Ⅴ―Ⅵ頁)。『私の著書』(一九二二年)においては、トレルチはアウグスティヌスに関する書物をあらたに『社会教説』の「補遺」と名づけている(著作集第四巻、一二頁)。

(9)この点はトレルチによって度々強調されたところである。なかんずく著作集第三巻、Ⅶ頁、ならびに著作集第四巻、一四頁参照。

(10)特に『私の著書』における定式化を参照されたい。著作集第四巻、一三―一五頁。

(11)「トレルチはあらゆる将来的建設の否定的前提である」(「エルンスト・トレルチ――精神史的評価の試み――」(一九二四年)、現在はパウル・ティリッヒ『出会い――自分自身と他者についてのパウル・ティリッヒの回想――』著作集第一二巻〔シュトゥトガルト、一九七一年、一六六頁〕)というティリッヒの有名な定式化の他に、例えばもともとは傑出した場所に、つまり『フォス新聞』の文芸欄に掲載された、ティリッヒの追悼の辞「エルンスト・トレルチの死に寄せて」(一九二三年、一七五―一七八頁、特に一七六頁)における一定の判断を参照されたい。

(12)すでに一八九一年七月九日に、それゆえいまだ教授資格取得の年に、トレルチは『プロテスタント神学の歴史』と執筆契約を結んだ。これはカール・ミューラーによって編集された百科事典的書物の『神学的学問の概要』の枠のなかで出版される予定であった(契約書は出版社の公文書館にある)。一方ではトレルチがこの書物について作業していることを繰り返し告知しているにもかかわらず(「わたしは全力を傾注して神学史の仕事に没頭していますが、しかしこれを書き上げるためには、まだ多数の予備作業がなされなければなりません」一九〇〇年三月二四日付けのP・ジーベック宛の書簡、二頁)、また他方ではそれに応じて出版主が警告と期待を発しているにもかかわらず(「貴殿が神学者たちの歴史について記して下さったことは、とてもわたしの興味を引きます。もし貴殿がその叙述に近代ヨーロッパ文化史の背景を与えて下されば、貴殿の概要は新しい世紀の最も興味深い書物のひとつになるでしょう……」一九〇〇年三月二四日付のトレルチ宛のP・ジーベックの書簡。写しは出版社の公文書館にある)、周知のようにこのプロジェクトの実現には至らなかった。トレルチが「近代神学」の歴史に関する研究について繰り返し報告し(例えば、一八九五年七月二三日付けのヴィルヘルム・ブセット宛の書簡において。エリカ・ディンクラー/フォン・シューベルト編「エルンスト・トレルチ——ハイデルベルク時代のヴィルヘルム・ブセット宛の書簡（一八九四～一九一四年）——」『ハイデルベルク年報』第二〇巻（一九七六年）九五頁）、そして一九世紀の神学史ないし精神史のための無数の小さなテクストを出版しているにもかかわらずである。トレルチの『概要』への寄稿は、出版社のしかるべき宣伝広告用パンフレットのなかに、彼の死に至るまで予告された。

(13) 特に『百科事典』（RE）第三版第二巻二二五—二四一頁所収の「啓蒙主義」を参照のこと。一八九八年一一月にトレルチはこれを超えて、P・ジーベックに次のように報告している。すなわち、「わたしは最近、中世史と近代史のハンドブックを編集しているベローとマイネッケから、《啓蒙主義の運動》の巻を引き受けてくれるよう依頼を受けました。わたしは世俗的歴史家のこのような要求を非常に光栄と感じ、是非ともこの企画の枠内で世間に登場したいと思っています」（二頁以下）と。出版主の「いささか複雑な気持ち」（一八九八年一一月二〇日付けのトレルチ宛のP・ジーベックの書簡、一頁。写しは出版社の公文書館にある）にもかかわらず、「あらかじめ『概要』を片づけてしまうことなしに」（一八九八年一一月付けのP・ジーベック宛の書簡、二頁）、もちろんその新しいプロジェクトに着手するつもりのなかったトレルチは、マイネッケとベローにも、ないしは彼らの出版社ミュンヘンのオルデンブルクにも、前向きの回答をした。しかし彼の「啓蒙主義の運動の歴史」の場合も、出版社の雑誌広告に留まってしまった。

(14)「文化史」は、トレルチが特に神学において伝統的に支配的な研究実践に対して、自分の歴史記述法の特殊性をそこにおいて打ち出す諸概念のひとつである。すでに一八九五年に彼はブセットに宛ててこう記している。「目下、近代神学をしかもわたしの方法で研究しています。つまりいろいろな書物の分析の総和としてではなく、教会史的ならびに文化史的にです」（一八九五年七月二三日付けのブッセ宛のトレルチの書簡。E・ディンクラー／フォン・シューベルト前掲書、三〇頁）。その後一九〇一年八月に、トレルチはP・ジーベックに以下のように通知している。すなわち、彼は「神学史の素材を概要の形式において片づけることはできず」、それゆえさしあたり「概要の代わりにハンドブック」をどうしても作ら「ざるを得ない」と思うと。「わたしは大部の原理的な著作を執筆するつもりでいますが、これは文化史との連関において近代神学の特質と本質を論議し、そしてこれを古代キリスト教的教義の成立以来の古い神学の全体と対比するものです。これはわたしのすべての研究の中核的思想であり、そしてこれをわたしは大きな研究において歴史的に論議するつもりです……」（一九〇一年八月一日付けのP・ジーベック宛の書簡、一一頁）。ほとんどすべての比較的大きな歴史的研究において、トレルチは「文化史」の概念を自分自身の叙述方法のより詳細な特徴づけのためにも用いている。例えば、一九一四年七月に執筆された『アウグスティヌス――キリスト教的古代と中世――』の「序言」から引用された以下の定式化を参照されたい。「宗教史的方法は……およそ歴史生活がその現象全体にわたってくまなく知られる場合にはつねに、社会史的方法をうちに含む文化史的方法でなければならない」（『アウグスティヌス――キリスト教的古代と中世――』ミュンヘン、一九一五年、Ⅴ頁）。これは含蓄があると同時に綱領的な響きがするが、けれども大いに解釈の必要がある。

(15)なかんずく、『著作集』第四巻二九七―三三八頁所収の論文「近代精神の本質」（一九〇七年）、特に三〇六頁以下、ならびにトレルチの書き込み本の補遺、同書八三四頁を参照のこと。

(16)「一九世紀」（一九一三年）、『著作集』第四巻（六一四―六四九頁）、六三八頁。

(17)『著作集』第四巻、三〇六頁。

(18)同上、三一一頁。

(19)『著作集』第四巻、三〇八頁。

(20)同上、三一〇頁。主体の近代的「非人格化」については、ヴィルヘルム二世の治世二十五周年記念の機会に、各「専門領域」の「指導的な人物」（Ⅶ頁）による「文化全体」（Ⅴ頁）にわたる代表的論文を収録して出版された書物への、トレルチの寄稿論文をも参照のこと。この論文は彼の時代分析にとってきわめて重要である。「宗教」、D・サラソン編集『一九一三年――文化発展の全体像――』（ライプツィヒ・ベルリン、一九一三年）五三三―五四九頁、特に五四七頁。

(21)M・ヴェーバー『プロテスタンティズムの倫理と資本主義の精神』第二巻「禁欲的プロテスタンティズムの職業理念」（一九〇五年）、M・ヴェーバー『プロテスタンティズムの倫理Ⅰ――論文集――』J・ヴィンケルマン編集、第三版（ハンブルク、一九七三年）、一一五―一七九頁所収、一八八頁。資本主義文化についてのヴェーバーとトレルチの分析の実質的類似は、とりわけT・レントルフによって度々強調されてきている。T・レントルフ『キリスト教の理論――キリスト教の近代的体質についての歴史的・神学的研究――』（ギュータースロー、一九七二年）所収の論文「世俗化の問題について――教会社会学が宗教社会学へとさらに発展したことに関して――」（一九六六年）、一一六―一三九頁、特に一二五頁。

(22) F・W・グラーフ「プロフィール――ボンにおける軌跡――」、『トレルチ研究――伝記と著作史のための研究――』H・レンツならびにF・W・グラーフ編集（ギュータースロー、一九八二年）、一〇三―一三一頁所収、特に一一八頁以下参照。

(23)「キリスト教的世界観と学問的対向思潮」、『神学教会雑誌』第三巻（一八九三年）、四九三―五二八頁、ならびに第四巻（一八九四年）、一六七―二三一頁。ここでは五一三頁と五〇七頁。

(24) この点は「自然の問題」と「倫理的問題」（同上、五〇三頁）との間の類似性についての含蓄ある証明において特に明白に立ち現れる。「ダーウィンの生物学的な発見と方法が……説明原理（として）……ただちに他のあらゆる生の領域に転用されたかぎりにおいて、主体の内的な霊魂の自立性と外的な歴史的行為の自由という仮定は解体されてしまった。社会的現実主義の美学に関連して、トレルチはそれゆえ「通常の生活において自由として現れるものを……自然法則の変化したものとして持ちだす、全くナンセンスな考え」（同上、五〇二頁）を批判している。

(25) 同上、五〇八頁。

(26)『著作集』第二巻、四九七頁参照。より詳しい証明については、『神学百科事典』（TRE）第十三巻（ベルリンならびにニューヨーク、一九八四年）所収の筆者の辞典項目「法則、Ⅵ・近代」を参照されたい。

(27) 特にカール・ランプレヒトのもとで成立したフェリックス・ギュンターの博士論文「人間についての学問――十八世紀におけるドイツ歴史哲学の発展を特に考慮しつつなされた、理性主義の時代におけるドイツ精神生活についての学術論文――」（コッタ、一九〇七年）についてのトレルチの論争的な書評を参照のこと（『歴史学時報』第一〇三巻（一九〇九年）一二二―一二七頁）。著者の答弁を超えて（『エルンスト・トレルチ著作目録』フリードリヒ・ヴィルヘルム・グラーフならびにハルトムート・ルディース編集・解説・註釈〔テュービンゲン、一九八二年〕、一〇〇頁参照）、その師の答弁もいまや確認されている。K・ランプレヒト「トレルチ教授」『ドイツ文芸新聞』第三〇巻（一九〇九年）、三〇七一―三〇七二段（一一月二七日付けの第四八号）。トレルチの再答弁は――少なくとも『ドイツ文芸新聞』においては――確認できない。

(28)『著作集』第四巻、三一〇頁。

(29)ドナルド・E・ミラー「トレルチのカール・マルクス批判」『宗教学研究雑誌』第一巻(一九六一年)、一一七―一二一頁。

(30)『キリスト教教会と諸集団の社会教説』(『著作集』第一巻)(テュービンゲン、一九一二年)、九八四頁以下。

(31)E・トレルチ『信仰論――一九一一年ならびに一九一二年のハイデルベルク講義に基づく――』マルタ・トレルチ序言(ミュンヘンならびにライプツィヒ、一九二五年)、九四頁(ゲルトルート・フォン・ル・フォールによる口述筆記のテクスト)。トレルチの「氷河時代」ならびにそれがカール・バルトを魅了したことについては、W・グロール『エルンスト・トレルチとカール・バルト――対立における連続性――』(ミュンヘン、一九七六年)、一四頁以下における証拠を参照されたい。

(32)P・ティリッヒ「批判的逆説と積極的逆説――カール・バルトならびにフリードリヒ・ゴーガルテンとの対決――」(一九二三年)、J・モルトマン編『弁証法的神学の起源』第一巻、第二版(ミュンヘン、一九六六年)、一六五―一七四頁、特に一六六頁。「危機の神学」という用語ならびにその派生的用語の由来と使用についての概念史的研究は、その必要性が痛切に感じられるところである。そのような研究はいずれにせよ以下のことを指し示すであろう。すなわち、一九世紀の最後の三分の一世紀間、若干の例外を除いて、どの神学的立場によっても、「危機」の分析と再規定を行なっているとの要求が掲げられた。危機を認識することはそのかぎりでは、一定の形態の神学だけが独占している私有財産ではない。近代神学のさまざまなもくろみの間の神学的ならびに政治的な内容的相違は、それゆえ危機概念のそのときどきの実質的規定性と危機概念に内在的な分析の的確さに関してのみ、しかるべき仕方で生じさせることができる。

(33)なかんずく、『著作集』第四巻、六四一―六四六頁。

(34)最近のトレルチに関する議論においては、宗教哲学的綱領のもくろみが中心的位置を占めていることが、最終的にそれに相応しい注目を受けるようになっている。その場合、特に四つの異なった理論レベルという分類モデルがまずもってより厳密に再構成されなければならない。G・W・ライツェマ『神学者としてのエルンスト・トレルチ』(シリーズ宗教哲学、第一五号)(アッセン、一九七四年)のほかに、以下の書物を参照されたい。A・O・ダイスン「エルンスト・トレルチと組織神学の可能性」、『エルンスト・トレルチと神学の将来』J・P・クレイトン編集（ケンブリッジ、一九七六年）、八一—九九頁所収。M・パイ「トレルチと宗教学」、エルンスト・トレルチ『神学ならびに宗教に関する著作』モーガンならびにM・パイ翻訳・編集（ロンドン、一九七七年）、二三四—二五二頁所収。K・-E・アプフェルバッハー『敬虔と学問——エルンスト・トレルチと彼の神学的綱領——』（ミュンヘン・パーダーボーン・ウィーン、一九七八年）、特に二二九—二六〇頁（ところで、まさに四区分図式に関してこれについて批判的なのは、H・ルディース「神秘主義的神学？——カール・アプフェルバッハーのトレルチ解釈についての論評——」、『エルンスト・トレルチ学会会報』第二号〔アウクスブルク、一九八三年〕、九五—一〇八頁所収）。C・ベッカー『近代的主観性と宗教性——エルンスト・トレルチの思惟における近代の起源ならびに本質の宗教哲学的意義——』（レーゲンスブルク、一九八二年）、特に二九八—三四四頁。

(35)『神学教会雑誌』第五巻（一八九五年）三六一—四三六頁、ならびに第六巻（一八九六年）七一—一一〇、一六七—二一八頁所収。

(36)「宗教ならびに宗教学の本質」（注2参照）、『著作集』第二巻、四五二—四九九頁、四九二頁。

(37)同上。

(38)ドイツ語圏の宗教心理学の成立過程にトレルチが重要な関与を果したということは、緊急に独自の叙述を必要とする。トレルチは一九一四年にニュルンベルクで結成された「宗教心理学学会」の共同設立者の一人であり、一九一四年以降J・C・B・モール社から発行された『宗教心理学雑誌』をともに編集した。トレルチによってヨーハン・ゴットフリート・ヘルダーの宗教理解に関する学位論文（『宗教ならびに宗教的表象についてのヘルダーの理論——ヘルダーの百年目の命日の一九〇三年一二月一八日の研究——』〔ベルリン、一九〇四年〕）へと駆り立てられた、彼の弟子のルードルフ・ヴィーラントは、一九一〇年に経験的宗教心理学のための研究計画を公にしたが、それはトレルチの宗教理論の強い影響をはっきりと認識させるものである。すなわち、「宗教研究の中心的課題」（五頁）であると宣言された、宗教についての心理学的・経験的分析は、包括的な文化理論にまで拡大されるが、かかる文化理論はすべての文化における宗教の「途方もない力」を指摘し、同時にそのなかに宗教的なものの「自立性」を認識せしめるべきだという（＝『宗教心理学のプログラム』〔「神学と宗教史の領域の誰にもわかる講演・論文集」六二号〕〔テュービンゲン、一九一〇年)、一二頁)。
(39)D・レスラー『宗教の理性』(ミュンヘン、一九七六年)、特に一三頁以下参照。
(40)『著作集』第二巻、四九四頁。
(41)なかんずく、『宗教学における心理学と認識論――今日の宗教学に対するカントの宗教論の意義に関する研究――』(テュービンゲン、一九〇五年)、特に二六頁以下参照。
(42)『著作集』第二巻、四九四頁。
(43)同上。
(44)同上。
(45)同上、四九五頁。
(46)エルンスト・トレルチ『キリスト教の絶対性と神学についてのふたつの書物』T・レントルフ編集(ミュンヘンならびにハンブルク、一九六九年)、特に八四頁以下。
(47)V・ドレーゼン「社会科学的宗教批判の関心について」K・-W・ダーム、V・ドレーゼン、ならびにG・ケーラー共著『社会の彼岸――社会科学的批判のプロセスにおける宗教――』(ミュンヘン、一九七五年)、二八一―三二七頁、三一六頁。
(48)『著作集』第二巻、四九七頁。
(49)同上。
(50)より詳細な証明は以下に見いだされる。拙論「《ゲッティンゲンの小学部》の《体系家》――エルンスト・トレルチの学位取得の諸テーゼとこの諸テーゼのゲッティンゲンでの文脈――」『トレルチ研究』(前出)、二三五―二九〇頁、特に二五三頁以下。本書一〇七―一九二頁所収。
(51)『歴史主義とその諸問題――第一巻・歴史哲学の論理的問題――』(『著作集』第三巻)(テュービンゲン、一九二二年)Ⅷ頁。『著作集』第四巻、一五頁参照。
(52)P・ティリッヒ『対象と方法による諸学問の体系』、同氏『初期の主要著作』(『著作集』第一巻)(シュトゥトガルト、一九五九年)、一〇九―二九三頁所収。「本書を印刷に付している間に、わたしはエルンスト・トレルチの突然の死の知らせに出くわした。彼の情熱的な努力は体系へと到達することであった。わたしは本書を彼の思い出に捧げることを通して、わたしが彼に負っている感謝に対して、また彼の研究が本書の精神的基礎に対して及ぼした影響に対しても、表現を与えたいと思う」（一一二頁）。ティリッヒが「体系はすべての認識の目標であるだけでなく出発点でもあるという確信」（一一一頁）を書き記していることは、トレルチの著作によって代表される問題設定に対して、彼が批判的であると同時に構成的な結びつきを有しているからであると理解され得る。「学問的装置」（一一二頁）に対する著者の断念は、もちろん彼の——とりわけ、根本概念《メタ論理学的方法》の規定において浮かび上がってくる——トレルチに対する依存の大きさを覆い隠している。

(53) 注11で言及したティリッヒのトレルチ追悼文を参照のこと（『著作集』第一二巻、一七五頁）。

(54) P・ティリッヒ「エルンスト・トレルチ——精神史的評価の試み——」、『カント研究』第二九巻（一九二四年）、三五一—三五八頁所収（＝『著作集』第一二巻、一六六—一七四頁）、ならびに「歴史主義とその諸問題——エルンスト・トレルチの同名の書物について——」、『神学文献新聞』第四九巻（一九二四年）、二五—三〇頁所収（＝『著作集』第一二巻、二〇四—二一一頁）を参照のこと。

(55) 「宗教」、『一九一三年』（前出）、五三四頁。

(56) 『著作集』第四巻、六三五頁。

(57) 『近代世界の成立に対するプロテスタンティズムの意義』一九〇六年四月二一日シュトゥトガルトで開催された第九回ドイツ歴史家会議においてなされた講演。『歴史学雑誌』からの別刷り（ミュンヘンならびにベルリン、一九〇六年）、六六頁。

（安酸敏眞訳）

エルンスト・トレルチ
――キリスト教の文化史――

1. 規範性と歴史

エルンスト・トレルチは専門的な意味での歴史学者ではなかった。それにもかかわらず彼は近代歴史学の影響を受けた教義史（Dogmengeschichte）の分野に、ひとりの歴史学者としての位置を要求している。[1] 確かにそのことは、トレルチが多くの歴史研究を出版しており、また彼の業績の多くの部分が歴史的な研究として読まれるべきであるということを考える時に当然支持され得る事柄の見方であろう。しかしその場でも彼はベルリンの文化と歴史の歴史学者として、はじめてこれらの歴史研究を公にしたというのではなく、既にハイデルベルクの組織神学者として、歴史学の方法論についてのさまざまな論文を公にし、一九世紀後半から二〇世紀初頭にかけてのドイツ歴史学における方法論論争に批判的に関与していたということを忘れてはならないであろう。[2] 二〇世紀の最初の二〇年ほどの間に、トレルチほど『歴史学雑誌』（Historische Zeitschrift）に多くの論文を書いた、歴史学以外の分野を専攻する学者はいなかったはずである。しかし彼の自伝的な側面においても具体的に見ることができるフリードリヒ・マイネッケやオットー・ヒンツェとの密接な関連に現れ出ているような、[3] 彼の学問的な業績における歴史学との密接な関わりにもかかわらず、トレルチの仕事はやはり専門的な意味での歴史学者ではないという条件付けのもとに性格付けられるべきなのである。

確かにトレルチは一八八一年にゲッティンゲン大学神学部から、「教会史と教義史専攻」ということで教授資格を得ている。しかし既にトレルチは教授資格論文申請書において、教授会に対して、「私の独自の意図を追求するために、歴史神学から組織神学への転向を希望していること」[4]を明らかにしている。それにもかかわらず彼は博士論文も教授資格論文も教会史の分野に提出したのであった。なぜならゲッティンゲン大学では当時「私(トレルチ)の希望する専門分野である組織神学で教授資格を得ることはできなかった」[5]からであった。彼は一八九二年にボン大学に移って以来、また一八九四年にハイデルベル大学に招聘されてからも、一九一五年に至るまで組織神学の分野で教えたのであった。歴史的な対象は、彼が「教義学の歴史」や「一九世紀のプロテスタント神学の歴史」についての通常の講義を続けている中で、あるいは一九〇九/一〇年の冬学期に「キリスト教社会教説」についての講義をした時に、それとの関連で取り上げられていたに過ぎなかった。一九一〇年になって彼がハイデルベルク大学の哲学部の教授職も兼任するようになった後も、彼は「近代哲学史」というような仕方で歴史的な対象を取り上げていたに過ぎなかったのである。

トレルチは一九一四/一五年にベルリン大学に、文化、歴史、社会及び宗教の哲学及びキリスト教宗教史の教授として招聘された。しかしベルリンにおいてもトレルチは主として体系的な諸問題を扱った講義を行い、ただいくつかの講義において哲学の歴史を扱った程度であった。彼の教授職の名称もそのことを明らかに示している。すなわちトレルチは彼が文化哲学者である限りにおいて、同じように歴史学者であり得たのであった。学問史上に生じた、神学、あるいは正確には哲学と、歴史学との間の極端な分離傾向に見られるような、専門的な歴史学というような意識に方向付けられた視点は、事柄の複雑さというものを十分に解明するというよりは、むしろ危機にさらすことになるとトレルチは考えたのであり、彼は必要なことは分離ではなく、関係付けなのだ、ということを知っていたのである。それ故にトレルチの歴史学の問題を扱った諸論文は、彼の体系的な理論プログラムの文脈からしてのみ正しく理解され得るものなのである。歴史学者としてのトレルチにとって、歴史はそれ自体では一度も関心の対象とはならなかったのであった。あらゆる歴史的な表現というのは、彼にとってはそれどころか具体的な現代の諸問題の解釈のためのひとつの機能に過ぎなかったのである。歴史は倫理的な意味での現代の方向付けに貢献するものであった。存在と当為との原理的な分断というあの同時代の諸理論とは対照的に、まさにその意味では彼の友人であったマックス・ヴェーバーとは明らかに対照的に、トレルチは歴史的な省察を通して、規範的な本質を裏付けることを試みたのであった。歴史と倫理、分析と評価、事実性と規範性とは、現代それ自体の歴史的な起源の再構築によって、またその歴史の理性的な発展ということの判断基準を得ることによって、相互に結び合わされねばならないのである。歴史学者たちの間でもっともよく知られているトレルチの講演、すなわち一九〇六年にシュトゥットガルトの歴史家の集まりでマックス・ヴェーバーに代わってなされた講演である『近代世界の成立に対するプロテスタンティズムの意義』において、彼は「現代を理解することは、常にあらゆる歴史学の最終的な目的である」[6]という言い方で、彼の構想の意図を明らかにしている。このようにトレルチの歴史的な業績というのは、現代文化の具体的な形成と発展のために必要だと彼が考えた、宗教の文化的な意味についての包括的で体系的な理論の一部なのである。

2. 現代文化の両義性

このような歴史理解の倫理的先鋭化の中に、彼の時代経験が反映しているのである。すなわちトレルチは倫理的な制御の危機によって現代の西洋文化が危機に瀕していると見ているのである。現代の文化的な状況についての判断のためにトレルチによって提示された構図は、際立って正確な資料認識に基づいてなされたトレルチの歴史研究の中心的な領域であった啓蒙主義の道徳的な理念と、文化の近代化のプロセスの問題ある帰結との分離というものであった。文化の変遷のプロセスは、そこにおいて行動する人間に対して、人間が主体性喪失へと陥る危険性を生じさせるものである。啓蒙主義の言うような自由の基準の現実化のプロセスの中で、コントロールの効かなくなった近代文化の力が、もはや自律性の具体的な徹底化に仕えるのではなく、むしろ逆に個人的な自由が以前にも増して強く破壊され、否定されるということが起こったのであった。トレルチは、このような「反人格的な」(7)傾向を、マックス・ヴェーバーの分析、とりわけ資本主義経済と西欧的=合理的な官僚化のプロセスについての分析と対応するような研究を継続する中で指摘するようになっていたのであった。相対的に自律的な機能領域に刻印された文化の自立ということは、現代においては、本質的には、もはや共通の理性的な自己規定による道徳的コントロールというものではなく、個々の内的で固有な理論の帰結となったのである。文化の個々の領域における発展は、文化のそれぞれの領域の固有な法則を相互に調停しなければならないほど、特殊で固有な合理化によって規定されているものなのである。トレルチは現代文化はまさに本質的には、増大する分解の危機に脅かされていると見たのである。

このような時代分析はとりわけ以下のような問いと結び付けられることになった。もし現代社会が本質的に自律のプロセスの加速という事態によって規定されているとするならば、一般的に言って同定可能な文化の統一ということはあり得るのか。また古いヨーロッパの伝統的な宗教は、現代文化の内的な統合に貢献するために今一度刷新されるべきなのか。そしてどの程度まで個々人は、個々の文化領域の合理化のプロセスにかかわり得るのか。あるいはまた個々の文化領域の自律性の分析に基づいて、社会的な変化に対する人間の責任は見せかけに過ぎないのではないか、という悲観的な結論を導き出すべきなのだろうか。別の言い方をするならば、人間の行為の役割というのはいかなるものであり得るのか。すなわちトレルチによれば、その起源や歴史、そしてとりわけ文化的な文脈によって規定された個人は、一般的に言って、現代の文化の進展にいかなる役割を果たし得るのか。とりわけ現代文化の反人格的な傾向に対して、個人的な自由をいかにして救出することができるのか。

周知のようにこの種の問いは二〇世紀の初頭においては、決してトレルチによってだけ立てられたものではない。この種の問いは少なくとも部分的にはマックス・ヴェーバーの業績の影響を受けているし、現代文化の両義的な経験の表現を利用している。そのような中でトレルチにいかにして、このような問いに対する彼自身の答えを得ようと試みたのであろうか。トレルチによって書かれた歴史的な研究はいずれも、現代の文化に対して、その起源でもある宗教的原動力の関与を再構成してみせるという点に収斂している。そのことはとりわけ彼の近代プロテスタンティズムの歴史についての多くの著作の中に、とりわけパウル・ヒンネベルクの編集した『現代の文化』で一九〇六年に最初に公にされた「近代におけるプロテスタント・キリスト教と教会」(8)という論文の中に示されている。その論文の中でトレルチの歴史的な関心が、宗教改革の時代に溯ったり、中世のカトリシズムに、あるいは古代教会に溯ったりしていたとしても、それは最終的には現代的な問題の分析という問題設定に規定されているのである。

その傾向はとりわけ彼が神学以外の分野にもっとも影響を与えたであろう一九一二年に出版された彼の大著『キリスト教会と諸集団の社会教説』に顕著である。「方法論上の予備的諸問題」の中で述べられているように、原始キリスト教や初期カトリシズム、そして中世カトリシズムの統一文化についての分析も、最終的には「現代の社会倫理的諸問題の出発点」[9]として取り扱われているのである。ヘブライの預言者についての記述それ自体が[10]、預言者によって提示された宗教的人格主義と現代の合理的な個人主義との関係、あるいは文化史的な展開の問題となっているのである。このことは次のように理解されるべきであろう。すなわち宗教的な諸伝統の全文化的伝統に対する影響についてのトレルチの歴史的な分析、とりわけここでも現代文化の創出における宗教的な力の関与の再構成という彼の課題は、第一義的には近代化のプロセスの新しい価値合理的な形成の解釈ということのためになされているのである。

このプログラムは以下の二つの諸問題と関連付けられている。

(a)もしひとがマックス・ヴェーバーの例を見るならば、二〇世紀のプロテスタント神学や文化哲学、そして歴史学には、ヴェーバーとは違ってより明瞭な仕方で歴史研究と倫理的な目標とを結び付けて考えていることを認識するであろう。それ故に文化倫理がただその対象の歴史的な省察によってこそ明らかにされ得るということは、逆に言えば歴史研究もまたその背後に倫理的な問題設定があると考えられていたのである。しかしこのような意味での歴史学は、より包括的な理念、グローバルな視野、そして歴史的な「根本的諸力」といった事柄を必要とする傾向にある。しかしだからと言って、このような歴史学が歴史的な細目について注意を払うことや、それらを際立たせてみせることを見失う傾向にあるなどということはできないであろう。重要なことは、研究主体となり得る立場にあるのは誰であるべきなのか、また誰がこの太い線によって方向付けられた歴史記述を方法論的に管理し得るのか、すなわち歴史的に単一的な方法を用いることは可能なのかという問いを徹底化することであろう。このような問題はトレルチの研究様式によれば、明らかに歴史的な研究によってこそ認識され得ることなのであった。トレルチはこの太い線による歴史的な展望を描いたのであった。実証主義を否定すること、あるいは対象資料を回避して細部や詳細な点に特別に熱中したりするような態度とは彼は無縁であったのである。それ故に彼はいわゆる『社会教説』の序論において次のように述べたのであった。「私の研究は、事実関係のあの問題に関しては非常に限られた程度でのみ、少なくとも古代と中世教会に関しては、固有の資料研究を行なっている。この研究のあるいは可能な貢献は独力の資料研究にあるのではなくて、政治的-社会的なものに対する宗教的なものの態度の理論にむけて関心のそのつどの状況に従って全体を統一すべく独力でじっくりと考え抜いたところにある」(11)。

(b)しかし歴史的な分析によって、実際に将来のための方向付けをもたらすことができるのであろうか。トレルチはこの問題について、伝統的な事柄についての歴史学的な想起を、宗教の文化的な力という主題によって構成することで、積極的に答えることを試みている。すなわち宗教的、伝統的事柄は、危機に瀕している現代文化の価値合理的なコントロールに対して再び助けを与えるべきだと彼は考えていたのである。

3. 歴史的・倫理的な基準というコンテクストにおける二つの歴史学

専門的な意味での歴史家たちがトレルチを歴史哲学者とみなす場合、そこでは何よりも、トレルチがベルリンの文化哲学者であるよりも前に、ハイデルベルクの神学者として、積極的に当時のドイツの歴史学における方法論争に関与していたことに注意が払われていないのである。一八九〇年代後半以来、トレルチはランプレヒトの文化史的な構想をめぐっての論争に関するさまざまな神学的な論文を公にしていた。トレルチがいかに正確に当時の歴史学における方法論論争を受容していたかについては、彼によって一八九六年から一八九九年にかけて『神学年報』(Theologischer Jahresbericht)誌において報告された「宗教哲学と原理的神学」というタイトルの文献報告からも明らかである。そこでトレルチは一八九八年と一八九九年の「宗教の歴史と宗教の発展」についての章の中で、ランプレヒトについての論争と並んで、さらに広くマルクス主義的な歴史家による唯物論的な歴史解釈について、「歴史の本質と方法」という項目、さらに詳しくいうならば「原理的、歴史的諸問題」という項目の中で取り扱っている。[12] さらにその上、ランプレヒトとゲオルク・フォン・ベローとの論争の詳しい書評、[13] 神思想についてのクルト・ブライジヒの書物についての書評、[14] さらにランプレヒトの弟子たちのさまざまな仕事についての書評もそこには見出すことができる。[15] トレルチが一九〇九年に『歴史学雑誌』で、ランプレヒトによって審査されたフェリックス・ギュンターの一八世紀の人間学についての論争的で、客観的ではない「新しい方向」についてのこの著作が、いかに資料研究を無視し、うわべだけの研究になっているかを明らかにし、まさにランプレヒトのカテゴリーによる題材の解釈や解明、そして取り扱いの混乱を批判した時、[16] ギュンターはすかさず、「ハイデルベルクのトレルチとランプレヒトの方向」[17] という論争的な論文を書き、またランプレヒト自身も直ぐにトレルチに対する鋭い批判を公にしたのであった。[18] それ故にトレルチはランプレヒトをめぐっての論争に単に無関心な傍観者として関わっていたわけではないのである。それどころか、彼の方法論論争における立場は、ランプレヒトの文化史的な構想の正統性をめぐっての論争の対象となっていったのであった。

それ故にトレルチがドイツ歴史学のさまざまな再現前化、とりわけゲオルク・フォン・ベローのような立場に対して、歴史学に政治史的な視点を取り込むべきであるということ、またそれによって伝統的、歴史的な表現に歴史的な妥当性を与えるべきである、という結論に到達したのは当然のことであった。そのような視点自体は、トレルチが既に前世紀と今世紀の変わり目において、歴史学の方法論についてさまざまに論じた論文の中ではじめて導入した考えというわけではなく、また彼の後の歴史哲学、とりわけ彼によって構想された『歴史主義とその諸問題』[19]という彼の歴史哲学の最初の巻ではじめて扱われるようになったというものでもない。既にトレルチはランプレヒトとの論争の早い段階で、彼自身の歴史理解は当時の歴史学一般の論争の中ではそれにあたるような同じ立場を見出すことができないということをよく認識していた。トレルチは二重の対象と取り組んでいたのである。すなわち一方で彼は「新しい方法」の担い手たち、とりわけブライジヒやランプレヒトたちとは論争的で対立的な立場をとるようになっていた。他方で彼は伝統的で政治的な記述の担い手たちについても確かに好意的に語ってはいたが、しかし実際にはその主張について高い評価を与えているということでもなかった。一九〇二年にトレルチは、「最近の歴史的な方法についての論争は、現代の哲学的な不毛さの悲しい繰り返し[20]」に過ぎないと述べている。このような批判は両者に向けられているのである。彼は古い歴史記述の担い手同様、あるひとつの立場をドグマテックに絶対化してしまう新しい歴史記述の担い手をも批判したのであった。それに対して彼自身は方法論的にも理論的にも多元主義を前提とし、歴史学内部の分業の必要性や正統性を支持していたのであった。

このような多元主義的な構想によって、一方では同時代の試み、すなわち「歴史の自然科学的な取り扱いや法則的な取り扱いへの無条件な賛同[21]」に基づく規範や歴史の取り扱いを批判したのであった。「歴史を『自然科学的・経験的』自然法則によって取り上げた歴史学[22]」、すなわちドイツ語圏で言うならばとりわけブライジヒやランプレヒトによって営まれてきた歴史学に対して、トレルチはとりわけ以下の五つの理由から異議をとなえたのであった。

トレルチは第一に自然と歴史とを包括的にひとつの統一科学としてとらえる実証主義的な理念を拒否した。トレルチは精神と自然との構造的な分離を主張したのである。トレルチはまさに人間の精神生活の現象を自然科学的なカテゴリーに解消してしまうことを拒否したのであった。このことはとりわけ、自然科学的な視点によって基礎付けられている法則性によって精神科学を改造しようとするあらゆる試みを批判するということを意味していたのである。

第二にトレルチは、「あらゆる歴史的なプロセスをひとつの推進力によって……示そうとする」[23]歴史の「単一的な取り扱い」を拒否する。そこにおいては「新しい方法」の信奉者たちが歴史の原動力をそのつど内容的に規定するように、歴史はただ副次的な役割を果たしているに過ぎなくなってしまっている。トレルチの批判は、歴史を単一の、いわばメタ歴史的な、不変的な発展の潜在性によって動くと考える単一論的な原理に向けられていたのであった。それに対して彼自身は、歴史的な現実性を運動の諸力の多元性によって基礎付けようとしたのであった。

それと密接に関係することであるが、トレルチは第三に、ひとつの目的に向かう同一の必然性に規定された歴史のプロセスを想定する目的論的な統一的構想を拒否した。それは歴史的な現実をひとつに平面化してしまうことであり、またひとつの視点へとあらゆる所与の歴史の力を集約してしまい、それに歴史的な現実性の統一の可能性を考えるによって、歴史的な現実をひとつにまとめてしまうものでもある。このことはとりわけ普遍史的な構想、詳しく言えばひとつの歴史の客観的な展開理論を想定する発展論的な立場の却下ということを意味していた。トレルチは歴史的な現実性の統一の可能性を考える普遍史的発展主義から具体的な歴史研究の複雑性を、解放することに賛成したのであった。トレルチは彼の歴史哲学的な著作の中で、目的論的な概念も歴史の統一の概念も、詳しくいうならば普遍史の概念もまったく評価していなかったのである。この種の概念の使用は批判的に制限されていた。このような概念は歴史哲学者にとっては可能な、規則化のための概念であるかもしれないが、しかしそれは歴史家によって構成された歴史とは異なったものなのである。

第四にトレルチは、「あらゆる歴史的な現実」という「上部構造」に対して、その根底に共通なものとして潜在している不変的な「基盤」が存在するというような歴史の構造的な構想を拒否したのであった。確かに経済的な現実は、法、人倫、道徳、芸術、そして宗教のような理念的な事物よりも一般的にはより大きな歴史的な力を持っている。しかし経済的に条件付けられた歴史的な段階の想定というあらゆる試みは、実はこのような条件によっては十分には解明することのでない「純粋に心理学的な要因」[24]に導かれてもいるのである。歴史家の特殊な課題から導き出されたこのような概念は、歴史の現実の認識としては適当なものとは言えないはずである。それ故に相対的に自律的な運動それ自体によって規定された歴史的な現実それ自体を前提にして、歴史家は所与の歴史的な変化の中にある関連や相互連関というものをそこから引き出すべきなのである。それ故にトレルチの歴史についての構想は単に多元的だとは言えないのである。なぜなら彼はダイナミックな潜在性の多元性ということを考えているからである。歴史の現実の開放性は、トレルチが歴史的な可能性における偶然性の意味を明らかにしている時に、さらに強められることになる。歴史的な現実のモデルが開かれれば開かれるほど、歴史的連関の関連性を認識することが困難になってくるのである。トレルチの多様性を認めない歴史モデルへの批判は、既成の概念によって、歴史的な現実性の構築が試みられていることに向けられているのではない。彼の批判はまさにそれとは逆なのであって、歴史的な諸力の間にある不変の関連構造を想定することによって、歴史の現実というのは、歴史の内的な複雑性によってではなく、論理的には大変複雑なモデルによってこそ十分に解明され得るのだということを目指していたのであった。

トレルチは第五に、「集合的統一性そのものが歴史のプロセスの中心と目的を形づくるとする」[25]社会学的な歴史理解を拒否した。トレルチの視点の中にあったのは、西洋の社会学的な伝統において特徴的な、共同体的な思考の強調に対して、歴史的な力における、自由な人格性を強調することであった。トレルチはまさに古典的なドイツの哲学の人格性の形而上学を背景にして、社会の「客体性」という絶対的な前提と結びついた西欧的な社会学的合理主義に対して、その前提にある、共同体や集団の一般性に埋没してしまうのではなく、また歴史に前提されている関連性に解消されてしまわない個人ということを確立しようとしたのである。確かに社会学的なインスピレーションを受けた「現代の……『偉大な人物理論』の健闘は」[26]重要な意味を持っている。しかし歴史は社会学的な分析によって部分的に解明され得るというものではないのである。歴史は確かに超個人的な社会的な現実によって特徴付けられているのであるが、しかし他方で原理的には、歴史的なプロセスが具体的に展開される、個人的な生の経験にこそ、その場を持っているものでもある。もし社会学的に方向付けられた歴史記述が、十分な社会の主体的な統一理論として、超個人的で社会的な諸力の歴史的に規定された力を具体化するというのであれば、その歴史記述はドグマティックな認識理論となってしまうであろう。このような「現代の半物質主義」[27]への批判は、とりわけ、機械論的なマルクス主義と認識批判的な自己解明を欠く経験論的な社会史に向けられており、そのような傾向は無批判的な決定論に顕著なものである。

他方でトレルチは「古い方法」の担い手たちとの論争の中で多元主義的な歴史構想を発展させた。彼はとりわけそれを以下の四点において展開させていると言い得るであろう。

トレルチは第一に古いパラダイムの排他的な妥当性に基づいたドグマティックな要求を拒否した。確かに彼は一八九八／九九年になされたフリードリヒ・マイネッケやマックス・レンツ、フェリックス・ラッハファール、そしてゲオルグ・フォン・ベローによって代表されるようなランプレヒト批判について知っていた。すなわち彼らが歴史的な出来事の本質的な要素について解明したこと、そして「あらゆる歴史的な個々の出来事の相互連関を、単純な発展理論によって得られる線で変えてはならないのだ[28]」と主張したことを知っていた。しかし彼はそのどちらの立場にも距離を持っており、一八九〇年代に既に支配的になっていた歴史学の研究方法に対する根本的な改革の必要性を強調していたのであった。「社会史や経済史、そして宗教史などの新しい発展史的、比較的方法が改造された後」、「われわれのいわゆる『歴史記述』と密接に関連している、歴史学の研究の原理的な諸前提の改造という課題に向かった[29]」のであった。トレルチはその際とりわけ社会学的な問題設定に対して歴史学が開放されることを主張したのであった。

第二にトレルチは歴史学の一面的な理念史的な方向付けを拒否したのであった。そのことは、とりわけ当時の一流の教義史家や教会史家との批判的な議論のうちに明らかに示されている。たとえばトレルチはアードルフ・フォン・ハルナックの教義学史の構想に対して、「本質的にイデオロギー的な、すなわち信仰の思想発展のみに興味を持つのではなく、社会学的、すなわち倫理的、宗教的な思想を種々のキリスト教的共同体形成との密接な関係の中で、また世俗的な社会勢力との相互作用のなかで把握した叙述をするように[30]」という要求をしている。そのことは社会学的な研究方法に対して開かれているということの原理的な必然性を主張することであり、それによってトレルチは古い方法よりも、新しい方法の担い手たちに、より接近するということを意味したのであった。

第三にトレルチは「いわゆる古い歴史学派[31]」の政治史的な方向付けを拒否したのであった。なぜならこの学派は「諸々の出来事を纏め上げて行こうとする歴史家に不可欠な原理を、研究調査してみることなしに、ドイツ歴史学に支配的ないわゆる世界文化という概念の中に（見出した）のであり、この文化の固有な担い手としての国家に、ひとつの特別な意義を持たせた[32]」からである。歴史の構造的な核としての国家を措定することと結びついた構造化問題のこのような政治史的な解決が、「新しい学派」の自然的な社会理解よりもドグマティックではないということはない。ここにおいても同じように歴史の相対的な可能性をもったひとつの事実が絶対化されているのであり、歴史的なものの運動力の多元性が限りなく弱められているのである。歴史的なプロセスの核として政治的な機構の歴史を明らかにすることは、トレルチが強調したように、構造化問題の解決という問題を、とりわけ宗教史家たちに納得させられ得ないものである。なぜなら宗教史は、宗教が政治的な機構と並んで、あるいはそれと同じくらいの力をもって、歴史的な転換に意味ある原動力となるということを示しているし、また社会的な行動は宗教的な気質によって形を与えられるものであることをも示しているからである。ドイツの歴史の専門家たちに支配的な国家優位な方向への偏りを、トレルチはイデオロギー的だと考えたのである。すなわちそこには一八七〇／七一年以来ドイツの政治的な文化にとって意義をもつようになった民族国家の拡大化が普遍史的な評価を与えられているに過ぎないのである。

トレルチは第四に歴史研究の排他的で個性記述的な理解を拒否した。社会学的な問題設定のために歴史記述を開放するという彼の主張は、理解と説明とのリッケルト的区別の批判的相対化に対応するものである。歴史学の認識主動性というのは、説明と対立する理解が目指されているということでは決してない。歴史家も説明しようとするのである。「歴史家は説明の手段と限界については異なった前提をもっており、説明と並ぶ価値についての視点の集約化されたものを取り扱うことはできない。しかし類型化、動向、そして一般的な歴史的諸力の概念は歴史家にとっても不可欠なものである」(33)とトレルチは一八九九年のランプレヒトとの論争において既に述べているのであり、彼はフォン・ベローやランプレヒトの批判と同様に、リッカートの歴史方法論における社会学的な諸概念をも受け入れることはできなかったのであった。

ドイツ歴史学における方法論争についてのトレルチの批判的な議論は、トレルチがこの論争の両派に対して第三の立場を主張しようとしていたことを明らかに示している。その際彼が、「新しい道」に対する批判的な議論と「古い道」一般に対する批判との間の矛盾した立場をどのようにして結びつけていたのかは明らかではない。既に一九〇四年にトレルチ自身は「一方で社会学的な歴史学と、他方で個性記述的な歴史学とを単純に相互補完的なものと考えることはすべきではない」[34]と述べている。「人間の精神生活についてのあらゆる学問のために」[35]、それぞれに固有な方法論を発展させようという試みとの関連で、トレルチは歴史学の二つの類型を区別して、両者がそれぞれに自立性を持っていることの必然性を示している。

二つの歴史学についてのこのような区別は、とりわけ歴史哲学についての後期の著作における歴史学の体系化についての議論の中に顕著なことである。トレルチはそこではハインリヒ・リッカートの「文化学」の概念と同様に、一九世紀の四〇年代以来用いられている、「自然」から区別された「精神」に方向付けられたあらゆる認識努力のための包括的な概念である「精神科学」というディルタイの概念を本質的には拒否したのであった。彼独自の基本的な概念は『歴史主義とその諸問題』においては「歴史的・倫理的学問」[36]というものである。それは発展的な歴史表象、社会学的なものが参照された歴史の体系化、そして体系的な精神科学、さらに最終的には文化倫理学を包括するものなのである。

従って歴史的・倫理的学問とは、歴史的対象をまず第一に構成的な個別性において理解しようと試みると同時に、法則定立的な概念形成、体系的な比較、特殊なものについての類型的な分類をめざす、抽象的・法則的に、そして社会史的に方向付けられた史料編纂をも包括するものなのである。史料編纂の二つのタイプは、確かに体系的な精神科学からは明瞭に区別されるものである。しかし両者は必然的に関係付けられてもいる。なぜなら体系的な精神科学というのは「心理学的、歴史学的な素材を用いて営まれるものであるが、他方でそれは絶えずその対象の本質、規範、理念といったものとも取り組むからである。精神科学は、歴史学が歴史的な素材の構成や解釈ということを必要としているように、歴史学をまさに必要とし、そしてそれを前提としているのである」[37]。トレルチが前提としている分析と価値との明らかな相関性はひとつの円環として描かれている。すなわち歴史的な対象性を一般的で規範的な前提なしに構成することもあり得ないし、よく知られた規範的な概念を歴史それ自体に立ちかえることなく得ようとすることもまたあり得ないことなのである。もしひとがトレルチに従おうとするならば、この円環を両方の視点から解明しなければならないであろう。このような主張が哲学的に主張し得ることなのかどうかということは、彼の実質的な歴史学的研究にとっては重要ではない[38]。

4. 神学のラディカルな歴史化
——キリスト教の宗教史としてのキリスト教神学——

トレルチの歴史方法論と彼独自の歴史的な著作との関係をいかにして規定することができるであろうか。どの程度まで、彼の歴史的な研究は彼の構想を現実化するために意味を持っているのであろうか。また歴史的な研究はどの程度まで、既存の歴史的なものに媒介された文化的な理念を証明しようと試みる文化倫理学のために奉仕することができるであろうか。

4・1 神学的理念史から神学の文化史へ

フリードリヒ・マイネッケとの交友の故に、トレルチは、しばしば新しい歴史の理念史的な記述の代弁者として、歴史学的文献において言及されている。しかしこのような立場を、歴史学の方法についてのトレルチの立場、とりわけ既に史料編纂の二つのタイプの違いを指摘したような意味での彼の立場とすることは難しいように思えるし、それは彼の独特な歴史的な著作にも適応されない視点であると思う。既にトレルチの最初の歴史的な著作である彼の博士論文と、教授資格論文である『ヨーハン・ゲールハルトとメランヒトンにおける理性と啓示――古プロテスタンティズム神学史の研究[39]――』は、彼が「理念史」という概念の相対化によって、神学史の記述や教会史の記述に際して新しい方向性を導入しようと努力していることを示しているのである。

このトレルチの著作は、それが神学の学問史をもはや純粋に理念内在的に再構築するのではなく、既知の神学的な思想の複合性を貫徹する構成的諸条件を明らかにすることを試みているという点で、当時の支配的な神学的歴史記述の方法から区別されるものなのである。それによってトレルチは神学者教育のための機能や大学の機構における神学の特別な課題と取り組むというような意味での神学からの自立を試みたのである。それによってとりわけ注目すべき帰結が生じたのであった。すなわち彼は古プロテスタンティズムの神学をもう一度宗教的-世界観的な統一文化を支えるものとして見つめ直したのであった。そこではメランヒトンのアリストテレス注釈に特徴的であるような自然法的な構造によって教会の神学を、世界から切り離されたものとして理解するというようなことは決してなされてはいないのである。それどころか、トレルチはこの古プロテスタント神学を教会と大学神学において共に支配的なキリスト教の伝統の信仰告白的な解釈に共通な共同本性の排他的な規範的基盤として理解したのであり、それはプロテスタントの領域の政治的-社会的秩序の具体的な形成における、神学と法学との密接な結びつきの深い影響に見られるような、あらゆる立場を包括する社会の倫理的な共通理論を展開したものとして理解したのであった。確かに、社会の価値世界を法的に実証可能なものとして基礎付けようとする神学のこのような機能は、なお方法論的には手探りで不安定なものとして展開されている。トレルチの博士論文はまさに理念史的記述としてだけ特徴付けられるものであるが、他方でそれは文献的なテクスト、あるいは神学的、哲学的な文献でもあった。彼はこのような立場から、もう一度理念の内在の仮像を破壊しようと試みたのであった。とりわけ明らかなことは、このようなトレルチの試みは、同時代の教義学史的記述の担い手たちとは対照的に、古プロテスタンティズムの教義学による宗教改革の神学の変造を、もはや廃退や衰退としては理解しないで、それをここではプロテスタントの領域の強化との関係で、とりわけ高等教育の新しい機構との関連で理解しようとしたのであった。

両者についての論評者であり、後にトレルチの批判者となる宗教改革史家であるパウル・チャッケルトは、それ故にこのような仕事を批判したのであり、それは「文化史的な重荷を負うことだと」[40]と述べたのであった。トレルチ自身は彼の博士論文の中で文化史という概念をなお用いていなかった。しかしそれから後、一八九〇年代の中頃から、彼も文化史ということを、それが唯一というわけではないが用いるようになり、彼の神学の内部における歴史研究の新しい方法論的な方向として彼の念頭にある概念となった。一八九五年になってトレルチは彼の友人である新約学者ヴィルヘルム・ブセットに次のように書き送っている。ブセットは「まさに新進の神学者として仕事をしています。確かにそれは私の方法であり、それは書物の分析の収集というものではなくて、……文化史的なものです」[41]。トレルチは一八九一年に、既に一九〇一年にJ・C・B・モール（パウル・ジーベック）出版の編集者に「最近の神学の特質と本質について文化史の議論との関係で書く」[42]と書面で知らせていたような「プロテスタント神学の歴史」についての著作についての話し合いをしていたのであった。さらに彼は一八九八年にフリードリヒ・マイネッケとゲオルグ・フォン・ベローに対して、中世と近代史についての概説書の中で、啓蒙主義の文化史的な意味付けについて書こうとしているということを打ち明けている。歴史家としてのトレルチにとって、このような文化史的な仕事がなおなされていないことは重大なことのように思えたのであった。

しかしトレルチの構想における文化史的な概念の使用が、ランプレヒトとの積極的な関連ということを意味していることはない。おそらく、トレルチのこのような概念使用には彼が一八九〇年代の初めに何度も賛同をもって引用していたE・ベルンハイムやE・ゴータインの歴史方法論についての業績の影響があるのだろう。「文化史」というのは、一九世紀の終りのプロテスタント神学と宗教史学においては、何か特別な構想を持った概念としては用いられてはいなかった。特に注意すべきことは、この概念はとりわけ進歩思想と結びついた歴史理解の指針として用いられていたということである。既に一八六〇年代にはまさに神学的には伝統主義的であり、政治的には保守的なルター派的な「文化史」という言葉が用いられていた。それは、新しい宗教的な同一性であり、教会的な支配的文化という特別にルター派的な理念に、再び社会全体の結び付きが見出されるようになった時に、文化の多元的な解体と人倫の頽廃を阻止するという課題を歴史的になすために用いられるようになったものであった。プロテスタント神学において、文化史という概念は、遅くても一八六〇年代の終り以来、宗教的自由主義者だけではなく、正統主義者によっても要求されたものでもあったのである。それ故に文化史という概念は、そこでは決して論争的な対立概念ではなかったのであった。歴史学内部の方法論争における方法論的な対立は一九世紀のプロテスタント神学内部においては、宗教史の概念のひとつの可能性として導入されたのであった。

4・2教会史からキリスト教の宗教史へ

既に初期のトレルチは、あらゆる歴史的な認識の中に、教会的教説の時代を超えた真理要求という教義学的な解釈を従属させてきた、教会の公認的な学問としての神学という伝統的な自己理解に対してラディカルな批判をなしていた。彼は神学の「宗教史的な学問領域」[43]への転換を考えていた。そのことはまさにあらゆる領域でなされたのであり、諸宗教の中のひとつの宗教としてのキリスト教の純粋に歴史的・分析的な学という意味において教義学や倫理学のような体系的な領域でもなされたのであった。神学概念のこのような徹底的な歴史化[44]に対応して、神学の歴史的な中心領域、すなわち教会史も、宗教史的なパラダイムの上に作りかえられねばならなかったのであった。既に一八九一年に博士論文のために用意された命題の中で、トレルチはこの点について次のように説明している。「いわゆる教会史とキリスト教宗教の歴史は厳密に区別されるべきである。後者は神学的な学問と直接的な関係を持っているだけである」[45]。伝統的な教会史は学問性を放棄している。教会史というのはただ教会の歴史であり、詳しく言うならば宗教改革後のキリスト教の教派的な多元化という条件のもとでの、諸教派教会の歴史のことを意味していたものなのである。教会史というのは、教会が、キリスト教の歴史の排他的で、最低限の主体であるという概念を前提としている。教会史の歴史的な対象というのは、暗黙のうちに、教会外の信仰、あるいはゼクテの信仰のようなものは既に神学的には不法なものであり、異端であるという教義学的な前提承認のもとに構成されている。これらの教義学的な前提は確かにそれ自体歴史的に解明されるべきものである。すなわちこれらは近代以前のキリスト教の根底にあった個人よりも団体、ゼクテよりも教会の無条件の優位性ということの影響を受けているのである。しかし教会史は、現代の社会史にとって意味を持っていたキリスト教信仰の組織形態の多元的な自立という出来事を解明するための分析的な機能を持っていないのである。

それ故に、教会史からキリスト教宗教の歴史への変更というトレルチのプログラムは、彼の構想としては、その時代の一般的な歴史におけるさまざまな研究の進展とのパラレルな関係の中で構成されているものである。たとえば国家というものに固定的な位置を与えていた政治史的な歴史記述が、その構造的な核を国家にではなく、社会、詳しく言えば文化における新しい歴史学的なパラダイムによって交代させられるということが起ったのであるが、そのようなことと平行している。国家と社会との区別化というのことは、キリスト教の歴史に見られたネオロギー、あるいは一八世紀の後半の啓蒙主義神学の中にその対応を見出すことができる。そこでは組織体としての教会とキリスト教の文化的一般性とが区別されているのである。キリスト教宗教の歴史という主張によって、トレルチは現代文化の分化という方向性に条件付けられたキリスト教の具体的な形態の変更を試みているのである。一方で組織体としてのキリスト教が方向付けられているが、しかしそこにおいて既に教義学的に狭められたキリスト教史の主張が、教会と並んで、キリスト教の教会外的な社会形態、何か敬虔派運動のようなもの、あるいは宗教的な合同運動、そしてゼクテ、市民的教養宗教、あるいは宗教的な書物による個人的な宗教的経験などの解明へと移行して行っているのである。

このような意味での宗教史は、文化史の不可欠な部分として理解されている。というのはこの宗教史は目指されている全体性の統合のための新しい統合概念だからである。このように広い意味に理解された文化史の根本主題は、個々の文化現象の間の相互作用のことを意味しているのである。トレルチは、一八、一九世紀におけるヨーロッパの社会の時代の変化を、中世のキリスト教的、教会的な統一文化と、一六世紀、一七世紀初頭における教派的に分裂した教会によって、本質的には宗教によって基礎付けられていた社会の実質的な統一の解体のプロセスとして理解している。社会の近代化は、原初的には社会の細分化を導くことになった。一七世紀後半以来、伝統的には宗教によって同質の全体性を保ってきた社会的生の行動様式は、ますます社会の分化によって相対化されるようになったのであった。芸術、学問、倫理、法、そして政治は、もはやひとつの統一的な宗教的エートスによってではなく、個々の特殊な目的合理性に従うようになったのであった。当時のドイツ社会との徹底的な取り組みという背景によって、またヴェーバーと並んでトレルチがとりわけ社会学者ゲオルク・ジンメルの仕事を徹底的に取り上げることによって、彼は現代社会を、まさに、相互に対立し、自立した固有性を持ち、相対的に自律的な文化的諸領域の多元的な統合として理解したのであった。[46] このことはまた宗教にとっては以下のことを意味していた。すなわち宗教というのは、第一に規範的な内実として、また文化の一般的な統合媒体として、それ自体他の文化領域の中で、神的なものとの関連で考えられている人格性や他の文化領域で支配的な合理性とは対立する兄弟愛といったものを持ったひとつの特別な文化現象となったのである。それ故にトレルチは宗教史を、宗教という問題領域へと関心を向けている文化史的な歴史構想のひとつの部分史として理解するようになった。それ故に宗教史の根本主題というのは、さまざまな文化領域における衝突や相互作用的な影響のもとにあるのだと考えたのであった。社会の分化というプロセスにおける宗教の運命は、もはや宗教と現代文化一般との間の関係規定として主題化されるべきではないのである。なぜならこのような一般的な関係規定というのは、現代文化の内的な文化や両義性の問題を抽象化しているからである。宗教史についてのトレルチの理解にとって、まさにその問題への関心は、文化的な力の相互作用の可能性という点におかれており、それは具体的には、宗教、すなわちとりわけ宗教的な組織、まさにそれぞれの教派の教会と他の文化領域との関係ということにあるのである。それ故に、資本主義的な経済と現代の官僚主義的な国家によって規定された文化的な力にかんがみて、宗教の相対的な自律性ということがあり得るのか、またどこまで可能なのかということが、彼にとってより優先的に重要な問題だったのである。宗教は、労働運動の機械論的唯物論によって規定されたキリスト教批判的な歴史記述のひとつ、あるいは普遍史的な「一般的宗教史」のひとつのようなものとして、ただの機能として、あるいは他の文化領域の副次的な表現として存在しているのであろうか。

あるいは、宗教は今日の経済や政治のような支配的な文化的力を持ったものに対して、それに規定されてしまうのではなく、逆にそれに影響を与えるような、相対的に自立的で独自な文化的な可能性をもっているのであろうか。

5. 文化の相対的で自律的な力としての宗教

教会史の記述は宗教的諸機関中心になされてきた。それは第一義的には、宗教的な機関である教会というパースペクティブからのキリスト教の歴史としてなされている。トレルチにとってのキリスト教の宗教史というのは、それに対して原理的なパースペクティブの転換をその根底に持つものなのである。彼は教会と並んで、決して宗教的な機関ではないさまざまな宗教的な諸力についてもそれを取り上げるべきだと考えているのである。トレルチは伝統的で教派的に基礎付けられた教会史の記述に対して、構造主義的原理によって方向付けられたキリスト教史のモデルを展開するのである。それ故にトレルチのプロテスタンティズムの歴史の視点は、本質的には以下の三つの重要な視点を提示することによって、一九世紀、二〇世紀初期のルター派的な教会史の記述が作り上げた歴史像からは区別されるものである。その三つの重要な視点というのは、宗教改革ではなく、一七世紀後半から一八世紀にかけての啓蒙主義が近代の決定的な時代転換を特徴付けているという新しい時代理解、強力な官僚国家と結びつき、前近代的な家父長的な共同体論に刻印され、ドイツの政治的な文化を歪めているドイツ・ルター派に対して宗教改革的な「禁欲的プロテスタンティズム」の価値を強調すること、そしてまさに現代文化の源流として、教会的な機関に依存していない宗教的な文化の歴史的な力を強調することである。私は以下の残された論述においてトレルチのプロテスタンティズムの歴史の見方についての三つの重要な要素の最後のものにとりわけ注目してみたいと思う。

なぜなら教会的な機関と結びつかなかった宗教的な諸力と宗教的機関としての教会との関係の歴史的な分析の中に、彼の文化史的な構想の現代的な価値が存在しているからである。ルター派がその核心において、前近代的な社会理念によって方向付けられたキリスト教の形態であるということであるなら、トレルチがいわゆる『社会教説』の否定的な結論の中で強調したように、二〇世紀初頭の本質的には資本主義的な目的合理主義によって刻印されたドイツ社会のさまざまな危機を宗教的な刷新を媒体として「克服するべき」であるという見方は適当である。それ故にそのことを重視すればするほど、教会の外部の宗教的な諸力は、社会における宗教的に触発された価値倫理的な影響力を具体的にどれだけ持っているのかという問いが生じることになるのである。

　トレルチによって前提とされているキリスト教の歴史のパースペクティブの教会外の諸力への転換ということは、第一にゼクテの認識ということによってなされている。マックス・ヴェーバーのプロテスタンティズム研究[47]との集中的な対論の中で、トレルチは、よく知られた『キリスト教会と諸集団の社会教説』を書き、そこにおいて「教会」という社会学的な類型に対して、宗教的な集団に固有な類型として「ゼクテ類型」を提示したのであった。二〇世紀初頭の他のプロテスタント神学者の中で、トレルチのように、再洗礼派、メノナイト派、そしてバプテスト派や千年王国主義者たちの重要な意味を見出していた者は他にはいない。中世の宗教的な統一文化の外にいたゼクテの方が、現代の多元的な個人主義文化に、教派的な諸教会よりも大きな影響を与えているのである。それはとりわけ、教会的な宗教機関による意味付けの独占に対して個々の人間の原理的な自立、特に宗教的な自由や良心の自由と言った人権や寛容の原理を主張した、あらゆる現代の文化的な理念の源泉を提示している。しかしこのような現代の個々人の権利は、単純に諸教派教会との激しい対立の徹底化によってなされたというわけではない。そうではなく、このような人間の権利は、宗教的なものの同一化という前近代的な形態や、既存の文化形態に決定的に力を持っている教会によるあらゆるものの同一化に基づく、教会のドグマティックな単一化に対するゼクテの対立の中にその起源を持っているのである。それ故に現代の文化はその発生において、諸教会の外部にある宗教的な諸力によって特徴付けられているのである。

このような主張によって、トレルチは一九世紀の信条的ルター派の教会的歴史記述の中心的な命題と論争することになったのであった。その命題というのは、宗教改革の諸教会は文化の近代化のプロセスの第一義的な担い手であった、というものである。ところがトレルチのそれとはまったく逆の主張、すなわち宗教的な統一文化という中世的な理念の破壊のプロセスは、本質的にはプロテスタントの諸教会によってではなく、プロテスタントの諸ゼクテによって担われたのだという主張は、当時のドイツの教会史家たちの大部分だけではなく、ゲオルク・フォン・ベローやフェリックス・ラッハファール、あるいはエリック・マルクスのようなプロテスタント的な一般の歴史家によっても激しく拒否されたものであったことを理解しておかねばならないであろう。トレルチの神学的な批判者、とりわけカール・ホルのような人は(48)、トレルチの再洗礼派運動についての研究記述は単に二次文献の利用に過ぎず、多くの点で修正が必要なものであるということに注意を喚起した。トレルチは事実、再洗礼派研究のスペシャリストではなかった。しかし彼は再洗礼派運動の「非病理化(49)」を主張したのであり、ルター派の教会史家たちの職業意識に基づいたイデオロギーである、ルターはドイツの預言者であり、ミュンツァーは帝国の敵の始祖であるという見方を破壊しようとしたのである。プロテスタントの諸ゼクテ、もう少し厳密に言うならば、「禁欲的プロテスタンティズム」に対してルター派を低く評価する彼の立場をめぐっての議論は、その中核に規範的な文化的立場をめぐっての政治的な論争が存在していた。トレルチの批判者たちには、諸教派教会に対してゼクテの歴史的な意義を持ち上げることが、第一義的には二王国説の文化史的な基盤を破壊するものに思えたのであった。

もはやその構造の核心が教会であるという排他的な考え方を認めないキリスト教の歴史は、第二に、教会タイプとは逆に、宗教的な機関を担うのではなく、しかし社会的な自立をもたらした力、とりわけ近代的なキリスト教におけるそのようなキリスト教的信仰の発見への可能性を開いたのであった。そのことは敬虔主義と、敬虔主義的な改革運動と啓蒙主義との両義的な相互影響作用の評価として現れた。一九世紀のルター派的な教義学史や教会史の記述は敬虔主義や、とりわけラディカルな聖霊運動などについては否定的な評価を与えていた。そのような見方は、とりわけ一八八〇年から一八八六年にかけて三冊本で出版されたアルブレヒト・リッチュルの『敬虔主義の歴史』に代表されるものである。そこでは敬虔主義とは、後期中世の神秘主義的なものへの退行、ルター派的な宗教改革の神学的な真理性の後退、それ故にプロテスタント的なものの無理解によって生じたものだと考えられていたのである。トレルチはそれに対して、敬虔主義は「教会、神学、そして一般的な精神教養における発展の担い手」[50]としてその意義を強調したのであった。ここにも歴史的な判断の相違が存在している。敬虔主義の文化的な価値をめぐってのこのような競合する判断において、歴史的な研究の理解における方法論的な相違を超えて、教会政治的な問題が再び顔を出しているのである。リッチュルの敬虔主義に対する否定的な視点には、プロテスタンティズムの基盤において発生した自律的な敬虔運動は、それらが宗教改革の諸信仰告白において表された教会の告白とその実体が一致しており、またサークルや集会、そしてグループや例会における敬虔な諸個人の関連が教会という宗教機関の優位性を保持しているという限りにおいてそれは神学的に正当化されるという主張が横たわっていた。リッチュルの教会理解に対する明瞭な批判の中で、トレルチはそれとは反対に、多元的な国民教会を主張するという彼の構想を明らかにしている。教会的な機関の課題は、正統的な教説の法的な肯定によって、宗教の高い内的同一性を保持したり、さまざまなプロテスタント的な信仰運動の自由な宗教性を制約したりすることではなくて、それとは逆にプロテスタント的な信仰内容の多様性を正当なものとして承認し、調停的な教会政治を展開することでさまざまな方向性を調整することにあるのだと彼は考えたのである。プロテスタント的な信仰の歴史的な現象の多様性に対してトレルチの文化政策がとった大胆な開放性は、当時のドグマティックに単一化され、権威的なルター派教会の自由化をめぐっての教会政治的な闘争にも影響を及ぼしているものとして理解されねばならない。

第三に、トレルチの歴史的な著作における彼の学問的な努力には、それ故に教会類型とゼクテ類型と並んで、純粋に個人的な宗教性の宗教的・文化的な力も包括されている。トレルチはヴェーバーによって提起されたゼクテ‐教会という構造を、およそ一九一〇年頃から宗教的な教団形成の類型論によって放棄し、教会とゼクテのみならず、神秘主義も宗教の社会的な表現の独自の類型として用いるようになったのであった。この分類が社会学的な概念としてどの程度の有効性を持っているかは、宗教社会学において、長い間議論となっていることである。歴史的な視点からするならば、このようなゼクテ‐教会類型論の拡大の意図に興味が寄せられる。トレルチは神秘主義類型を、社会の分化のプロセスにおいてその意義が増大して行き、二〇世紀初頭のドイツ社会において注目すべき文化政策的な力としての信仰の社会的な形態として分析したのである。救済機関としての教会と自由意志によって集まった団体としてのゼクテとは違って、神秘主義は本質的には教会批判的であり、決定的に反宗教機関的、宗教的な個人主義であり、教会のように文化的な説教をするのではなく、魂と神との無媒介的な一致に基づくものなのである。このような宗教的な類型の文化的な意義をトレルチは、三つの点から主題化している。起源的な面においては、トレルチはプロテスタント的な神秘主義を現代文化を意義深く規定している個人主義の(a)歴史的源泉とみなしていた。また神秘主義は(b)キリスト教の社会的な形態としては、ドイツ・イデアリスムスとロマンティークの中で、教養宗教的な個人主義的信仰に変化してしまったと理解している。そしてそれによって、新しい市民的エリートの文化的な理念は、宗教的なものを喪失してしまったというのである。トレルチは神秘主義類型ということで、一九世紀後半から二〇世紀初頭にかけてのポスト・キリスト教的に、あるいは宗教混合的に改造されたキリスト教ということを含めている。そして宗教的なものの刷新が、ドイツの帝国期に、政治的、社会的、そして教派的にも新しい文化的な統合に影響を与え得るようになるということを、とりわけ市民的-自由主義的なプロテスタンティズムの社会的な状況からの共鳴を得ることを彼は目指していたのであった。それ故に神秘主義的な類型への導入の中に、トレルチの文化史的な記述の現代への影響がとりわけ明らかに示されているのである。神秘主義類型によって、トレルチは何よりもまず、特に現代の、とりわけ教養市民層によって担われてきた自由な宗教性を含めているのである。そのような宗教性というのはその自己理解において、キリスト教的な伝統との関係をあるものは保持しており、あるものはそうではなく、教会としてもゼクテとしても組織されていないだけではなく、非機関的であり続けているのであり、それはただ結び付きや一致、自然的な抵抗運動というようなものの中にある社会的な形成物なのである。このラディカルな宗教的な個人主義とトレルチとの関係は独特な両義性を持っている。(51) 一方でトレルチはこの個人主義を、彼の歴史研究の中で、一八世紀後半以来、ドグマティックな教会的キリスト教の文化的な根拠の喪失という現象と平行して、宗教政策的な意義を持つようになってきた、宗教についてのひとつの独自の社会類型として評価している。それ故に彼はさまざまな新しい神秘主義的、宗教改革的なグループや一九世紀、二〇世紀の後半に現れた資本主義的な文化批判というものに関心をもったのであった。資本主義的な目的合理主義の優位、現代の官僚主義的なアンシュタルト国家の機構的な目的追求、また増大する個々の文化現象の細分化に対して、そこでは、宗教的な市民エートスの新しい全体社会的結合性、詳しく言うならば、新しい宗教性に基礎付けられた全体文化の統合を目指している、心情倫理的に動機付けられた抵抗が明らかにされている。トレルチ自身は本質的には資本主義的な目的合理性に特徴付けられた現代文化に対しては批判的な視点を持っており、彼は他方で、その時代の宗教改革的なグループや集会によって担われてきた調和的な価値倫理を極度に懐疑的なものとみなしている。すなわち、市民倫理的な文化理念が、全体社会的に徹底されるために、純粋に個人的で、教会外的な宗教性というのは、既に組織社会学的には衰退してしまったのである。

宗教的、機関的なものによって結ばれていない宗教的な諸力についてのトレルチの文化史的な歴史記述は、一般的な反機関主義という意味で理解されるべきではない。それどころか、彼は改革的、宗教的な新しい神秘主義についての彼の議論の中で認識されているように、歴史的な分析という媒体を通して、宗教的な機関と宗教的な個人との新しい調整の必要性を証明しようとしたのであった。経済と政治という決定的な事実を目の前にして、宗教一般は、ただ教会的な機関という形態の中でだけ、文化実践的な成果をもち得るのだろうか。それ故にトレルチは、既存の教会的な諸機関に対して、教会外の宗教的な敬虔形態の多様性に開かれることを要求したのであった。いかにして、宗教がもう一度、文化的刷新に対して力を与えられるのか、すなわちいかにして現代の権力国家や資本主義的な経済学のような強度の文化的な諸力を相対化し、柔軟化させ得るのか、ということは、トレルチが強調したように、内的、歴史的な分析によってはもはや決定され得ないものなのである。

注

(1)この点についてはたとえばGustav Schmidt, Deutscher Historismus und der Übergang zur parlamentarischen Demokratie. Untersuchung zu den politischen Gedanken von Meinecke, Troeltsch, Max Weber (Historische Studien. Heft 389), Lübeck und Hamburg 1964; ders. Ernst Troeltsch, in: Hans-Ulrich Wehler (hg.), Deutsche Historiker. Band III, Göttingen 1972, 91-108; Dietrich Fischer, Die deutsche Geschichtswissenschaft von J.G. Droysen bis O. Hintze in ihrem Verhältnis zur Soziologie. Grundzüge eines Methodenproblems, Diss. phil. Köln 1966, 222-247; Georg G. Iggers, The German Conception of History. The National Tradition of Historical Thought from Herder to the Present. Revised Edition. Middletown, Connecticut 1983等を参照のこと。

(2)今日に至るまであまり知られておらず、また取り扱われていない多くの歴史方法論に関するトレルチの著作については、Friedrich Wilhelm Graf/Hartmut Ruddies (hg.), Ernst Troeltsch Bibliographie, Tübingen 1982を参照のこと。

(3)トレルチとマイネッケとの関係、並びにマイネッケとの自伝的な傾向をもった関係の記述については以下を参照のこと。Horst Bögeholz, Berliner Zeitgenossenschaft. Erläuterungen zu Briefen von Ernst Troeltsch an Friedrich Meinecke, in: Horst Renz/Friedrich Wilhelm Graf (Hg.), Troeltsch-Studien Band 1. Untersuchung zur Biographie und Werkgeschichte, Gütersloh 1985 (2.Aufl.), 145-172.

(4)神学士試験(Lizentiatenprüfung)と教授資格合格について書かれたトレルチの説教者資格試験申請書における記述(Personalkarte Ernst Troeltsch, Az. 4IIb Nr.90 Universitätsarchiv Göttingen, Blatt 22).

(5)この文章はFriedrich Wilhelm Graf, Licentiatus und Habilitation, in: Troeltsch-Studien Band 1(この書物についての詳細は注の3と同じである)、78-102, とりわけ91を参照のこと。

(6)Ernst Troeltsch, Die Bedeutung des Protestantismus für die Entstehung der modernen Welt. これは一九〇

六年四月一日にシュトゥトガルトで行なわれた第九回ドイツ歴史家協会で行なわれた講演であり、Historischen Zeitschrift, München und Berlin 1906, 2より引用した。

(7)トレルチの批判的時代分析の中心的な概念である「反人格化」については以下の文献を参照のこと。Ernst Troeltsch, Das Wesen des modernen Geistes, in: Preußische Jahrbücher 128 (1907),21-40 (別のところにおける再版は Ernst Troeltsch, Aufsätze zur Geistes-geschichte und Religionssoziologie. Hrsg. von Hans Baron (Gesammelte Schriften von Ernst Troeltsch. Vierter Band), Tübingen 1925, 297-338, とりわけ310, Ernst Troeltsch, Religion,in: D.Sarason (hg.), Das Jahr 1913. Ein Gesamtbild der Kulturentwicklung, Leipzig und Berlin 1913, 533-549, とりわけ547 (以下トレルチのGesammelte Schriften はGSと略される)。

(8)Ernst Troeltsch, Protestantisches Christentum und Kirche in der Neuzeit, in: Die christliche Religion mit Einschluß der israelitisch-jüdischen Religion (Die Kultur der Gegenwart. Ihre Entwicklung und ihre Ziele. Hrsg. von Paul Hinneberg. Teil I Abt.IV. I. Hälfte), Berlin und Leipzig 1906, 253-458. このテクストは一九〇九年の第二版の際にかなり改定され、また補足がなされた。さらに一九二二年の第三版においてもかなりの改定がなされている。

(9)Ernst Troeltrsch, Die Soziallehren der christlichen Kirchen und Gruppen (GS I), Tübingen 1912 XI

(10)この点についてはErnst Troeltsch, Das Ethos der hebräischen Propheten, in: Logos. Internationale Zeitschrift für Philosophie und Kultur 6 (1916/17),1-28を参照のこと。なおこの論文はいくらかの改定と追加がなされGS IV, 34-65に収録されている。

(11)GS I, 15

(12)Ernst Troeltsch, Religionsphilosophie und prinzipielle Theologie,in: Theologischer Jahresbereicht. 17.Band enthaltend die Literatur des Jahres 1897. Berlin und Braunschweig 1898, 531-603, とりわけ568-581; Religionsphilosophie und prinzipielle Theologie, in: Theologischer Jahresbereicht. 18.Band enthaltend die Literatur des Jahres 1898, Berlin und Braunschweig 1899, 485-536, とりわけ507-514

(13)Ernst Troeltsch, Rez. Georg von Below, Die neue historische Methode (HZ1898); Heinrich Rickert, Kulturwissenschaft und Naturwissenschaft. Freiburg 1898, in : Theologische Literaturzeitung 24 (1899), 375-377 (Die Theologische Liretaturzeitung は以下においては ThLZ と略す。)

(14) Ernst Troeltsch, Rez. : Kurt Breysig, Die Entstehung des Gottesgedankens und der Heilbringer. Berlin 1905, in : Göttingishe gelehrte Anzeigen 168 (1906), 688-698

(15) Ernst Troeltsch, Rez. : Hermann Bock, Jackob Wegelin als Geschichtstheokretiker. Leipzig 1902, in : HG 94 (1905), 123-126をとりわけ参照のこと。

(16) Ernst Troeltsch, Rez. : Felix Günther, Die Wissenschaft vom Menschen. Ein Beitrag zum deutschen Geistesleben im Zeitalter des Rationalismus mit besonderer Rücksicht auf die Entwicklung der deutschen Geschichtsphilosophie im 18. Jahrhundert. Gotha 1907, in : HZ 103 (1909), 122-127

(17) Felix Günther, Troeltsch-Heidelberg und die Lamprechtsche Richtung. Eine Entgegnung, Leipzig 1909

(18) Karl Lamprecht, Herr Prof. Troeltsch, in : Deutsche Literaturzeitung 30 (1909), 3071-3072

(19) Ernst Troeltsch, Der Historismus und sein Problem. Erstes Buch : Das logische Problem der Geschichtsphilosophie (GSIII), Tübingen 1922

(20) Ernst Troeltsch, Rez. : Otto Ritschl, Die Causalbetrachtung in den Geisteswissenschaften. Bonn 1901, in : ThLZ 27 (1902), 387-389, 387

(21) Ernst Troeltsch, Rez. : Arvid Grotenfelt, Die Wertschätzung in der Geschichte. Eine kritische Untersuchung. Leipzig 1903, in : ThLZ 29 (1904), 643-644

(22) ThLZ 24 (1899), 375

(23) Ernst Troeltsch, Rez. : Paul Barth, Die Philosophie der Geschichte als Sociologie. I. Teil : Einleitung und kritische Uebersicht. Leipzig 1897, in : ThLZ 23 (1898), 398-401, 398

(24) ThLZ 24 (1899), 376

(25) ThLZ 23 (1898), 400

(26) aaO. 399

(27) Ersnt Troeltsch, Moderner Halbmaterialismus, in: Die Christliche Welt 11 (1897), 98-103, 157-162
(28) ThLZ 24 (1899) 376
(29) ThLZ 23 (1898) 398
(30) Ernst Troeltsch, Was heißt "Wesen des Christentums?" (1903), in: Zur religiösen Lage, Religionsphilosophie und Ethik (GSII), Tübingen 1913, 386-451, 449
(31) ThLZ 29 (1904) 644
(32) ThLZ 24 (1899) 376
(33) aaO. 377
(34) ThLZ 29 (1904) 644
(35) ThLZ 23 (1898) 398
(36) GS III, 80 Anm.34, 38f.Anm. 34a.
(37) GS III, 80 Anm. 34
(38) この問題についてはFriedrich Wilhelm Graf/Hartmut Ruddies, Ernst Troeltsch: Geschichtsphilosophie in praktischer Absicht, in: Joseph Speck (Hg.), Grundproblem der großen Philosophen. Philosophie der Neuzeit Band IV, Göttingen 1986, 128-164を参照のこと。
(39) Ernst Troeltsch, Vernunft und Offenbarung bei Johann Gerhart und Melanchton. Untersuchung zur Geschichte der altprotestantischen Theologie, Göttingen 1891
(40) Paul Tschackert, Referat über die Abhandlung des Kandidaten Ernst Troeltsch "Vernunft und Offenbarung bei Johann Gerhard und Melanchton", in: Personalakte Ernst Troeltsch, Az. 4 IIb Nr. 90 Universitätsarchiv Göttingen, Blatt 20.
(41) それはエルンスト・トレルチのヴィルヘルム・ブセットにあてた一八九五年六月二三日付けの手紙であり、以下の書物を参照のこと。Erika Dinkler-von Schubert (Hg.), Ernst Troeltsch. Brief aus der Heidelberger Zeit an Wilhelm Bousset 1894-1914, in: Hiedelberger Jahrbücher 20 (1976), 30

(42) Ernst Troeltsch an Paul Siebeck am 1. August 1901, 2（Archiv des Verlages J.C.B.Mohr（Paul Siebeck），Tübingen. トレルチはそこで彼の神学史的研究の文化史的な方向付けについて説明している。すなわち「それは私のあらゆる著作の核になる思想であり、私はまさに一冊の大著をもってその問題と歴史的に取り組んでみたい……」。

(43) この言葉をトレルチは、私が一九七八年に発見した彼の博士論文の命題の中で述べている。すなわち「神学はひとつの宗教史的な学問領域であるが、それは普遍的な宗教史の構想のひとつの部分ということではなく、われわれが良く知っているようないくつかの世界宗教との比較によるキリスト教宗教の内容規定ということである」。これについては Friedrich Wilhelm Graf, Der "Systematiker" der "Kleinen Göttinger Fakultät". Ernst Troeltschs Promotionsthesen und ihr Göttinger Kontext, in : Troeltsch-Studien Band 1（詳細は注の3を参照のこと）、235-290, とりわけ283ff.を参照のこと。

(44) トレルチの徹底的に歴史化された神学概念については、以下の書物における大変印象深い解釈を参照のこと。Volker Drehsen, Neuzeitlichen Konstitutionsbedingungen der Praktischen Theologie. Aspekte der theologischen Wende zur sozialkulturellen Lebenswelt christlicher Religion. Band II. Tübingen 1985（Hochschuldruck），bes. 542ff.

(45) 注の43の251ff.を参照のこと。

(46) この点についてはとりわけ、いわゆる『社会教説』のプログラムと構想に示されている。

(47) トレルチのマックス・ヴェーバーのプロテスタンティズム研究との集中的な対論については、Friedrich Wilhelm Graf, Fachmenschenfreundschaft. Bemerkungen zu Weber und Troeltsch, in : Wolfgang J. Mommsen/Wolfgang Schwentker（Hg.），Max Weber und seine Zeitgenossen, Göttingen 1988

(48) トレルチとホルとのとりわけ論争的な議論については以下の著作を参考のこと。Dietrich Korsch, Karl Holl als Antipode Ernst Troeltschs, in : Horst Renz/Friedrich Wilhelm Graf（hg.），Umstrittende Moderne. Die Zukunft der Neuzeit im Urteil der Epoche Ernst Troeltschs（Troeltsch-Studien Band 4），Gütersloh 1987, 211-229

(49) 注の44で引用したV. Drehsen の539を参照のこと。

(50)この言葉はもともとはトレルチのプロテスタンティズム研究から霊感を与えられたホルスト・シュテファンの表現である。Horst Stephan, Der Pietismus als Träger des Fortschritts in Kirche, Theologie und allgemeiner Geistesbildung, Tübingen 1908

(51)これについては Gangolf Hübinger, Kulturkritik und Kulturpolitik des Eugen-Diederichs-Verlags im Wilhelminismus. Auswege aus der Krise der Moderne? in : Troeltsch-Studien Band 4 (注48と同様)、92-117を参照のこと。

(深井智朗訳)

マックス・ヴェーバーとその時代のプロテスタント神学*

マックス・ヴェーバーは一九〇七年、彼の『プロテスタンティズムの倫理と資本主義の精神』に関する論争の関連で、次のようなテーゼを主張した。プロテスタント的禁欲と資本主義の精神との発生的連関についての彼の研究に対する「事柄に即した実りある批判」は、「因果関係が際限なく錯綜しているこの領域においては、もっぱら資料に熟達することによってのみ可能」である。「おそらく多くの人々にはこの上なく『時代遅れ』に見えるであろうが、そうした批判を私は、神学の側から、それもきわめて専門知識のあるそれから期待している」と。[1] ヴェーバー自身彼の研究の開始以来、プロテスタント神学徒たちと緊密な話し合いの接触を持ち続けた。このことは彼の宗教社会学の発展にとって大きな意義を持った。その時代のプロテスタント神学は、キリスト教の歴史的文化科学として営まれていた限りにおいて、一九世紀後期ならびに二〇世紀初期においてドイツの社会科学を支配していた問題設定や諸問題を持続的に規定する一つの要因であった。二〇世紀初期のドイツでは、社会学は特別な教授ポストを持った大学の自立した学科としてはまだかろうじてわずかに制度化されていたにすぎなかった。同じように宗教学が神学部の外で自律的に営まれるということもほとんどなかった。それゆえヴェーバーは、幾度も神学者たちを宗教研究の本来の「専門人」として認め、さらには彼らを『プロテスタンティズムの倫理』をめぐる議論の中で、自分にとってきわめて重要な対話の相手と呼んだ。[2] これに対し社会学の内部での彼の影響史は、神学に対するまさにそのような専門的に狭い先行判断によって、広く刻印されている。これについてヴェーバーは独特な時代遅れの像を用いて自分を皮肉るように注釈している。例えばパウル・ホーニヒスハイムは確かに、ヴェーバーはその研究開始以来、神学研究の状況を詳細に熟知していた、と幾度も指摘している。[3]そしてまた、最近一五年間のヴェーバー・ルネサンスの関連においても、時折、特にフリードリヒ・テンブルック、[4]ヨハネス・ヴァイス、[5]それにテンブルックの弟子であるゴットフリート・キュエンツレン[6]によって、ヴェーバーの後年の社会学が依然としてなお専門的な神学的文献との対論によって非常に強烈に刻印されていたことが重要とされてきた。しかし、「例えば、M・ヴェーバーの文化科学一般の基礎的な理解や、特にキリスト教概念や宗教概念の理解がいかなる神学史的文脈にあるかといった分析は、まだなされてはいない」[7]。歴史的に方向づけらた「現実科学」としての社会学というヴェーバー独自の社会学概念に従えば、彼の仕事は、ただ彼の時代の歴史的・文化科学的な議論の細分化された学問史的理解の文脈においてはじめて適切に解明され得る。この意味において一九世紀末から二〇世紀初めにかけてのプロテスタント神学の対話状況は、ヴェーバーの宗教社会学の中心的な問題設定にとって、もちろん唯一ではなく、また確かに最も重要というのでもないが、考え得る一つの探究連関として、範例的に叙述されるべきである。わたしはさし当ってまず若きヴェーバーによるいわゆる古い「自由主義神学」との集中的な取り組みと、オットー・バウムガルテンや「宗教史学派」の代表者たちとのヴェーバーの接触に注意を向けよう。その後、わたしはヴェーバーとエルンスト・トレルチの間の研究実践の協力という具体例に即して、ヴェーバーがプロテスタント神学者たちと持った学問的関係の強烈さを解明していきたい。そして最後に私は、よりいっそう組織的な意図によって、トレルチの宗教理論をヴェーバーの後年の社会学に対抗する一つの代表的な対抗モデルとして提示することにする。

I．宗教的倫理と文化の自己法則性

一八八二年五月一六日、ヴェーバーはハイデルベルクから彼の母に宛てた手紙の中で、「その他の点では、わたしはかなり深く神学の中に入り込んでいます」[8]と報告している。ヴェーバーは彼の法律の勉学の最初の三学期間、彼の年上の従兄弟であり、プロテスタントの神学生であったオットー・バウムガルテンと、生活上、ならびに勉学上の密接な交わりの中で過ごした。少なくとも学生時代にあっては、オットー・バウムガルテンはマックス・ヴェーバーに対し持続的な影響を及ぼした。従兄弟同士のこの二人は、一九世紀のドイツ自由主義神学の古典的テキストを一緒に習得した。[9]こうしてヴェーバーは、学生時代にとりわけF・D・E・シュライアーマッハーの『宗教論』、アロイス・エマヌエル・ビーダーマンの『キリスト教教義学』、それにオットー・プフライデラーの『パウロ主義』と「大いに取り組んだ」[10]。シュライアーマッハー、プフライデラー、ビーダーマンは、個別的に見れば容易ならない相違を抱えているが、それぞれにその都度文化実践的な宗教の独立性を主張しようと試みた人々である。一九世紀のあの科学的・実証主義的宗教批判は、宗教の中にただ他の文化的現実の働きだけを見て、宗教的内実を社会的あるいは心理的な所与から導出しようと試みた。しかしこの人々においてはあの科学的・実証主義的宗教批判とは相違して、宗教は文化の一つの自律的能力（eine autonome Potenz der Kultur）として理解される。宗教的意味経験（rligiöse Sinnerfahrung）は、それとして独自の経験であり、まさにこの原理的自立性に基づいて文化的にレリヴァントである。それゆえこれらの人々の神学の中心には、宗教的な価値コスモスが倫理的生活実践へと転換する実存的転換が位置している。個人は特別に彼のものである敬虔を、厳密に原理によって導かれた「宗教的・

人倫的」生活態度の中に実現する。これら古い文化プロテスタント的神学者たちの宗教理解は、とりわけ二つの観点でヴェーバーに持続的に影響した。つまり、彼はそこにおいて、家族的な社会化という形を取ってとりわけ母親の信仰によって代表される宗教の自立性が、理論的に正当化されていると見た。また彼はそこにおいて、敬虔の心情倫理的な具体化を近代のプロテスタンティズムにとって意義深い宗教性として学んだ。

しかし近代文化の諸条件のもとで伝統的な宗教的価値や宗教的規範は、およそそうした日常的実践によって事実的に実現されるべき倫理的方向づけを伝達することができるであろうか。ヴェーバーは、オットー・バウムガルテンとともに、すでに学生時代の勉学において、一九世紀のきわめて影響力の大きな批判的神学者ダーフィト・フリードリヒ・シュトラウスの一八三五年に現れた『イエス伝』と一八七二年に出版された『旧い信仰と新しい信仰』にも集中的に取り組んでいる。シュトラウスは伝承されてきた教会的キリスト教に対し、実際的なレリヴァンス喪失の危機が深部にまで達しているという診断を下していた。つまり、近代文化の諸条件のもとにあって、宗教的な兄弟倫理（Brüderlichkeitsethik）の諸規範は事実問題として廃れてしまっている。というのは、資本主義経済、近代の国民国家的権力政治、それにあらゆる宗教的他律から解放された美的なものの自律的世界は、まさにそれらに特別な固有な規則に従って舵を取られているからである。そこで決定的な問いは、もはや日常的実践において変形可能なものとして妥当することができなくなった古い宗教的倫理に代わって、何が登場すべきかという問いである。あるいは、伝承されてきた宗教的倫理が信憑性を喪失したことは、個人の生き方の倫理的方向づけに対するその主張を完全に放棄することを意味するのか。近代文化を絶対的な非倫理性という非人間的な混沌に堕落させないために、シュトラウスはこれを否定し、キリスト教をポスト・キリスト教的な人間性の宗教（Humanitätsreligion）へと継続的に形成することに賛成意見を述べた。この将来の宗教は彼によってドイツ帝国の市民宗教として構想された。それが、帝国の社会のために実際に納得のいく倫理的方向づけを用意し、政治的ならびに社会的な対立や古い宗教間の対立を越えて統合を遂行すべきであるという。バウムガルテンと若きヴェーバーは、このプログラムを政治的経済的な現状（status quo）を単にイデオロギー的に過大に持ち上げたものとして拒否した。彼らに共通した関心ははじめ、あらゆる文化実践的な調停問題に反抗して伝承されてきた宗教的な兄弟倫理、とりわけ山上の説教に対し、現にある社会政策的論争においても妥当性を与える努力をすることに集中している。

　オットー・バウムガルテンの仲立ちによってヴェーバーは、一八八〇年代の後半から一八九〇年代の初めにかけて、多くの比較的若いプロテスタント神学者と知り合った。最近のヴェーバー研究の中で、とりわけ「福音主義社会会議」（der Evangelisch-Soziale Kongress）のサークルにおけるヴェーバーの政治的なコンタクト、その中でも特にパウル・ゲーレやフリードリヒ・ナウマンといった牧師たちとの親密な友情関係が注目されてきた。しかし彼の宗教社会学の発展の観点からすると、ヴェーバーが同年齢の大学の神学生とどれほど徹底した議論を交わしたかということを見落としてはならない。バウムガルテンを通してヴェーバーは、学生時代にさらにエドゥアルト・グラーフェ、エドゥアルト・ジーモンス、それにハンス・フォン・シューベルトといった神学生たちと知り合った。一八八七年の四月にバウムガルテンは神学のリツェンツィアートの学位を取得する準備のためにその友人グラーフェについてハレに行き、そこで教会史家のアルバート・アイヒホルンと一緒に住むため転居したが、ヴェーバーはその後も手紙や訪問を通してバウムガルテンの幅広い友人仲間や知人仲間と様々な種類の接触を維持した。

　バウムガルテンの友人たちの多くは、一八九〇年代の初め以来、いわゆる「宗教史学派」として神学の中で知られるようになった。この学派は、元来はゲッティンゲン大学神学部のほとんど同年齢の私講師たちのグループであったが、そこには他の人々にまじってヘルマン・グンケル、ヴィルヘルム・ブセット、ヨハネス・ヴァイスといった聖書解釈者たちが加わっており、同様にまた彼らの指導的な組織神学者エルンスト・トレルチがいた。「宗教史学派」の人々は、自分たちを一つの新しい批判的な神学概念を敢行する前衛として理解していた。その組織的構造は宗教的な生の営みに対するまさにあの経験的な関心、後にヴェーバーの宗教社会学の構想をも決定的に規定した関心によって構成されていた。神学は単なる教え、つまり教義学的な思弁もしくはある教会的な信仰的宝庫の管理ではない。そうではなく、それは生きられている宗教を帰納的に扱う学問であり、事実的な宗教的実践に対する分析であり、個人的な生の形成の一つの能力としての宗教の文化実践的レリヴァンスの解釈である。観念論的な体系的哲学が崩壊して以来、一般的な「学問の経験主義化」[11]が観察されるのに類似して、一九世紀の終わり三分の一の時代、プロテスタント神学はますます強烈に文化史的、社会史的、民族学的、ないし「民衆心理学的」、ならびに宗教心理学的問題設定に対して身を開いた。一八九〇年代初め以来、とりわけバウムガルテンや、ヴェーバーが学生時代以来コンタクトを持っていた「宗教史学派」のサークルの他の若い神学者たちは、「理論に対する経験の優位」[12]によって方向づけられた神学的転換、つまり「キリスト教的宗教の社会文化的生活世界に向けての神学的転換」[13]を導入し、貫徹しようと試みた。その際、彼らはキリスト教の成立、発展、今日的文化的意義についての徹底的に歴史的な理解、すなわち何らかの伝承的な教義学的先入観によって曇らされない理解を得ようと努力した。このことは、方法論的には「近代的な宗教学、歴史学、文献学などの方法によって、神学的作業をあらゆる面にわたって拡大すること」[14]、ないしは神学を「社会科学的」に方向づけられたキリスト教の「文化史」へと改造することを意味する。キリスト教は、徹底的に一般的宗教史の文脈の中に入れ込まれ、その際それは第一義的にはその文化的意義を目指して主題的に扱われる。というのは、少なくとも過去においては宗教はあらゆる文化の建設において主要な要因であったからである。「宗教史学派の歴史家たち」が宗教的伝統について興味を抱いたのは、一言で言えば、

「生の力」(Lebensmacht) としての宗教の意義に対してであった。「生の力」という概念は、周知のように後に『世界諸宗教の経済倫理』の『中間考察』においても重要な役割を演じている。[15]

「宗教史学派の歴史家たち」の歴史的研究においては、特に以下の主題が前面に現れている。それは、宗教と日常的文化の間のさまざまな緊張、それら緊張を文化実践的に弱める試み、個人の生の営みにとっての「敬虔」の意義、それに宗教的な共同体行動の社会的諸影響などである。旧約ならびに新約聖書の解釈の内部で、一九八〇年代後半以降、彼らの関心は文化的には到達することのできないそうした宗教的諸現象に集中した。新約聖書解釈において、終末論が原始キリスト教の宗教的表象世界の中で中心的な位置にあることが強調された。以前の文化プロテスタンティズムにとっては、キリスト教の宗教的意味は、その文化的意義、ないしはヒューマニスティックな人倫の建設に対する実際的レリヴァンスと直接重なりあっていた。しかしいまやこの文化プロテスタンティズムに明らかに対立して、キリスト教と文化の関係はまさに原理的に架橋し得ない(ないしは文化実践的にいつでもただ限界ある仕方でのみ媒介され得る)二分法のモデルによって解釈される。「宗教史学派の歴史家たち」とその近くに立っている神学者たちは、原始キリスト教のケリュグマの終末論的性格の中にある宗教と世界の諸緊張を、真のキリスト教の本質にとって構成的かつ規範的な対立へと徹底化させた。けれども、終末論が神学的関心の中心に入ってくると、所与の文化の宗教的に息吹を与えられた倫理的形成の可能性は疑わしくなる。

このことは、オットー・バウムガルテンの山上の説教の解釈において明らかにされ得る。その時代の他の多くの若い「自由主義神学者たち」のように、バウムガルテンは山上の説教を、歴史的批判の相対化させる働きによっては影響されないキリスト教の倫理的実体として解明した。彼が山上の説教のエートスが持っている有効性の主張を徹底化させる間に、その事実的な世界内的実現可能性に対する問いが神学的倫理学の中心問題になった。バウムガルテンは、一九世紀の八〇年代後半から九〇年代前半にかけてヴェーバーと密接なコンタクトを取りながら、当初は資本主義経済や帝国主義的政治をキリスト教的・社会的に倫理化するために戦ったが、やがてその後九〇年代の半ば以降、宗教的・人倫的な価値表象を世界内的に改造する可能性には限界があることを、次第に強く承認するようになった。バウムガルテンは、彼の初期のキリスト教的・社会的自己理解にとって最高に意味あるテキスト、つまり彼が発行した論集のプログラム『福音主義的・社会的な時代問題』を、ヴェーバーと一緒に編集した。(16) 確かに目下、この従兄弟どうしのその後のコミュニケーションを示す資料は、一般にきわめてわずかしか入手できない。しかしヴェーバーは彼の「大好きな従兄弟」(17) と場所を隔てたにもかかわらず、集中的な対話の接触を維持し続けた。バウムガルテンは、ベルリンでの私講師の働きとイェナでの員外教授職(Extraordinariat)に就いた後、キールにおける実践神学の正規の教授になった。彼をハイデルベルクの神学部に招く企てがあって、ヴェーバーはこれを支持したが、この企てはバーデン州の教会の保守主義グループの抵抗にあって挫折した。ヴェーバーとバウムガルテンの接触が持続したことは、バウムガルテンの数多くの出版物によって証明される。ヴェーバーにとってきわめて中心的な概念として、例えば「理念型」、「独自の法則性」ないし「自己法則性」、「専門人」ないし「目的的人間」、「親和性」、「無世界論」、「合理的な倫理的宗教性」などがあるが、これらはまたバウムガルテンにとっても近代社会の諸条件のもとでの宗教の倫理的チャンスを規定するための鍵概念として役立っているものである。これらの概念を使用する上で、バウムガルテンの方がヴェーバーに依存していたかもしれない。ヴェーバー自身に関する観点からは、このことはさしあたりはただ継承史的(rezeptionsgeschichtlich)な興味をそそるだけである。しかしバウムガルテンの神学的立場をより詳細に解明することは、ヴェーバーの学問的生産の指導的問題設定を歴史的に詳細に理解するためにある重要な意義を持っていることでもある。テュービンゲンの神学者V・ドレーゼンは、最近、

「オットー・バウムガルテンの実践神学とマックス・ヴェーバーの社会学における倫理的テーマの一致[18]」が広範囲に及んでいるのを指摘した。近代のキリスト教についてのバウムガルテンの理論では、社会の諸制度の自己法則性や資本主義経済の社会全域に及ぶ機能の優位によっていよいよ強く刻印され、おなじように帝国主義的・国民国家的な権力政治によっていよいよ強く刻印される文化において、人格性の運命とその実践的自律のチャンスに対する問いが中心に位置している。宗教的諸規範の文化実践的な現実化に対する懐疑がバウムガルテンにとっては増大したが、それにもかかわらず彼は、彼自身にとって中心的な、明確なパースペクティブの中で、宗教が文化の形成にとって構成的機能をもっていることを承認していた。つまり、宗教的な内実は、文化と社会の内在に優る、個人が持っている原理的剰余価値を象徴化している。従ってここでは、(キリスト教的)宗教と文化の本質的、終末論的な対立が、以下の限りにおいて、文化実践的で倫理的なレリヴァンスを獲得している。それはつまり、その対立と共に、敬虔な「人格性」が事実的生活秩序に対して超越していることが効力を発揮させられるべきである限りにおいてである[19]。

「宗教史学派の歴史家たち」は旧約聖書解釈の内部では研究方針として預言者の人物像の価値を高く評価することによって、宗教的内実が文化を越えている超越次元を効果あらしめた。これには祭司と預言者の両極的な区別が結びついている。『世界諸宗教の経済倫理』に関する比較宗教社会学的な見取り図にヴェーバーが添えた「序文」や「中間考察」の中に見られる中心的諸概念、同様にまた『古代ユダヤ教』研究にも見られる中心的諸概念は、「宗教史学派」の預言者研究の内部で鋳造されたものであるか、もしくはそこで獲得された意味内実によって満たされたものである。この意味内実はヴェーバーにとっても基準的である。このことはまた、特に『経済と社会』に見られる組織的宗教社会学の観点からも興味あることである。というのは、仕事遂行の歴史の観点で見るならば、ヴェーバーがまさに預言者と取り組んだことが「組織的宗教社会学の展開をかなりの程度合わせ規定」[20]したであろうからである。

とりわけ古代ユダヤ教と禁欲的プロテスタンティズムについてのヴェーバーの見解は、イスラエル的・ユダヤ教的・キリスト教的な宗教史のあの解釈、「宗教史学派」の内部で展開されていた解釈によって決定的に影響されている。G・キュエンツレンは、「自然宗教」と「救済宗教」、あるいは「神秘主義」と「禁欲」といったヴェーバーにとって基礎的な対概念や「無世界論」「宗教的な世界拒否」「世界無関心」「神義論」といった諸概念がすでにC・P・ティーレ、A・クエネン、E・フォン・ハルトマン、O・プフライデラー、H・ジーベックらの宗教学的、もしくは宗教史的な出版物の中に検出されることを指摘している。キュエンツレンの問いは、「どのような宗教学的資料からヴェーバーは意味深い仕方で汲み取ることができたか」[21]というのであるが、この問いは「宗教史学派」に目を向けることで相当程度明確に説明されることができる。というのは、ヴェーバーの宗教社会学の大部分の指導概念は、ヴェーバーが明らかに知っていた「宗教史学派」の聖書解釈の代表者たちの出版物から由来しているからである。

ヴェーバーが「宗教史学派の歴史家たち」に負っているのは、ただ単に「倫理預言」「聖職支配」「苦難の神義論」「呪術への敵対」といった中心的な諸概念や、「模範預言」と「使命預言」、「救済の宗教性」と「復讐の宗教性」といった同じく基礎的な概念的区別だけではない。むしろ彼は、「宗教史学派」の預言者研究の内部で主張されていた古代イスラエルの預言が持っていた文化的意義を見る視点を我が物にしている。ライデンの宗教史家アブラハム・クエネンと旧約学者ないしオリエント学者であるユリウス・ヴェルハウゼンは、すでに一九世紀の七〇年代後半から八〇年代前半にかけて古代イスラエル預言の解釈モデルを展開していたが、このモデルにはまさに預言者たちの出現の倫理的含蓄がその基礎にあった。つまり、ここではアモスからエレミヤに至るいわゆる「自由な預言者たち」が倫理的唯一神教の告知者として重んじられた。「宗教史学派」の内部で預言者たちの神観と倫理の間の関連が、明らかに西洋的合理主義の発生に対する預言の文化的意義を目指しつつ、主題化された。ヴェーバーにとってはこの点で特にヘルマン・グンケルが非常に重要になった。グンケルはバウムガルテンともまたトレルチとも密接な友人関係にあったが、ヴェーバーはこのグンケルと遅くともハイデルベルクで、しかしおそらくはバウムガルテンの仲立ちによってすでに八〇年代の終わりにハレで知り合った。『古代ユダヤ教』研究の中で、ヴェーバーは『預言者たちの秘密経験』に関するグンケルの著作を「いつもそうであるように輝かしいもの」[22]という注釈を付して取り入れている。こうした価値判断は、ヴェーバーの文献提示の中ではきわめて稀にしか見られないのであるが、グンケルの解釈作業を彼がいかに徹底して知っていたかを知らしめている。

「宗教史学派」の旧約学者、特にグンケルによって発展させられた古代イスラエルの預言とその文化的意義との像が持っているとりわけ以下の諸要素をヴェーバーは我が物にした。つまり、捕囚以前の預言者たちを民衆講演者、デマゴーグ、時にはまたパンフレット著者として解釈すること、預言者の言説のエクスタティックな形式とメタ・エクスタティックな人倫的思想の内実とを区別すること、伝統的呪術的な民衆信仰と預言者たちのエートスの反呪術的倫理的合理性との原理的対立の構図を描くこと、（まさにグンケルによって認識されていたように）預言者の脅迫の言葉ないし禍の告知には歴史が先行していたにもかかわらず、叱責と警告の言葉はまさしく影響力の強いものであったと主張すること、預言者たちによって掲げられた要求を政治的に解釈しようとする試みを拒否すること、ないしはその純粋に宗教的な性格を強調し、預言者を世界内的行動の合理的宗教的倫理の担い手に様式化することである。「預言者たちのエクスタティックな形式ではなく、……その永遠の内実、すなわち彼らに対して明らかになった偉大な神的な思想が、本来的に価値あるものとして」見て取られるべきであるという主張を土台にして、とりわけバウムガルテンは、古代イスラエル的・預言者的な「人倫的唯一神教」に「普遍史的な意義」を承認した。つまり彼はこの関連で「精神が達成した失われることのあり得ない成果」について語る。それは、「…今でも古びることなくまた決して古びることのあり得ないものであり、それゆえまたあらゆる近代的思惟に対してもその根底にあるものである。それは、教会や宗教に対して人々が欲するままにその姿勢を取るとしても変わりはない」[23]。ユダヤ教の文化的意義についてのヴェーバーの評価は一九〇九年以降変化した。その年は『古代農業事情』に関する論文の第三稿が現れた年で、その中では「古代イスラエル」、つまり土地取得からバビロン・ペルシャ捕囚までの時代は、まだ顕著な位置的価値を持ってはいない。それ以後ヴェーバーは、次第に強力に、預言者たちのエートスを西洋的倫理の核細胞として明らかにしていく。こうしたことは、「宗教史学派の歴史家たち」、とりわけここではグンケルの当該の諸テーゼにその起源を求めてよいであろう。さらに、一九一〇年にはトレルチも預言者のエートスに対し、特に西洋的な倫理的合理性の形成と発展にとっていよいよ重要になる役割を承認していた[24]。

「宗教史学派の歴史家たち」の釈義的研究をヴェーバーの宗教社会学の一つの源泉として解明することは、単に文献学的な興味以上のものがある。ヴェーバーは「宗教史学派の歴史家たち」の特定の諸概念を受容することによって、同時に、彼らが展開したイスラエル・ユダヤ教史像の中心的な、もちろん問題もある諸要素を自分のものにした。このことはとりわけ預言の歴史的重要さを過大に評価する傾向や、預言者の人物像を理想化する傾向について当てはまる。一九世紀から二〇世紀への変わり目におけるプロテスタント神学の預言者解釈は、とりわけユリウス・ヴェルハウゼンの影響下にあって、いわゆる自由預言という像を描いていた。それは特に市民的な価値の諸表象によって持続的に刻印された像であった。グンケルと他の「宗教史学派の歴史家たち」は、預言者解釈に関してヴェルハウゼンとその学派が「預言者たちの否定し得ない独創性を……過大に評価[25]」したのを非難した。しかしそれにもかかわらず、彼らもまた預言者たちを模範的な個性の代表者という仕方で様式化した。預言者は、第一義的に迷信と呪術的な伝承によって刻印された世界内部における歴史的に新しいもののエイジェントであり、受け継がれてきたエートスをヤハウェの意志との結びつきの独占性によって質的に新しい、心情倫理的な段階へと高める。そのようにして例えばグンケルは、ニーチェの言う「人間がかつてそうあったものの法外な遺物に対する恐怖と畏敬」によって魅了されながら[26]、預言者たちを創造的個人が大衆を越えて高揚する理想の姿として説明した。というのは、グンケルにとって「イスラエル精神史」は「社会主義から個人主義へと向かう進歩の歴史」を提示しているからである。つまり「より低次の段階では民族、種族、家族などの社会的諸集団が個々の個人よりも重要度において優るが、しかしより高次の段階では個人が成立し、その権利を要求するのが、人類の精神的発展の法則である[27]」と言う。しかしこの個人主義への突破は、本質的に「偉大な宗教的人格」であり「イスラエルにおける最初の『個人』[28]」である預言者たちの功績である。「客観的な真理が、強烈な興奮によって駆り立てられ自己自身を越えて高みへと引きさらわれた人格において、人類の意識にやってくる[29]」。事実またグンケルは、創造的な自律的人格が持っている歴史的な独自の重要性に対して公正になれない「われわれの社会主義的な時代[30]」に対し、その批判のために預言者たちを必要とした。「個別化された内面性における人格の高い評価[31]」というこの特殊な意味で市民的な評価は、その時代の旧約聖書解釈の受容の中で形作られたヴェーバーの預言者像をも持続的に刻印している[32]。類似のことは、カリスマ概念についても妥当する。ヴェーバー自身はこの概念をめぐってプロテスタント教会法学者ルードルフ・ゾームとアードルフ・フォン・ハルナックの弟子、教会史家カール・ホルにその起源を求めた[33]。ゾームは、彼の『教会法』の第一巻において、本質的に法的な機関としての教会概念についてのアードルフ・フォン・ハルナックの解釈に対する明確な批判の形で、以下のテーゼを主張した。それは、あらゆる法は、そして特に独特な教会的な法は、聖徒ノ交ワリ（communio sanctorum）としての教会の本質に対しある原理的な矛盾関係にあるというテーゼである。(34) ゾームは、このテーゼによって、神学内部にカリスマと制度、言葉と祭儀、霊と律法の関係をめぐる激しい論争を引き起こした。この印象の下で、カール・ホルは一八九八年『ギリシャ的修道士制度における熱狂主義と改悛の暴力――新神学者シメオンの研究』において次のことを証明しようと試みた。それは、「職務と霊の対立は、教会憲法の固定的形式が作り出される限り、消え去らない。修道士制度はこの対立を新しく活性化させる。教会は修道士制度を承認したことによって、この対立を永続化させた。修道士制度における自立的な霊と教会における秩序との軋轢は、教会の内的発展における極めて重大な契機の一つである」(35)という主張である。ヴェーバーは特にホルのテーゼを自分のものにした。それは、カリスマ的な権威の堅持は、第一にカリスマ的な預言者ないし修道士の「成功」に依存し、従ってとりわけ「彼の預言の的中と彼の願いの成就」(36)に依存しているというものである。ヴェーバーはその上でさらにカリスマと制度の原理的な二律背反についてのゾームやホルの見解を受容した。ヴェーバーのカリスマ概念の個々の規定において、ヴェーバーがどれほどの強さで宗教的主体性と文化的制度化過程の独自法則性との間の緊張についての神学的論議によって刻印されていたかが示されている。(37)

Ⅱ．具体的な協同作業

ヴェーバーの社会学が同時代のプロテスタント神学の問題設定によって決定的な仕方で共同決定されていたことは、とりわけいわゆる「宗教史学派の組織神学者」であったエルンスト・トレルチとの関係において妥当する。周知のようにトレルチとヴェーバーは、一八九六年以来親密な友人関係を持ち、「実り豊かな学問的交流」(38)を保持した。二〇世紀初頭のハイデルベルクの大学風景を親しく知っている新約神学者マルティン・ディベリウスは、トレルチとヴェーバーの「協同の仕事」(Zusammenarbeit) について語っている。(39) このことは、ただ単に「友情」仲間に一緒に参加していたというだけではない。トレルチは友人ヴェーバーの追悼文の中で「長年の間、日々の交流を通して（ヴェーバーの）限りなく刺激的な力」を経験してきたことについて自ら報告した。(40)「教会と分派」という主題をめぐる文献では、ヴェーバーの宗教社会学的作業とトレルチのそれとの関係は、大抵、トレルチの方の一方的な依存関係として解釈されてきた。しかしながらこの見方は、複雑な両者の関係に対して公正でない。最近ようやく発見されたマリアンネ・ヴェーバー宛ての弔慰の手紙の中で、トレルチはヴェーバーの死の直接的印象の下にあって、確かに彼自身ヴェーバーとの年来の徹底した意見交換の中で「与える人であるよりはむしろはるかに多く受ける人」であったことを報告している。「あなたの御主人は私には精神的な運命でした。そして今日でもなおそうです。私は私なりの仕方で、また次第に自立性を再建しながらこの運命を消化してきました。もちろん私の力量の度合いに応じてです。彼は私にとっては精神的な革命であり、私には恐らく草案はあってもまだほとんど実際的な準備ができていないさまざまな思想、知識、感情を自分の中に受け取るようにと私に強いた法外な刺激でした。私がこの革命を内的に消化するにはかなりの年数がかかりました。今日でも私は重大な諸点について、彼ならどう言うだろうかと考えます。彼はまさしく強烈で、天才的な人間でした……」(41)。しかしこの文章から一方的な依存関係を引き出してはならない。トレルチはここでまた強調して、「私はもともと、彼に対して弟子のような感情や非自立性の感情を持ってはいません」とも語っている。実際トレルチは、マックス・ヴェーバーとの学問的交流においてもちろん与える人でもあったのである。

ヴェーバーの著作に関する詳細な歴史研究をめぐって益々徹底的な努力が傾けられている。しかしそれにもかかわらず、『プロテスタンティズムの倫理と資本主義の精神』の成立はこれまでのところほんのわずかな部分が解明されたに過ぎない。ヴェーバーは周知のように既に一八九八年に講義の形で「プロテスタンティズムの倫理」を扱ったと語っていた。さらにヴェーバーとトレルチは、一八九五年に世に出たゲオルク・イェリネックの有名な著作『人権宣言論』によって敏感にさせられ、カルヴィニスティックな心情倫理によって方向づけられた生活態度が宗教以外にいかなる結果的影響を与えたかを問うようになったと、幾度となく示唆してきた。[42] このことに異議を唱えるつもりはないが、まさに『プロテスタンティズムの倫理と資本主義の精神』の「問題設定」に関しては、トレルチとヴェーバーの交流がどれほど強烈であったかが明らかにされ得る。ヴェーバーはこの点でトレルチの出版物を精密に消化している。その上彼は、『プロテスタンティズムの倫理と資本主義の精神』のテキストの構想と遂行において、明らかに、友人の主題的に類似した仕事計画を、つまりトレルチが遅くとも一九〇二年以来計画し一九〇六年に世に出した『近代におけるプロテスタント的キリスト教と教会』という百科辞典的歴史叙述を考慮に入れている。[43]

一九〇三年一〇月に世に出た論文「ロッシャーとクニース」の中のいくつかの注に、ヴェーバーが「資本主義的精神の成立」と「ピューリタニズムの諸表象」との関連を最も早く公表した指摘が見られる。[44] 同じ年にトレルチは「イギリス道徳哲学者たち」に関する事典論文を出版している。[45] この論文は『プロテスタンティズムの倫理と資本主義の精神』を書いている際、ヴェーバーに知られていた。トレルチはここで「カルヴィニスティックな倫理」を記述しているが、その際用いている諸概念は例外なくヴェーバーの叙述にとっても基礎をなしているものである。このことはただ単に、「聖書の支配」、「予定思想」の宗教的に中心的な位置づけ、「予定された人々の聖化の機関としての教会」、「予定の恵み」と「律法の尊重」との内的関連といったカルヴィニズムの神学的諸規定について当てはまるだけではない。さらに「改革派的倫理」を「近代的な精神的発展の巨大な結節点」として記述するトレルチの「文化史的」な叙述もまた、『プロテスタンティズムの倫理と資本主義の精神』の概念性に著しく近いことを知らしめている。トレルチは、特定の宗教的・神学的な表象が敬虔な個人の人生態度に対して持っている意義を強調して際立たせている。それは以下のようにである。「倫理的な成果は……選ばれていることを知らしめるものであるから、行動に駆り立てる最高のエネルギーは……予定のドグマから出てくる」。また、「カルヴィニスティックな諸国においては、……経済的流通やそれを促進させる資本に対するよりいっそう自由な態度が支配している。ルター派の人々の家父長主義や自然経済的な保守主義に反対して、改革派の人々は政治的ならびに経済的な功利主義に敬意を表わす。そしてこの功利主義を、節制、法の尊重、勤労意欲に対するキリスト教的要請が支える。そうした節制や法の尊重、勤労意欲によって、福音は物質的な繁栄のためにも有益なものとして証明される。そのようにして改革派の諸国は資本主義経済、通商、産業、そしてキリスト教的に和らげられた功利主義の担い手になった。この功利主義はカルヴィニスティックな倫理の文化理論やその事実上の諸力に重要な影響を与えた。近代の政治的発展と並んで、経済的な発展もまたカルヴィニスティックな倫理によって強力に促進された。予定の中で自己の目標と彼岸とについて無制約的に確信を抱いている人は誰でも、自然的な諸力をそれだけいっそう自由に自然的な目的、すなわち営利に向けることができ、その際地上的な財に対する過度な偏愛を何ら恐れる必要がない。それゆえ、改革派的な倫理と、政治や経済の中に形作られた純粋に世俗的な理論とが結合することができた。そして改革派的な倫理からして、種々の文化的な構成要素は純粋にこの世的な営みへと独立することができた」(46)。ヴェーバーは『プロテスタンティズムの倫理と資本主義の精神』の第二部においてこの文章の参照を求めている(47)。もちろんここからヴェーバーのトレルチに対する依存関係を推論してはならない。しかしトレルチが『プロテスタンティズムの倫理と資本主義の精神』の中で展開される構想の特定の根本的要素をヴェーバーより以前にすでに公にしていたことは注目に値する。ある特定の観点においてトレルチはまさに『プロテスタンティズムの倫理と資本主義の精神』に対し、ある独特な生産的参与を果たしていたのである。

ヴェーバーが『プロテスタンティズムの倫理と資本主義の精神』の中で引用しているトレルチの出版物は、単にヴェーバーの禁欲的プロテスタンティズムの叙述と密接な概念的ならびに即事的な親和性（eine enge begriffliche und sachliche Wahlverwandtschaft）を持っていることを認識させるだけではない。両方のテキストを批判的文献学的に比較してみると、むしろ次のことが示される。すなわち、ヴェーバーは、神学史的な文献の知識に基づいて、歴史的素材に従ってその禁欲的プロテスタンティズムの叙述をなしているが、それが基づいている大部分の知識をこの友人に負っているということである。そして彼は、過去のプロテスタント教義史の叙述のさまざまな立場に対するトレルチの批判を受け容れ、その際トレルチの特定の歴史記述上の指導概念、例えば古プロテスタンティズム（Altprotestantismus）といった概念を自分のものにしようとしている。その際、彼は同時に同じくトレルチのルター派に対する批判的な見方、つまり文化実践的に無力で、倫理的に静寂主義的な敬虔と見る見方をも受け容れている。この敬虔は所与の支配体制を美化し、封建的・団体的な公共福祉の理想に義務を負わせられているという。ルター派の倫理に対するこの批判は、現下の政治的関心、つまりドイツに支配的な宗教が社会政策的に無活動であることを指摘しようとする関心の表現としても理解され得る。事実的な社会的実践と、支配的な宗教つまりプロイセン・ドイツのルター派とは、両立するものではない。ルター派は本質的にもっぱら伝統的な農業エリート層と小市民階級の宗教、ないしは「支配層の宗教[48]」であり、資本主義的近代化ないしはそれと結びついた社会政策的な変革過程に対して、建設的に公正に振る舞うことができない。それゆえ、『プロテスタンティズムの倫理と資本主義の精神』をトレルチとの対話の文脈を背景にして読むと、そして当然またゲオルク・イェリネックとの対話の文脈を背景にして読むと、社会学的なヴェーバー文献においてはこれまでただ部分的にしか知られて来なかった、ヴェーバーの本文が持っている批判的な政治的含蓄も明らかになる。これと同様なことが、一九〇六年に出版された論文「教会と分派」についても当てはまる。ヴェーバーは自らこの論文を副題によって「一つの教会的ならびに社会政策的スケッチ」として性格づけ、ある教会関係の雑誌つまりマルティン・ラーデが編集する『キリスト教世界』に発表した。[49]ヴェーバーはこの分派に関する論文を宗教社会学の概念構成という事柄に属する無時間的な学説論文としてよりは、むしろ特別なドイツ宗教政策事情を目指しながら宗教的共同体形成の競合する諸類型を分析したものとして理解していた。「ヴェーバーは確かにここで『自由主義的プロテスタント』というレッテルによって理解されるべきではない」[50]。けれども、しばしば主張されるように、世紀が変わった後にも彼が、自由主義プロテスタンティズムの教会政策の文脈から単純に分離しなかったことは注目に値する。

ヴェーバーの宗教社会学がどれほどトレルチの仕事によって影響されていたかは、ヴェーバーの元来の仕事の計画が容易ならぬ変貌を遂げている点において仕事史的に示され得る。一九〇八年以来ヴェーバーが幾度となく強調したところによれば、『プロテスタンティズムの倫理と資本主義の精神』においてただ一部分だけを切り取って取り扱った中心的諸問題が、この間にトレルチによって「幸運にも彼の思想領域から取り上げられ」、「はるかに広大な専門知識」をもって取り扱われたという。[51]一九〇四年の『プロテスタンティズムの倫理と資本主義の精神』に施された推敲も、またヴェーバーの問題設定が宗教と社会の普遍史的な相互関係へと拡大されたことも、重要な部分においてトレルチの出版物を受容したことを反映したものとして解釈され得る。この点で、トレルチの『キリスト教会と諸集団の社会教説』には特別な重要性が帰せられる。ヴェーバーはこのトレルチの著作の複雑で長い時間をかけた成立過程に対し、経済史的な諸問題について数多くの助言を与え、また社会学的な諸文献の指示や批判的注釈を加えることによって、濃密な仕方で同伴した。[52] この『社会教説』がヴェーバー自身の宗教社会学のさらなる発展に対していかなる重要性を持ったかは、ヴェーバーのその後の著作の中にトレルチに対する参照指示が広く散見されることと並んで、パウル・ジーベックに宛てた彼の手紙からも証明され得る。一九一三年一一月、ヴェーバーは彼とトレルチの著作の共通したこの出版社主に対し、『経済と社会』に関する宗教社会学を以下のような示唆をもって予告した。今や「地上のあらゆる巨大な宗教」にとっての「救済論と宗教的倫理との社会学」をまとめた。つまり、「トレルチがしたことを、今やあらゆる宗教に対して[53]」行った、と。

Ⅲ．近代的な生活諸秩序と「人格性」の運命

近年のヴェーバー研究の内側では周知のごとく以下の問題をめぐる議論がある。つまり、近代の「生活諸秩序」の地平における「人格性」の運命に関する問いは、ヴェーバーの中心的な根本テーマとして理解され得るか、つまり彼の断片的な形での全作品の多様性の中で統一性を代表する根本テーマとして理解され得るかどうか、またどの程度においてそう理解され得るかという議論である。[54] この解釈論争においては、個人に対する近代社会の脅かしという問題に対しヴェーバーとトレルチとが示したそれぞれ異なる関わりを明らかにさせることが役立つ。というのは、ヴェーバーとトレルチの宗教社会学的な出版物は、仕事史的にも、またテーマ的にもきわめて密接に絡み合っていたが、構成的内実に従って言えば、彼らの宗教理論は単に競い合う企てを提示しているだけでなく、明らかに

対立的な企てを提示しているからである。この対立は、西洋的合理性つまり倫理と、キリスト教との間の現下の関係を二者択一的に分析する中に、その総括的な表現を見出している。確かに、現下の生活遂行のチャンスに対し資本主義的近代化がいかなる危機的結果を及ぼしているかを分析している点では、ヴェーバーとトレルチの間には注目に値するコンセンサスがある。しかしながら、トレルチは（O・バウムガルテンもある程度そうであったように）、そのように近代的な合理化過程が危機を帯びた性格をもっていることの洞察が、それではいかなる文化実践的帰結をもたらすかという点になると、ヴェーバーとは距離をもって歩んでいる。

彼らのそれぞれの理論計画（Theorieprogramm）の間の差違は、その都度の時代分析の危機的内実に関係しているのではない。「高度資本主義」によって与えられた個人の自由に対する脅かしについてのヴェーバーの診断は、トレルチによって共有され、「個人の没落」という黙示録的なシナリオによって部分的にはさらに急進化させられている。トレルチは、一九世紀の九〇年代後半以来、数多くの文化政策的な現代分析を発表した。これらの分析が認識させているのは、トレルチは決して近代文化の無批判的な弁証家として理解されてはならないということである。彼はその文化診断的な出版物において、二〇世紀初頭の近代産業社会に対し危機が深部にまで達しているという診断を下している。つまり、トレルチはヴェーバーとの密接な一致において、資本主義的経済の優位によって刻印された近代文化を主観のいやます「脱人格化」（Entpersönlichung）ないし「非人格化」（Depersonifikation）に向かう多種多様な傾向によって刻印されていると見ている。そのようにして例えば一九〇六年から一九〇七年にかけての冬に書かれた「近代精神の本質」の分析において、次のように語っている。「資本主義は……主として非人格化の作用をする。政治的・法的な個人主義、移転の自由、自分自身を好きに扱える人格の自由は、資本主義の諸前提であって、それらなしには資本主義は成立することができなかった。それゆえ資本主義はそれらが自己に有益である限り、それらを保持しようと努める。しかしこれら自らの前提を絶えずふたたび破棄するのが、資本主義の運命である。それは、諸個人をただ企業家や労働者としてしか扱わない。そしてその両方を『資本主義』という抽象物の仮借なき論理に服させる。この抽象物はその非人格性をいたるところに広め、人格としてはただ資本主義の勇敢な傭兵隊長しか残さない。それは、巨大企業の回りに新しい依存関係を雪だるま式に寄せ集め、古代の奴隷制や中世の農奴制の類似物を造り出す。しかしこの類似物は昔の形態にはあった人格的要素をまったく欠如している。……資本主義の主要な作用は、……抽象的で非人格化させる合理主義である」[55]。個人の自由に対する近代社会の脅かしについてのこうした批判的な分析をトレルチは、本質的に次の問いによって方向づけている。すなわち、この「鋼鉄のおり」の内部でなおおよそ新しい個人的な行動の自由のチャンスがあり得るのか、またどの程度まであり得るのかという問いである。その際トレルチの関心は、とりわけ文化的能力（Kulturpotenz）としての宗教、そこから個人の実践的自由が強化されるかもしれない宗教に集中して向けられる。

ヴェーバーの脱魔術化概念は、確かにグローバルな発展理論として機能させられた世俗化テーゼの意味で理解されてはならない。しかしそれは、西洋的合理主義によって刻印された近代世界の地平においては、宗教的な諸伝統にはもっぱら個人的な納得と拘束性とが帰せられ得るだけであるという想定を含み持っている。特に禁欲的プロテスタンティズムに固有のものとされている倫理的方向づけの力は、せいぜい個人の生活姿勢に対して効力を発揮できるだけである。それに対して、トレルチは資本主義的合理化についての彼の分析において、宗教を近代社会の諸条件下にあっても個人を越えてレリヴァンスをもった社会形成のファクターとして主題的に扱った。彼の理論的な注目は、とりわけ、発展した資本主義の諸条件の下でも、宗教はどの程度まで事実に抵抗して個人的自由の強化に向かう社会的能力として形成され得るかという問いに向けられている。特に組織的な宗教哲学に関するトレルチの数多くの出版物において、「人格性」は根本概念をなしている。トレルチの宗教意識の理論は、全体的に確かに機能的な宗教理論として理解されることはできない。しかし少なくともある特定の観点では、彼は宗教の機能に関心を持っている。というのは、宗教は一方では文化の中の一つの機能であり、他方では文化の内在性を常に超越してもいるから、トレルチは宗教を優先的な意味において「人格性」の実践的強化に方向づけられたパースペクティヴにおいて主題としている。つまり、宗教は近代の生活諸秩序の内部で個人の運動空間、ないし行動空間を拡張するためのきわめて重要な文化的勢力として通用する。ただ単に組織的な宗教哲学のための種々のプログラムの素描においてだけでなく、またその時代の「宗教的状況」の詳細な宗教社会学的、ならびに宗教哲学的な分析においても、トレルチは以下のことを示そうと試みた。それは、宗教は「現代」の特別な諸条件の下にあって、とりわけ「自然主義的な非精神化（Entseelung）や資本主義的・技術的な外面化（Veraußerlichung）に反対(56)」してそれ自身を結成するということである。

しかしながら、「ある意味で『個人主義的な』運動の自由の何らかの残余を救出する」ことが、「優勢な官僚化傾向に直面してなおおよそ可能なのか(57)」というヴェーバーの問いに対し、トレルチの回答ははじめからヴェーバーの問いよりも明白かつ楽天的になるということはなかった。トレルチは決してヴェーバーの批判的な懐疑主義に対して単純に敬虔な人のよい信仰を対置することはしなかった。彼は主として社会全体の中で宗教が占めている位置的価値（Stellenwert）を構成的に規定する観点から、ヴェーバーと自分を区別している。彼は世俗化を、その方向性において明白な進展しゆく宗教の喪失としてよりも、むしろ深部に浸透していく宗教の文化的形態と社会的機能の変貌として理解している。伝統的な社会においては、宗教は主としてただ共同体形成の媒介であり、同時にそこでは政治的支配の基礎づけないし強化の極めて重要な道具であった。政治的拘束性が特に西洋的な意味で近代的で純粋に合理的な基礎づけを受け、閉鎖された社会的コスモスが多くの特殊な主観による社会的多元主義によって解消するという条件下で、宗教は支配を基礎づける伝統的な機能を広く喪失した。しかしそれによって宗教は決して一般に機能喪失になったのではなかった。トレルチの宗教理論は、宗教の社会全体における場の規定や個人に対するその功績能力についての再規定を目指し、近代社会の細分化を補足する宗教の再規定を目指している。

宗教はどの程度まで、「魂」に対する官僚主義的統制に向かう社会傾向に対抗して、バランスを取る可能な重りとして自己主張することができるかという問題がある。この問題については、まず第一に、宗教的意識に特に固有のものである能力、所与のものを超越する能力が、主題的に扱われなければならない。というのは、トレルチの宗教理論の目標をヴェーバーの比喩で記述するならば、「魂の分割」から「人間性の残余」(58)を守ることが重大であるが、もしそうとすれば、あの超経験的な「魂の全体性」が何らかの仕方で提示され得るのでなければならず、その「魂の全体性」を目指してはじめて魂の二分も分割も意味深く語られ得るからである。そうした経験を越えていく歩み出しは、とりわけ宗教的意識によって、またここでは特にその意識の終末論的な内実によって代表される。というのは、宗教的意識はその特別な気分に従えば、本質的に超越への関与によって構成されているからである。その限りにおいて宗教意識はトレルチにとって一方で個人性を象徴的に代表する場を提示しているとともに、他方では開かれた社会性を象徴的に代表する場をも提示している。個々の文化領域の異議の唱えようのない固有な法則性に直面しながら、トレルチは以前の「自由主義神学」とは区別される仕方で、宗教の功績能力を主題的に取り扱っている。従ってそれは、もはや単に、宗教は個人的な生活姿勢を心情倫理的に刻印するといったモデルだけに従うものではない。トレルチは、宗教がいわばその心情倫理的具体化に先立って、すでに個人に対してある中心的な功績をもたらしていることをかたくなに主張する。

近代西洋社会の発展のための可能なファクターとして、この社会に歴史的に属している宗教、すなわちキリスト教、ないしは近代化されたプロテスタンティズムが、さしあたり特別な個人性の機能（Individualitätesfunktion）のゆえに影響力を働かせている。というのは、宗教はトレルチにとっては魂と神との交流であり、有限な意識と非経験的な究極的一般性との関係であるが、それは例えば国家のような、世界内的でしかも超個人的なすべての実在を超越し、それらをその中で相対化させもするからである。あるいはまた宗教は、自由の超越的根拠の中に個人的主観性が自ら根拠を置くものである。キリスト教的宗教の表象の内実は、従って個人に対し、所与の世界の一般性から自己を区別する潜在的能力を提示している。それゆえ、宗教は模範的な仕方で「人格らしさ」の同一性を構成するのに仕える。近代的に言い表すと、宗教はまさに社会との対決の中で人格的同一性を安定化させ、個人的自律意識を強化する。というのは、宗教は、社会的に生み出された個人を無化する諸経験に対し破棄され得ない緊張関係の中にある人間という、人間の見方を伝達するからである。つまり、こちら側では一般的なものが特別なものを道具的に処理したり、個人が機能主義的に解消されたりすることが遂行されるのに対し、あちら側では「人間の魂の無限の価値」が象徴化される。

トレルチは、あらゆる社会関係がそれとしては常にまた支配関係であることを否定しなかった。しかし個人は社会によって最後的、原理的に処理され得ない処理不可能性（Unverfügbarkeit）を持っており、その宗教的象徴化はそれ自体として社会的なレリヴァンスを持っている。というのは、ただ社会的であるだけのあらゆる人間の定義を個人が超越することが、具体例をもって示されたり、有効にされるところでは、同時に社会がまさに葛藤に富んでいるという知識が直ちに持たれ、個人の自立の能力が強化され、葛藤を調停する個人の備えが育成されるからである。この意味において宗教は、トレルチにとってただ単に歴史における新しさ、開放性、未完結性の極めて重要な担い手を意味するだけではない。それはむしろ個人の政治的な処理可能性に対する本質的な限界を描くものであり、またそれによって政治的支配の相対化の場を代表するものである。

他方、しかしながらトレルチは、あらゆる宗教に対し、社会性の機能（Sozialitätsfunktion）を認めていた。宗教的なものに関わる文化的諸制度は、さまざまな社会的な特殊主体の闘争や対立が見られる近代的諸条件にあっても、社会的統合をもたらすための潜在能力（Potential sozialer Integration）を準備すべきである。しかしながら、この統合遂行の内容的具体性の問題は、トレルチに対し、宗教の個人性の機能を叙述する以上に、はるかに大きなさまざまな困難を与えた。これは、ただ単に、近代社会の諸条件に矛盾しない宗教に関する彼の理論が持っている特別な政治的内実を表現するだけではない。トレルチは、彼の宗教理論を、明らかに帝政時代と初期ワイマール共和国時代のドイツ社会、とりわけその政治的・社会的な諸条件に向けて言い表した。従って、ただ単に階級対立によってだけでなく、また深部に浸透した宗教政策的な諸対立によっても刻印されていた社会に向けたのである。ここでは宗教に可能な統合的な働きは、とりわけ宗派的分裂によって、またいろいろな教養宗教、おもに断固としてキリスト教批判的ないしキリスト教以後的（postchristlich）な新しい教養宗教と、既成の大教会との競争によってひどく妨害されていた。その限りではトレルチの統合のプログラムは、ヴィルヘルム時代のドイツにおいてもまたワイマール共和国においても、ただ限定された仕方でしか、実際上の宗教的状況に対し即応しなかった。

宗教の統合的機能を証明することは、さらにそれ以上にトレルチに対し原理的な困難をもたらした。ヴェーバーに対する追悼の辞の中でトレルチは、自分には「彼（つまりヴェーバー）のすべての仕事が知られ、身近である」[59]と指摘している。彼があらゆる統合理論が対面させられている根本的ディレンマを的確に意識していたことは、彼がヴェーバーの全作品について緻密な知識を有していた結果として理解されてよいであろう。社会的な統合の関心の中では実質的な合理性を有する資産は、個人を越えて拘束的なものとして、ないしは社会全体にわたるコンセンサス能力を持つものとして証明されなければならない。しかしながら、例えば人がその普遍妥当性に異議を申し立てるような「諸価値」の場合、内容的な合理性原理の定式的表現は、それ自体、個人の自由に対する潜在的脅やかしを表わす。そのことはヴェーバーがとりわけハインリヒ・リッカートとの批判的対論の中で強調した通りである。トレルチは、彼の思惟の批判主義的、カント主義的な要素に基づいて、あの危険を感じ取るヴェーバーの高度な感受性を共有していた。その危険とは、事実的にはただ主観的である価値方向づけを（想定された）客観的な諸価値のコスモスへと実体化することから生じるものである。しかしヴェーバーの「価値問題」の解決は、形而上学に対して批判的で、新カント主義によって息吹を受けた仕方で、合理性を厳密かつ排他的に形式的な諸原理へと制限するものであり、何らかの実質的な諸原理の普遍化能力を否定するものであり、それと結びついて多くの主観的な価値措定の間の諸対立を急進化させるものであり、また、恒常的な政治的闘争に賛成するものであった。トレルチは、このヴェーバーの解決を強く拒否した。というのは、トレルチによれば、ヴェーバーもまたあの「多神教」の構想によって、単に特殊的にすぎないものの絶対化が持っている自由を脅かす危険を免れることができていないからである。それゆえ、この神学者はヴェーバーに対してまさに逆の道を取った。さまざまな価値領域のまさに特殊な固有法則性に基くことで、近代社会の敵対的性格は確かに消失させられ得ない。しかし政治は、近代社会の多元主義の諸条件下にあってただ単に闘争ではない。資本主義的経済の固有のダイナミクスによって決定的に規定された現代社会は、際限なく沢山の特殊な関心の恒常的な競争によって刻印されているが、まさにその度合いに応じて、むしろ諸対立に対する政治的調整も必要とされている。政治は常に共通の意志形成を目指す努力としても、またコンセンサスの制度化としても理解され、形成されなければならない。そのようにしてトレルチは、政治的敵対の急進化を目指すヴェーバーのプログラムを明らかに批判し、社会的な諸対立の和解を弁護する。

トレルチは、この統合主義的な政治理解によって初期のワイマール共和国が求めていた特別な必要条件に対し、ヴェーバーより遥かに優って適合していた。[60] 世紀が変わって間もなく発表された彼の研究「倫理学の根本問題」において、トレルチは倫理的な理論形成という極めて重要な課題に対し、妥協（Kompromiß）が持っている構成的な能力をすでに解明していた。[61] トレルチの後年の歴史哲学の著作は、そこで全体として妥協と利害調整（Interessenausgleich）という政治的・実践的必要性を理論的に正当化する試みとして理解することができる。これに対しヴェーバーの倫理的理論の理解は、政治的な妥協を求める需要を心情倫理的に告発する傾向を内容として含んでいる。「政治家は妥協を作り出さなければならないが、学者は妥協を隠蔽していてはならない」。[62] トレルチの理論プログラムとヴェーバーのそれとが彼らのそれぞれの倫理的根拠に従ってどれほど対立的であったかは、妥協の必要性にその都度どのように携わったかによって特に的確に認識することができる。ヴェーバーが「倫理的絶対主義者」[63]として論証し、また規範的な一義性を獲得するために、存在と当為、事実性と規範性の区別を常にただ個人的にのみ媒介可能な分裂にまで徹底化させる（ないしは二分化させる）ところで、トレルチは妥協に対し、ないしはさまざまな妥協そのものを打ち立てる実際的な努力に対し、ある倫理的な特質を認める。そしてトレルチの理論的努力は、まさしく、妥協形成の制度化のために倫理的な諸基準を獲得することに向けられている。そのようにして彼は、規範的なものの一義性を事実的なものの多義性と無媒介的ないし抽象的に否定的な仕方で相争わせる危険性から免れる。これには政治的・実践的な専門知識上の利点が結びついたが、それは逆に確かに、規範性と事実性に対してイデオロギー的な無関心に陥る危険性を含んでいる。

トレルチの念頭に浮かんでいる利害調整や妥協、そして社会的統合といったプログラムは、けれども社会的多元主義を止揚する意味で「統一文化」の形で形成されるべきものではない。トレルチは一七世紀後半から一八世紀に至る啓蒙主義における中世的「統一文化」の解消に関する彼の歴史的研究を通して、(64) まさに次のことを示そうと試みた。つまり、古いヨーロッパ世界の統一を保障した（あるいは保障するはずであった）実体的なさまざまな拘束性が解体した過程は、逆行不可能（irreversibel）であるということである。近代の個人性文化の危機を生活世界の多元主義を追放することによって克服するように要請する文化政策的諸運動は、彼の強烈な政策的批判を受ける。そのようにしてトレルチは、すでにほぼ一九二二年六月にイタリアとドイツにおけるファッシスト的諸運動に対しを警告を発した。(65) それらは近代社会の多元主義の結果引き起こされた諸問題をキリスト教以後の世界観を基盤として新しい統一文化を是が非でも貫徹することで解決しようと試みたものであった。それに対応して彼はまた、優先的に宗教的に機能した社会変革、ないしは教養宗教的な変革、つまり社会を共同体に変革しようとするあらゆる文化政策的なプログラムに対しても距離をもって相対した。その社会変革においては、個々人の特殊性に対し、例えば個々人の政治的、あるいは経済的な特殊な関心に対し、反多元主義的に規定された一般性が抽象的に優位に置かれていた。従って、それは例えば二〇世紀初めのドイツ教養的市民層に影響力の強かったオイゲン・ディーデリクス出版社の文化政策のようであった。(66) まさしくこの批判を背景にして、トレルチが統合への関心を近代社会の多元主義の明白な受容と結合しようと意図していたことが明らかになる。コミュニケーションに対する宗教の潜在能力が、開かれた統合のために活性化されるべきというのである。

　開かれた統合のプログラムは、特にトレルチの晩年のベルリン時代における歴史哲学的著作において事柄上の中心をなしている。『歴史主義とその諸問題』や歴史哲学の根本問題に関するさまざまな他の理論史的研究において、トレルチは次のことに努力した。つまり、宗教的なインスピレーションを受けた仕方で西洋の歴史を再構成することにより、実質的、政治実践的なコンセンサス原理をヨーロッパ・アメリカ文化圏に対して効力ある仕方で定式的に言い表すことであり、またそれをヒューマニスティックな政治のなくてはならない条件として証明することであった。「ヨーロッパ文化総合」のこの構想によってトレルチは、明らかに第一次世界大戦後に与えられた政治的状況に対し、またそこでも特に新しいドイツ的デモクラシーの必要条件に対して公正であろうと試みた。この構想をトレルチはまた、ヴェーバーの政治社会学との厳しい批判的対論の形で発展させた。その際トレルチはもちろん非常に重大な一点においてヴェーバーとの一致を堅持した。それは、文化総合は一度にしてすべてに通じるような固定された諸価値のコスモスへと実定化されてはならないという点である。個人の自由のためにむしろ各々の内容的コンセンサスの相対性、凌駕可能性、未完結性に固執しなければならない。近代の諸条件の下ではあらゆる文化的コンセンサスは、新しい個人的な価値措定を排除しないように、開かれた形で形成されていなければならない。

すでに言及したマリアンネ・ヴェーバーに宛てた弔慰の手紙の中でトレルチは、ヴェーバーと彼が彼らの長年にわたる交流の緊密さにもかかわらず、「最後の相違点についてほとんど語り合わなかったも同然であり、恐らく二人とも止揚し難い内的差異を抱いた感情にあった」と報告した。「私は最近数年、彼のことをずいぶん、ほとんど毎日、じっくり考えてきました。私は彼もまたこの十年間、まさに私たちの共通基盤を一層狭める結果になった諸発展を経験してきたのを感じていたように思います」[67]。同じことは逆にヴェーバーにとっても妥当する。トレルチがヴェーバーの政治社会学とのきわめて厳しい文献的対話の中でヨーロッパ文化総合の彼の構想を展開したように、ヴェーバーもまた彼の後の社会学の中心的な部分をトレルチとの批判的な対論によって発展させた。特に『中間考察』は、ヴェーバーが宗教的な価値領域と、政治、芸術、性愛など自律的な価値領域との対立関係を主題としたものであるが、それは広く、トレルチやバウムガルテンのような神学的対話の相手との間接的対論として読まれ得るものである。トレルチのプログラムは、近代的社会関係という「硬い岩塊」から宗教という柔らかな水によってその硬さを取り去ろうとするものであり、ヴェーバーはそれを無駄なこととして非難した。近代西洋の合理主義という社会的な殻からの一般的に入手可能な逃げ道を獲得することはほとんどできないが、宗教という「生の力」によってもそれを得ることはほとんどできないという。トレルチは、宗教的価値倫理学によって個々の文化領域の間の対立関係を弱めたり、和らげたりすることに努力した。バウムガルテンもトレルチとは異なる方法によってではあるが、同様の努力を傾けた。それに対し、ヴェーバーはちょうど逆に、文化の多面的な独自法則性の間にある緊張を劇的に潤色した。というのは、ヴェーバーは、宗教的なインスピレーションを受けた実質的価値倫理学によって「人格性」を助けてより大きな自律を得させようとするトレルチの試みの根本的な弱点を極めて精確に認識していたからである。つまり、宗教の個人性の機能と社会性の機能は、首尾一貫する仕方で相互に媒介しあうことはできず、宗教は社会に対抗して人格的な同一性を打ち立てる場であるとともに、同時に社会的な統合の媒体、すなわち多くの個人を社会の中に組み入れる媒体でもあることはできない。宗教的価値を社会全体に関わる制度に化する試みはどれも、ヴェーバーに従えば、宗教がそのために営まれるあの個人的自律性を廃棄するように脅かす。

それゆえヴェーバーは、トレルチが宗教的に根拠づけられた「文化総合」を弁護したところで、倫理的「多神教」を支持した。つまり、個人の自由のために、対立するさまざまな価値領域の競い合う諸規範の間で決断することを個人から取り上げようと試みてはならない。そしてそこから結果してくる、さまざまな主観的ないし個人的な価値の方向づけの徹底的な闘争は、何らかのいわば客観的な場から調停されたり、あるいはまたただ和らげられたりされることはできない。すでに一九一六年二月に発表された、山上の説教の愛の倫理と現代の権力国家の事実的諸命令との間の葛藤に関する議論のための寄稿論文「二つの律法のあいだ」において、ヴェーバーは宗教的諸規範と世界の色々な合法性との間の緊張を神々の闘争として描いていた。[68] ヴェーバーが自分にとって重要な徹底した啓蒙の情熱を持ちながらも、「二者択一的な諸価値ないし競い合う世界像の永遠の葛藤の討議において、繰り返し古代の神話論に負った言い表しを筆にのぼらせる」[69] ことは、多くの解釈者たちにいささかの困難ももたらしはしなかった。トレルチのような神学的な対話相手との論争を背景にすると、こうした神話論的な語り方は、諸個人を越えて実体化されたあらゆる統一概念あるいは統一表象を精算する試みを極めて的確に叙述する限りにおいて、意味を持つことになる。つまり、優れた意味で超個人的な統一の解釈的な場そのもの、すなわち神概念が、そのようにして価値をめぐる個人的葛藤を劇的に表現するのに相応しく新しく規定される。従って、宗教は統合の潜在的、社会的な媒介としては引退する。そこでトレルチの宗教理論によって方向づけられたパースペクティブからヴェーバーの多元主義構想を見ると、次の問いがしきりにつきまとう。それは、まさしく社会的諸対立を徹底化させるためになおも主張されなければならないあの社会の統一は、どのようにして規定され得るのかという問いである。この問いはヴェーバー独自の神話神学的（mythotheologisch）な諸概念によって次のようにも言い表わすことができる。近代社会的な多神教が機能するのは、もっぱらただ神々の闘争に先立って一神教の残余がなおあるところにおいてだけではないのか、と。

注

＊これは一九八五年一〇月一七日、トレント大学において客員講義として行ったものである。

（1）M. Weber, die protestantische Ethik Ⅱ. Kritiken und Antikritiken. Hrsg. von J. Winckelmann. Hamburg 1972, S.31 und 36.

（2）A.a.O., S. 48 und 345.

（3）P. Honigsheim, Max Weber : His Religious and Ethical Background and Development, in : Church History XIX (1950), S. 219-239 ; ders., Erinnerungen an Max Weber, in : R. König/J. Winckelmann (Herg.), Max Weber zum Gedächtnis. Materialien und Dokumente zur Bewertung von Werk und Persönlichkeit (KZfSS Sonderherft 7). Köln/Opladen 1963, S. 161-271, ここでは特にS. 254を参照。

（4）F. Tenbruck, Die Genesis der Methodologie Max Webers, in : KZfSS 11 (1959), S. 573-630 ; ders., Das Werk Max Webers, in : KZfSS 27 (1975), S. 351-364.

（5）J. Weiss, Max Webers Grundlegung der Soziologie. Eine Einführung. München 1975 特にそのS. 103ff. を参照。

（6）G. Küenzlen, Die Religionssoziologie Max Webers. Eine Darstellung ihrer Entwicklung. Berlin 1980.

（7）V. Drehsen, Neuzeitliche Konstitutionsbedingungen der Praktischen Theologie. Aspekt der theologischen Wende zur sozialkulturellen Lebenswelt christlicher Religion. Anmerkungsband zu Band Ⅱ. Tübingen 1985 (Hochschuldruck), S. 55, Anm. 23.

（8）Max Weber, Jugendbriefe. Tübingen 1926, S. 48.

（9）ヴェーバーの青年期の書簡の色々な箇所とともに、またO. Baumgarten, Meine Lebensgeschichte. Tübingen 1929特にそのS. 81ff. を参照。

（10）Jugendbriefe, S. 67.

(11) H. Schnädelbach, Philosophie in Deutschland 1831-1933. Frankfurt am Main, 1983, S. 113.
(12) H. Schnädelbach, a.a.O., S. 114.
(13) これについては、すでに注7において名をあげたV・ドレーゼンの包括的な著作の中に詳細な立証があるのを参照。
(14) そのように、一九〇九年から一九一三年にかけて「宗教史学派」の代表者たちによって編集された辞典“Die Religion in Geschichte und Gegenwart”の内容目録のプログラム通知に言われている。編者の序言（Die Religion in Geschichte und Gegenwart. Erster Band. Tübingen 1909, S. V-IX）、ここではⅧ以下を参照。
(15) M. Weber, Gesammelte Aufsätze zur Religionssoziologie. Band I. Tübingen 1920, S. 566 u. oe.（以下においてはGARSと略記する。）
(16) O. Baumgarten, Meine Lebensgeschichte. Tübingen 1929, S. 215. それどころか、ヴェーバーは『福音主義的・社会的な時代問題』（Evangelisch-soziale Zeitfragen）の編集を共に行い、バウムガルテンの企画に参加した。これについては、Adolph Wagner. Briefe, Dokumente, Augenzeugenberichte 1851-1917. Hrsg. von H. Rubner. Berlin 1978, S. 260を参照。またいまでは以下を参照。R. Aldenhoff, Max Weber und der Evangelisch-soziale Kongress, in: W. J. Mommsen（Hrsg.）, Max Weber und seine Zeitgenossen. Göttingen 1987.
(17) P. Honigsheim, Erinnerungen an Max Weber, in: R. König/J. Winckelmann（Hrsg.）, Max Weber zum Gedächtnis. Materialien und Dokumente zur Bewertung von Werk und Persönlichkeit. Köln/Opladen 1963, S. 265.
(18) V. Drehsen, Protestantische Religion und praktische Rationalität. Zur Konvergenz eines ethischen Themas in der Praktischen Theologie Otto Baumgartens und der Soziologie Max Webers, in: W. Steck（Hrsg.）, Otto Baumgarten. Kiel 1986.
(19) F. W. Graf, Lex Christi und Eigengesetzlichkeit. Das Grundproblem der ethischen Theologie Otto Baumgartens, in: W. Steck（Hrsg.）, Otto Baumgarten. Kiel 1986.
(20) W. Schluchter, Altisraelitische religiöse Ethik und okzidentaler Rationalismus, in: Max Webers Studie über das antike Judentum. Interpretation und Kritik. Hrsg. von W. Schluchter. Frankfurt a. M. 1982, S.

11-77. ここではS. 21とS. 65を参照。

(21) G. Küenzlen, Unbekannte Quellen der Religionssoziologie Max Webers, in: Zeitschrift für Soziologie 7 (1978), S. 218, Anm. 3.

(22) M. Weber, GARS Ⅲ. Tübingen 1921, S. 281.

(23) H. Gunkel, Was bleibt vom Alten Testament? 1916, S. 18.

(24) 特に、E. Troeltsch, Das Ethos der hebräischen Propheten, in: Logos 6 (1916/17), S. 1-28を参照。ヴェーバーはこの論文を知っていた。GARS Ⅲ. Tübingen 1921, S. 281を参照。

(25) H. Gunkel, Die Religionsgeschichte und die alttestamentliche Wissenschaft, in: Fünfter Weltkongress für Freies Christentum und Religiösen Fortschritt. Berlin 5. Bis 10. August 1910. Protokoll der Verhandlungen. Hrsg. von M. Fischer und F. M. Schliele. Berlin Schöneberg 1911, S. 169-180. ここではS. 171を参照。

(26) グンケルのニーチェ受容については、次の文献に見られる指示を参照。Hans-Peter Mueller, Hermann Gunkel (1862-1932), in: Martin Greschat (Hrsg.), Theologen des Protestantismus im 19. und 20. Jahrhundert, Bd. Ⅱ. Stuttgart, Berlin, Mainz 1978, S. 241-255.

(27) H. Gunkel, Art.: Individualismus und Sozialismus im AT, in: RGG, Band Ⅲ. Tübingen 1912, Sp. 493-501. ここではSp. 494を参照。

(28) 「ところでイスラエルにおいては紀元前八世紀以来、強烈な個人主義が成立した。それははじめ偉大な預言者たちによって代表され、それから詩編作者や知恵の人々にも達した。……強烈な預言者たちが現れ、彼らは、彼らが体験した永遠と魂の深みにおいて出会い、胸中ただ神の御声にのみ耳を傾け、いかなる権威にも注意を向けず、彼らの民が知っているいと聖なるものにも異議を唱えるという前代未聞のことを敢えてした。彼らこそイスラエルにおける最初の『個人』である」(H. Gunkel, a.a.O., Sp. 497-498).

(29) H. Gunkel, Die Religionsgeschichte und die alttestantliche Wissenschaft, in: Fünfter Weltkongress für Freies Christentum und Religiösen Fortschritt. Berlin 5. Bis 10. August 1910. Protokoll der Verhandlungen. Hrsg. von M. Fischer und F. M. Schliele. Berlin Schöneberg 1911, S. 169-180. ここではS. 174を参照。

(30) H. Gunkel, Zum religionsgeschichtlichen Verständnis des Neuen Testaments, 1903, S. 12.
(31) H.-P. Mueller, a.a.O., S. 248.
(32) B. Lang, Max Weber und Israels Propheten, in : ZRGG 36 (1984), S. 156-165.
(33) Max Weber, Wirtschaft und Gesellschaft. Tübingen 1972, S. 124.
(34) R. Sohm, Kirchenrecht. Erster Band. Die geschichtlichen Grundlagen. Berlin 1892. Zweiter Band. Katholisches Kirchenrecht. Berlin 1923.
(35) K. Holl, Enthusiasmus und Bussgewalt beim griechischen Mönchtum. Eine Studie zu Symeon dem neuen Theologen. Leipzig 1898, S.Ⅲ. ヴェーバーによるホルの受容については、ホルに対するH・ホルボーンの以下の追悼文も参照。「『ギリシャ的修道士制度における熱狂主義と改悛の暴力』に関する彼の著書は、キリスト教的敬虔のそれまでほとんど知られていなかった段階を解明した。……例えばこの本は古代ギリシャ後期の修道制について神学者でない人々にも言い得ることを持っていたのであるが、ヴェーバーが余白に精力的な線やコメントを書きしるしているのは、そのことを特徴的に示している」(H. Holborn, Karl Holl. Geb. 15. Mai 1866, gest. 23. Mai 1926, in : Deutsche Vierteljahrsschrift für Literaturwissenschaft und Geistesgeschichte 5(1927), S. 413-430. ここではS. 415を参照)。
(36) K. Holl, a.a.O., S. 188.
(37) H. Speer, Herrschaft und Legitimität. Zeitgebundene Aspekte in Max Webers Herrschaftssoziologie, Berlin, S. 42-50を参照。
(38) M. Weber, Max Weber. Ein Lebensbild, Tübingen 1926.
(39) M. Dibelius, Ernst Troeltsch, in : Frankfurter Zeitung und Handelsblatt. 67 Jg., Nr. 98. Mittwoch, 7. Februar 1923. Erstes Morgenblatt, S. 1-2.
(40) E. Troeltsch, Max Weber, in : Frankfurter Zeitung und Handelsblatt. 64. Jg., Nr. 447. Sonntag, 20. Juni 1920, S. 2. これは、少し短い形で以下にも収められている。Ernst Troeltsch, Deutscher Geist und Westeuropa. Gesammelte kulturpolitische Aufsätze und Reden, Hrsg. von H. Baron, Tübingen 1925, S. 247-252.

(41)E. Troeltsch, Brief an Marianne Weber vom 18. Februar 1920. この手紙の情報を伝えてくれたのはドュッセルドルフのマンフレッド・シェーン氏であるが、心からの感謝を申し上げる。

(42)「周知のように『良心の自由』の成立史とその政治的意義に対してはイェリネックの『人権宣言論』が基礎的である。私もピューリタニズムに新たに取り組む刺激を受けたことでは個人的にこの著書に負っている」(Die protestantische Ethik und der “Geist” des Kapitalismus, in : Archiv für Sozialwissenschaft und Sozialpolitik 20 (1905), S. 1–54. ここでは42-43, Anm. 74を参照)。ゲオルク・イェリネックに対する一九一一年の追悼の辞においても、ヴェーバーは「『人権』の発生史における宗教的影響の証明、さしあたりはそれを求めていない諸領域における宗教一般の影響範囲の研究のための証明」の起源を、「彼(すなわちイェリネック)の巨大な仕事からのきわめて本質的なうながしに」見出した。一九一一年三月二一日に行われたイェリネックの娘ドーラー・ブッシュ博士夫人の結婚式におけるマックス・ヴェーバーのゲオルク・イェリネックに対する追悼の辞は、R. König/J. Winckelmann (Hrsg.), Max Weber zum Gedächtnis. Materialien und Dokumente zur Bewertung von Werk und Persönlichkeit. Köln/Opladen 1963, S. 12–17に見える。ここではS. 15を参照。トレルチについては、イェリネックの遺稿論文集に対する彼の詳細な批評(Zeitschrift für das Privat-und Öffentliche Recht der Gegenwart. 39 (1912), S. 273-278)を参照。

(43)M. Weber, Die protestantische Ethik und der “Geist” des Kapitalismus. Ⅱ. Die Berufsidee des asketischen Protestantismus, in : Archiv für Sozialwissenschaft und Sozialpolitik 21 (1905), S. 1–110. ここではS. 3f., Anmerkung 3を参照。また以下を参照。E. Troeltsch, Protestantisches Christentum und Kirche in der Neuzeit, in : Die Kultur der Gegenwart. Ihre Entwicklung und ihre Ziele. Hrsg. von P. Hinneberg. Teil Ⅰ Abt. Ⅳ/Ⅰ : Geschichte der christlichen Religion. Berlin und Leipzig 1906, S. 253-458.

(44)Roscher und Knies und die logische Probleme der historischen Nationalökonomie (Erster Artikel) (1903), in : M. Weber, Gesammelte Aufsätze zur Wissenschaftslehre. Hrsg von J. Winckelmann. Tübingen 1968, S. 1–145. ここでは特にS. 32, Anmerkung 3を参照。

(45)E. Troeltsch, Moralisten, englische, in : RE, 13. Band. Leipzig 1903, S. 436–461.

(46) E. Troeltsch, a.a.O., S. 391–393.

(47) M. Weber, Die protestantische Ethik..., in: Archiv für Sozialwissenschaft und Sozialpolitik 21 (1905), S. 1-110. ここでは S. 5, Anmerkung 4を参照。

(48) E. Troeltsch, Luther und das soziale Problem, in: März. Eine Wochenschrift. 11/4 (1917), S. 983–990. ここでは S. 990を参照。

(49) "Kirchen" und "Sekten" in Nordamerika. Eine kirchen- und sozialpolitische Skizze, in: Die Christliche Welt 20 (1906), Sp. 558–562, 577–583. この文章をかなり縮小したものが「教会と分派」という表題で先立って、その年の四月一三日と一五日「フランクフルト新聞」に印刷掲載された。

(50) P. Honigsheim, Erinnerungen an Max Weber, in: R. König/J. Winckelmann (Hrsg.), Max Weber zum Gedächtnis. Materialien und Dokumente zur Bewertung von Werk und Persönlichkeit, Köln/Opladen 1963, S. 161–271. ここでは S. 261参照。

(51) そのようにヴェーバーは、一九一九年ないし一九二〇年に『社会教説』の特徴を描いている。GARS Ⅰ. Tübingen 1920, S. 17f., Anm. 1.

(52) E. Troeltsch, Die Soziallehren der christlichen Kirchen und Gruppen (GS Ⅰ). Tübingen 1912, S. 9, Anm. 5, 20; Anm. 12, 79f.; Anm. 36 d., 251; Anm. 114a., 355; Anm. 160, 460; Anm. 186, 645–657; Anm. 336 u. oe.

(53) パウル・ジーベックに宛てたこのヴェーバーの手紙は、W・シュルフターによって抜粋して知らされた。W. Schluchter, Die Entwicklung des okzidentalen Rationalismus. Eine Analyse von Max Webers Gesellschaftsgeschichte. Tübingen 1979, S. 123.

(54) この議論についてはW・ヘニスによる以下の挑発的な貢献を参照してほしい。W. Hennis, Max Webers Fragestellung, in: Zeitschrift für Politik 29 (1982), S. 241–281; Max Webers Thema. "Die Persönlichkeit und die Lebensordnungen", in: Zeitschrift für Politik 31 (1984), S. 11-52. ヴェーバーの初期の全作品についてのヘニスの解釈は、今ではM・リーゼブロットによって説得的な仕方で疑問視されている。M. Riesebrodt, Vom Patriar-

chalismus zum Kapitalismus. Max Webers Analyse der Transformation der ostelbischen Agrarverhältnisse im Köntext zeitgenössischer Theorien, in: Kölner Zeitschrift für Soziologie und Sozialpsychologie 37 (1985), S. 546-567.

(55) E. Troeltsch, Das Wesen des modernen Geistes, in: Preußische Jahrbücher 128 (1907), S. 21-40.

(56) Wesen der Religion und der Religionswissenschaft（これは、変更されて以下に再度掲載されている）、in: E. Troeltsch, Zur religiösen Lage, Religionsphilosophie und Ethik (GS II). Tübingen 1913, S. 452-499. ここではS. 499を参照。

(57) Max Weber, Gesammelte Politische Schriften. Tübingen 1971, S. 333.

(58) M. Weber, Gesammelte Aufsätze zur Soziologie und Sozialpolitik. Tübingen 1924, S. 413.

(59) E. Troeltsch, Max Weber, in: Deutscher Geist und Westeuropa. Gesammelte kulturpolitische Aufsätze und Reden. Hrsg. von Hans Baron. Tübingen 1925, S. 247-252. ここではS. 247を参照。

(60) マックス・ヴェーバーの実践的政治能力の諸限界については、今日ではG・ヒュービンガーが説得的に指摘している。G. Hübinger, Gustav Stresemann und Max Weber. Interessentenpolitik und Gelehrtenpolitik, in: W. J. Mommsen (Hrsg.), Max Weber und seine Zeitgenossen. Göttingen 1987.

(61) E. Troeltsch, Grundprobleme der Ethik, in: ZThK 12 (1902), S. 44-94, 125-178.

(62) Max Weber, Brief an Klara Mommsen über seinen geplanten Austritt aus der "Deutschen Demokratischen Partei", in: M. Weber. Ein Legensbild. Tübingen 1926, S. 702.

(63) ヴェーバーを「倫理的絶対主義者」として描くことは、G・ラートブルフに遡る。G. Radbruch, Der innere Weg. Aufriss meines Lebens. Stuttgart 1951, S. 88. これに合わせて、G・ヒュービンガーの上記の論文の註60を参照。

(64) 註57に挙げた近代プロテスタンティズムの歴史の全体叙述と並んで、とりわけ有名な講演、一九〇六年四月二一日にシュトゥットガルトにおける第九回ドイツ歴史家大会においてなされた講演 Die Bedeutung des Protestantismus für die Entstehung der modernen Welt, zweite Auflage München und Berlin 1911（これは相当の変更と書き加えが施されている。）を参照。

(65) E. Troeltsch, Gefährlichste Zeiten. Berliner Brief, in : Kunstwart und Kulturwart 35/II (1922), S. 281-288.

(66) トレルチがオイゲン・ディーデリクスが代表する宗教的・世界観的文化改革プログラムに対して批判的な距離を持っていたことについては、今は以下のものを参照。G. Hübinger, Kulturkritik und Kulturpolitik des Eugen-Diederichs-Verlags im Wilhelminismus. Auswege aus der Krise der Moderne?, in : H. Renz/F. W. Graf (Hrsg.), Umstrittene Moderne. Die Zukunft der Neuzeit im Urteil der Epoche Ernst Troeltschs (Troeltsch-Studien Band 4). Gütersloh 1987, S. 92-114.

(67) 既述した註53を参照。

(68) Zwischen zwei Gesetzen (1916), in : Max Weber. Zur Politik im Weltkrieg. Schriften und Reden 1914-1918. Hrsg. von W. J. Mommsen in Zusammenarbeit mit G. Hübinger (MWGA I/15). Tübingen 1984, S. 95-98. ここではS. 98を参照。

(69) W. J. Mommsen, Rationalisierung und Mythos bei Max Weber, in : Mythos und Moderne. Begriff und Bild einer Rekonstruktion. Hrsg. von K.-H.Bohrer. Frankfurt a. M. 1985, S. 382-402. ここではS. 385を参照。それゆえモムゼンはこの関連で次のように問う。「マックス・ヴェーバーは、原理的にまったく異質な現実の諸領域間の仲保者としての役割、それも完全に自己自身に立脚した仲保者としての役割を個々人の役割として徹底して構想した。彼はこの構想によってまさに神話論的な思惟方法の境界線上を動いていたのではなかったか」。

（近藤勝彦訳）

あとがき

本書は、ミュンヘン大学神学部フリードリヒ・ヴィルヘルム・グラーフ教授の幾多の論文のなかから珠玉の五篇を厳選し、これに今回特別に書き下ろしていただいた序論を加えて一書にしたものの翻訳である。したがってこれは、ドイツ語ですでに出版されている特定の書物の翻訳本ではなく、我が国の読者のために特別に編集された独自の「神学論文集」である。

まず著者のフリードリヒ・ヴィルヘルム・グラーフ（Friedrich Wilhelm Graf）教授について、簡単なプロフィールを記しておきたい。

グラーフ教授は一九四八年一二月一九日に、当時の西ドイツのヴッパータール市に生まれ、当地のギムナジウムを卒業後、ヴッパータールの神学校、テュービンゲン大学、さらにミュンヘン大学で神学、哲学、歴史学を深く学び、F・D・シュトラウスの教義学理論に関する学位論文によって、一九七八年にミュンヘン大学から神学博士号を取得された。学位論文は *Kritik und Pseudo-Spekulation. David Friedrich Strauß als Dogmatiker im Kontext der positionellen Theologie seiner Zeit*（München 1982）として三年後に出版されているが、シュトラウス研究によって高い評価を得た著者は、一九七九年から一年間ミュンヘン郊外の教会で副牧師を勤めた後、一九八〇年から八六年まで、母校ミュンヘン大学の組織神学研究所の研究員として更なる研究に従事された。一九八六年、その研究成果を「大学教員資格論文」に纏め、ミュンヘン大学プロテスタント神学部組織神学の分野において「大学教員資格」Habilitation を取得されたが、この Habilitationsschrift はその翌年『神律——近代神学の統合要求にかんする事例研究——』*Theonomie. Fallstudien zum Integrationsanspruch neuzeitlicher Theologie* (Gütersloh 1987) として出版された。その後、一九八八年から一九九二年までアウクスブルク大学助教授（「組織神学ならびに近代神学史」担当)、一九九二年から一九九六年までハンブルク防衛大学教授（「プロテスタント神学ならびに社会倫理」担当)、一九九六年から一九九九年までアウクスブルク大学教授（「組織神学ならびに今日の神学的諸問題」担当）を歴任し、その間これと並行して一九九七年以降、エアフルト大学やベルリン高等研究所の客員教授も勤めておられる。一九九九年の冬学期からは、恩師トゥルッツ・レントルフ教授の後任として、ミュンヘン大学プロテスタント神学部組織神学（社会倫理）講座の正教授に就任されて現在に至っている。

グラーフ教授の研究領域は実に幅広く、その研究主題も多種多様であるが、主要なものは組織神学、近代神学史（近代キリスト教思想史)、社会倫理のいずれかの分野に分類されるであろう。なかでもその中心をなし、著者の広範かつ精力的な研究活動をつねに背後で支えているのは、何と言ってもエルンスト・トレルチに関する透徹した研究である。ハルトムート・ルディースと協力して世に出された『エルンスト・トレルチ著作目録』*Ernst-Troeltsch Bibliographie* (1982) は、今日ではトレルチ研究者の必携の道具《ツール》であるが、これを一瞥しただけでも著者のトレルチ研究がいかに厳密な歴史研究に支えられたものであるかがよくわかる。グラーフ教授は恩師トゥルッツ・レントルフ教授の下で、盟友ホルスト・レンツ博士と協力して、「トレルチ学会」Ernst-Troeltsch-Gesellschaft 設立のために尽力され、その旗揚げの当初から重責を果たしてこられたが、特に一九九四年以来はトゥルッツ・レントルフ初代会長を継いで、第二代の会長を務めておられる。「トレルチ学会」の内部機関誌（年報）としての ***Mit-***

teilungen der Ernst-Troeltsch-Gesellschaft の編集はもちろん、これまで十巻に及ぶ浩瀚な『トレルチ研究』*Troeltsch-Studien* の編集を手がけ、さらに目下その編集作業が営為進められている批判的校訂版『エルンスト・トレルチ全集』*Ernst Troeltsch Kritische Gesamtausgabe* の編集最高責任者として、文字通り獅子奮迅の働きをしておられる。このように、グラーフ教授は世界のトレルチ研究をリードする、まさにトレルチ研究の第一人者なのである。

しかし「トレルチ学会」だけがその活躍の場ではない。グラーフ教授は一九八九年以来、「近代社会史のための研究サークル」の会員であり、一九九八年からはその副会長を務めておられるし、一九九二年以来は研究グループ「旧東ドイツにおけるキリスト者、国家、社会」の重要なメンバーでもある。単著こそ多くはないが（それでもすでに五冊を数えている）、共著・編著は二〇冊を越え、『神学教会事典』、『神学百科事典』、『宗教百科事典』、『キリスト教辞典』、『伝記的・書誌学的教会事典』などに寄稿された論文や事典記事、『神学教会時報』、『近代神学史時報』、『バイエルン教会時報』、『教会史時報』、『ルター派月報』などに寄稿された大小さまざまな論文や雑誌記事など、その数はまさに数えきれないほどである（編者の手許にはA4版シングルスペース打ちの業績一覧があるが、その頁数は何と四二頁にも及ぶものである）。最近では宗教、倫理、社会、政治などに関する現代の諸問題をめぐって、『フランクフルト一般新聞』や他の全国紙・一般誌にも頻繁に登場する論客として、いまや全ドイツ的にその名が知られるようになっている。

以上のことからもわかるように、グラーフ教授の活動範囲は神学者としては異例の広さで、神学、哲学、倫理学、歴史学、社会学、政治学などの該博な知識を駆使したその学際的研究の諸成果は、まさにかつてのトレルチを連想させるものである。グラーフ教授が目指しておられる神学は、氏の言葉をそのまま引用すれば、「必要とされる神学」、「活用される神学」(Theologie, die gebraucht wird) である。この意味では、氏はまさに現代における「トレルチの再来」と呼ばれるに相応しい人である。いずれにせよ、「ドイツ研究共同体」(Deutsche Forschungsgemeinschaft、通称DFG) は、このようなグラーフ教授の桁外れの学際的研究の質の高さを評価して、一九九九年の「ライプニッツ賞」を氏に授与したのであった。「ライプニッツ賞」と言われても、一般の日本人には馴染みが薄いであろうが、これがいかに素晴らしい学術賞であるかは、実験系の受賞者には三百万マルク、人文科学などの非実験系の受賞者には百五〇万マルクの賞金が授与されることからわかるであろう(一度電卓をはじいて、日本円に換算してみられるがよい。我が目を疑いたくなるはずであるが、真実その通りの額なのである)。ちなみに、かつてこの賞を受賞した神学者は一人もいないという。

「ライプニッツ賞」受賞はグラーフ教授の学際的研究の素晴らしさを認め、それを世間に証明したものであったが、氏のもう一つの魅力はその国際性にある。実際、氏の活動範囲は自国ドイツや近隣のヨーロッパ諸国に限定されず、アメリカ、カナダ、南米諸国、イスラエル、ロシア、さらには極東アジアにまで及び、中国や韓国のみならず、すでに日本にも二度訪れておられる。最初の来日はギムナジウムを卒業して大学に入学するまでの約三か月、ドイツ外務省主催の日独学生交流のメンバーとしてであった。神学研究に着手する直前の当時一九歳の著者は、この日本滞在の経験を通して、他宗教と異文化に対して目が開かれ、ヨーロッパ宗教としてのキリスト教の相対性を深く自覚させられたという。そして青年時代のこの異文化体験が、やがて著者をトレルチの神学と彼の文化理論についての本格的研究へと誘ったのである。

二度目の来日は本年の五月一〇日から一九日にかけてであり、これは聖学院大学の招待と国際交流基金の援助によって実現したものであった。三〇年ぶりに来日されたグラーフ教授は、「ハイデルベルクにおけるアングロサクソン研究の伝統――E・トレルチ、M・ヴェーバー、G・イェリネック――」と題する国際シンポジウムをはじめ、聖学院主催のいくつかのイベントに参加され、何種類かの刺激的な講義や講演を披露された。今回の来日の機会を捉えて「日本トレルチ学会」（会長は佐藤敏夫東京神学大学名誉教授）は、五月一三日に東京神学大学を会場として久し振りの学術大会を開催し、グラーフ教授はそこで「人格と人間の尊厳――現代の倫理的紛争におけるエルンスト・トレルチ――」と題する興味津々の講演をなされた。さらに京都にまで足を延ばして、一八日には京都大学で「真理の多形性――ドイツ文化プロテスタンティズムのアクチュアルな意義について――」と題する、これまた興味尽きない刺激的な公開講演をなされた。それぞれの講演は、各機関が主催する学術雑誌や研究紀要に掲載される予定であるが、ここに一冊の書物として出版される論文集は、日本講演のいわば遠景を形作っているものであり、したがって本書に収録されている論文と今回の来日講演を併せ読まれれば、近代ドイツ文化プロテスタンティズムの豊穣な思想世界が読者のうちに豊かに開けてくるであろう。

「序論」として巻頭に置かれた第一論文「自由主義的文化プロテスタンティズムのアクチュアルな意義について」“Über die aktuelle Bedeutung des liberalen Kulturprotestantismus”は、上に述べたように、日本語版論文集のために特別に書き下ろされたものであるが、これは今回の来日講演の一環として、五月一二日に聖学院大学大学院で行われた特別講義の内容とほぼ一致している。これは、本書の主題である「トレルチとドイツ文化プロテスタンティズム」の今日的意義を、神学・哲学・倫理学における最新の動向との関連で論じているばかりか、日本の文脈におけるそれのレリヴァンスをも暗示しており、本論ともいうべき後続する五編の論文に対する格好の序論の役割を果たしていると言えるであろう。

第二論文「文化プロテスタンティズム――神学政治的暗号の概念史について――」は、ハンス-マーティン・ミユーラー編『文化プロテスタンティズム——近代キリスト教の形態についての論集——』Hans-Martin Müller（Hrsg.）. *Kulturprotestantismus. Beiträge zur einer Gestalt des modernen Christentums*（Gütersloh 1992）, S. 21-77所収の長大な論文 “Kulturprotestantisumus. Zur Begriffsgeschichte einer theologiepolitischen Chiffre” を訳出したもので、これは本書の主題ともいうべき「文化プロテスタンティズム」の概念史を、近代ドイツの文脈に即して厳密に分析した歴史研究の一大成果である。著者はカール・バルトらによって一面的に、そしてもっぱら否定的に用いられらた「文化プロテスタンティズム」の概念を、豊富な資料を駆使して概念史的に追跡調査することを通して、この概念に内包される多様性・多義性を剔抉する。そして著者は、弁証法神学者たちによるこの概念の特有の潤色を不当なものとして批判し、むしろこれを現代において継承発展すべき重要な神学史的遺産として積極的に再評価しようとする。論文の末尾で言及されているように、本稿はもともとは『概念史雑誌』*Archiv für Begriffsgeschichte* 第28巻（1984）に掲載された同名の論文に遡るものであるが、上記の書物に再録される際に多少の手直しが施されている。翻訳にあたっては、著者の指示に従って、初出のテクストを参照しながら、新しい版に基づいてなされた。

第三論文「《ゲッティンゲンの小学部》の《体系家》——エルンスト・トレルチの学位取得の諸テーゼとこの諸テーゼのゲッティンゲンでの［社会的・文化的］文脈——」は、『トレルチ研究』第1巻 Horst Renz & Friedrich Wilhelm Graf（Hrsg.）. *Troeltsch-Studien. Bd. 1 : Untersuchungen zur Biographie und Werkgeschichte*（Gütersloh 1982）, S. 235-290所収の論文 “Der »Systematiker« der »Kleinen Göttinger Fakultät«. Ernst Troeltschs Promotionsthesen und ihr Göttinger Kontext” を訳出したものである。これは若きトレルチの神学思想を、後に「宗教史学派」（die religionsgeschichtliche Schule）と綽名されるに至る一群の少壮神学徒たち

――「ゲッティンゲンの小学部」と呼ばれたこのグループに属していたのは、ほぼ全員精鋭の聖書学者であり、トレルチはそのなかで異色の体系的思想家であった――との密接な交流関係において論じたもので、「宗教史学派の体系家」としてのトレルチの神学的原点を見事に闡明した論文として、トレルチ研究者の間ではつとに有名なものである。読者の便宜を考えて、補遺としてトレルチの「テーゼ」そのものも添えておいた。

第四論文「宗教と個性――エルンスト・トレルチの宗教理論の根本問題について――」は、『トレルチ研究』第三巻 Horst Renz & Friedrich Wilhelm Graf (Hrsg.). *Troeltsch-Studien.* Bd. 3 : *Protestantismus und Neuzeit* (Gütersloh 1984), S. 207-230所収の論文 "Religion und Individualität. Bemerkungen zu einem Grundproblem der Religionstheorie Ernst Troeltschs" を訳出したものである。これはトレルチの思想を全体的に論じようとするときに、トレルチ研究者が必ずぶち当たる解釈上の根本問題を、著者の独自の視点から未出版の豊富な資料を駆使しながら考察したもので、著者の弁によれば、五篇の論文のなかでは最も難解な形而上学議論を含んでいる。この論文には、著者の一番の魅力ともいうべき、緻密な歴史的作業と鋭い神学的・哲学的分析の絶妙のコンビネーションが、模範的に示されている。

第五論文「エルンスト・トレルチ」は、N・ハンマーシュタイン編『一九〇〇年頃のドイツ歴史学』N. Hammerstein (Hrsg.). *Deutsche Geschichtswissenschaft um 1900* (Stuttgart 1988),S.131-152所収の論文 "Ernst Troeltsch. Kulturgeschichte des Christentums" を訳出したものである。これは一九世紀から二〇世紀にかけての時代におけるドイツの文化科学、特に歴史学との関連において、トレルチの歴史的著作の特質と意義を扱ったもので、第三論文ではほとんど触れられていない、歴史家としてのトレルチの相貌をよく解明している。その意味では、両論文を併せ読むことによって、著者のトレルチ解釈の基本線がはじめて明らかになる。いずれにせよ、副題に端的に示されているように、著者はトレルチの歴史的著作を「キリスト教の文化史」（Kulturgeschichte des Christentums）確立のための努力として捉える。かかるトレルチ的方向性を現代において最も自覚的に継承発展させようとしているのが、実はグラーフ教授その人であることを考えると、本論文は現代において神学を「キリスト教文化学」（Kulturwissenschaft des Christentums）として再生させようとする著者の意図を理解する上で、そのよすがになる重要な視点を含んでいる。

第六論文「マックス・ヴェーバーとその時代のプロテスタント神学」は、『宗教史・精神史雑誌』*Zeitschrift für Religions- und Geistesgeschichte* 39（1987）, S. 122-147に掲載された雑誌論文 "Max Weber und die protestantische Theologie seiner *Zeit*" を訳出したもので、これはヴェーバーの専門家柳父圀近氏による見事な翻訳として、W・モムゼン、J・オースターハメル、W・シュベントカー編『マックス・ヴェーバーとその同時代人群像』（ミネルヴァ書房、一九九四年）のなかに収録されている「専門家どうしの友情――《マックス・ヴェーバーとエルンスト・トレルチ》に関する覚書――」とは、いわば相補い合う関係に立っている。編者は著者から直々に、近日中にドイツ語とスペイン語の二か国語で、『マックス・ヴェーバーと神学』なる書物が出版される由承っているが、われわれがここに日本語で手にしているテクストは、そこにおいても中心的な位置を占めるはずのものである。我が国においては、ヴェーバーとその当時のプロテスタント神学との関係を踏み込んで論じたものはほとんどなく、その意味ではわれわれがここに提供する翻訳は、我が国のヴェーバー研究者によっても大いに歓迎されるはずである。

本書の書名と各論文の配列に関しては、著者と何度かやりとりをした上で決定した。グラーフ氏は今回の日本語版「神学論文集」の出版に特別な関心を寄せられ、翻訳権をそれぞれの出版社から取得していただく等の面倒な問題も含めてあらゆる努力を惜しまれなかった。できることなら氏の来日に合わせて本書を出版したかったが、諸般の事情から出版は大幅にずれ込まざるを得なかった。訳文については、それぞれの訳者の訳を最大限に尊重した。その結果、訳語に関して不統一な部分も生じざるを得なかったが、人名、地名、書名に関しては統一をとるよう努力した。脚注部分の訳出の仕方に関しても、訳者の間で不統一が見られるが、一般読者にとってはこの点はそれほど大きな問題ではないであろう。巻末索引は山本俊明氏の手をわずらわせた。ここに記して、同氏に感謝の意を表したい。

こうしてグラーフ教授の論文集を日本の読者に提供できることは、われわれ編者としては大きな喜びである。著者の願いは、本書を通じて一人でも多くの人がトレルチの思想に関心をもち、彼のうちに一つの表現を見いだすドイツ文化プロテスタンティズムの豊かな伝統から、将来に対する積極的な指針を学びとることである。われわれ二人もそれに思いを重ねながら、この「あとがき」を終えることにしたい。

なお、最後に本書の出版は、吉田弘氏のご援助によって可能になったことを感謝をもって記しておきたいと思う。

深井智朗・安酸敏眞

二〇〇〇年秋

●著者・訳者紹介●

（掲載順）

フリードリヒ・ヴィルヘルム・グラーフ（Friedrich Wilhelm Graf）

1948年生まれ。ヴッパータール、テュービンゲン、ミュンヘン大学にてプロテスタント神学、哲学、歴史学を学ぶ。ミュンヘン大学にてD・F・シュトラウスについての学位論文にて神学博士号を取得。ハンブルグ防衛大学教授、アウグスブルグ大学教授を経て、現在、ミュンヘン大学神学部教授。国際トレルチ学会会長。エアフルト大学マックス・ヴェーバー研究所研究員。ライプニッツ賞受賞。

（著書）『エルンスト・トレルチ著作目録』、『マルティン・ルター　ひとつの試論』、『神律』、『マックス・ヴェーバーと神学』、『プロテスタンティズムのプロフィール』、『19世紀のプロテスタンティズム』その他多数。

安酸　敏眞（やすかた・としまさ）

1952年生れ。京都大学大学院文学研究科博士課程、ならびにヴァンダービルト大学大学院博士課程修了。Ph.D. ならびに文学博士。現在、聖学院大学人文学部教授。

（著書）Ernst Troeltsch : Systematic Theologian of Radical Historicality（Scholars Press, 1986年）、『レッシングとドイツ啓蒙』（創文社、1998年）。Lessing's Philosophy of Religion and the German Enlightenment（Oxford University Press, 2001年）。

佐藤　真一（さとう・しんいち）

1948年生まれ。早稲田大学第一文学部卒業。早大大学院大学院博士課程をへて、ドルトムントに学ぶ。文学博士。ドイツ近代史、ヨーロッパ史学史専攻。現在、国立音楽大学教授。

（著書）『トレルチとその時代』創文社。

（論文）「1918—1920年のゴットフリート・トラウプ」、「ランケとツキディデス」その他。

高野　晃兆（たかの・てるよし）

1935年生まれ。59年京都大学文学部哲学科卒業。64年同大学院文学研究科博士課程単位取得退学。大阪府立工業高等専門学校　教授、教務主事、学生主事を歴任。現在　大阪府立工業高等専門学校名誉教授。

（主要論文）「テンブルックのヴェーバー解釈をめぐる論争」（基督教学研究４号)、「トレルチによるカルヴィニズムの社会哲学」（同20号）等。

（主要訳書）トレルチ著『古代キリスト教の社会教説』（共訳　教文館)、トレルチ著『キリスト教の絶対性と宗教史』（共訳　白水社「現代キリスト教思想叢書２」に所収）等。

深井　智朗（ふかい・ともあき）

1964年生まれ。アウクスブルク大学第一哲学部博士課程修了。哲学博士（アウクスブルク大学)。現在、聖学院大学総合研究所専任講師

（著書）Paradox und Prolepsis. Marburg, 1996, 1999（2. Aufl.)、『アポロゲティークと終末論』（北樹出版)、『政治神学再考』（聖学院大学出版会）等。

近藤　勝彦（こんどう・かつひこ）

1943年生まれ。東京大学文学部卒、東京神学大学大学院修士課程修了、テュービンゲン大学に留学。神学博士（テュービンゲン)。現在、東京神学大学教授、聖学院大学宗教センター所長。

（著書）『現代神学との対話』、『礼拝と教会形成の神学』、『中断される人生』、『教会と伝道のために』、『歴史の神学の行方』、『信徒のための神学入門』、『トレルチ研究』（上、下)、『癒しと信仰』、『クリスマスのメッセージ』、『デモクラシーの神学思想』等。

人名索引

＊アウグスチヌス，ルター，カルヴァンなどは省略した。
＊注にある人名は、原語のみの場合は割愛し、カタカナ表記のみとした。

タ

ナ

ハ

■人名索引

マ

ラ

『トレルチとドイツ文化プロテスタンティズム』

2001年２月20日　初版第１刷発行

編 訳 者　深井智朗・安酸敏眞

発 行 者　大　木　英　夫

発 行 所　聖学院大学出版会

〒362-8585 埼玉県上尾市戸崎１―１

電話 048-725-9801

E-mail : press@seigakuin-univ.ac.jp

ISBN4-915832-40-6　C3016

自由と結社の思想
ヴォランタリー・アソシエーション論をめぐって

J・L・アダムズ
柴田史子訳

アメリカの著名な神学者・社会倫理学者、ジェイムズ・ルーサー・アダムズのヴォランタリー・アソシエーションに関する論文を中心に社会理論・社会倫理に関する主要論文を集める。四六判上製本体三八〇〇円

イギリス・デモクラシーの擁護者A. D. リンゼイ
その人と思想

永岡薫編著

リンゼイは、E・バーカーと並ぶ今世紀におけるイギリス政治哲学者の双璧である。本書はリンゼイのひととなりと幅広い思想を多彩な執筆者によって紹介した初の本格的研究書である。

A5判上製本体五二〇〇円

正義
社会秩序の基本原理について

E・ブルンナー
寺脇丕信訳

正義とはなにか。実証主義と相対主義の中に国家や法の正義の理念は崩壊したのか。現代社会における正義の原理を考察し、正義が共同社会の中で、いかに適用されるべきかを論じる。A5判上製本体五八〇〇円

近代世界とキリスト教

W・パネンベルク
深井智朗訳

近代世界の成立にキリスト教はどのような役割を果たしたのか。この問いに対して、ウェーバーやトレルチなどの見解が提示されてきたが、現代ドイツ神学者のパネンベルクは、近代世界の成立とキリスト教の関係を積極的に評価し、さらに現代のキリスト教の諸問題を明らかにしている。

四六判上製本体二二〇〇円

光の子と闇の子

デモクラシーの批判と擁護

ラインホールド・ニーバー著
武田清子訳

政治・経済の領域で諸権力が相剋する歴史的現実の中で、自由と正義を確立するためにはいかなる指導原理が必要か。キリスト教的人間観に基づくデモクラシー原理を明確にする。　四六判上製本体二一三六円

ラインホールド・ニーバーの歴史神学

高橋義文著

ニーバー神学の形成背景・諸相・特質を丹念に追い、独特の表現に彩られる彼の思想の全貌を捉えながら帰納的に「歴史神学としてのニーバー神学」を特質を解明する気鋭の書下ろし。　四六判上製本体四二七二円

単税太郎C・E・ガルスト

明治期社会運動の先駆者

工藤英一著

宣教師C・E・ガルストは、秋田への伝道を通して、農村地域の貧困を知り土地単税論を主張。みずから単税太郎をなのり、日本の社会運動家と交流し、多くの影響を与えた。　四六判上製本体二三三〇円

歴史としての啓示

W・パネンベルク編著
大木英夫
近藤勝彦　ほか訳

神の啓示を客観的な歴史的事実の中に見ようとする「歴史の神学」の立場を明確にした論争の書。歴史の流れにおける神の働きを考察し終末論的希望をイエスの復活に根拠付ける。　四六判上製本体三一〇七円

キリスト教社会倫理

W・パネンベルク著
大木英夫・近藤勝彦監訳

われわれは、文化や社会の問題を倫理的諸問題を、その根底から再考しなければならない時代に生きている。本書はその課題に神学からの一つの強力な寄与を提示する(あとがきより)。　四六判上製本体二五二四円

ユルゲン・モルトマン研究

組織神学研究第一号

組織神学研究会編

モルトマンは、終末論に基づいた『希望の神学』等で知られるテュービンゲン大学教授。本書は、組織神学研究会の過去一年間の研究成果をまとめた論文集である。バルトとモルトマン／三位一体論、とくに聖霊論の対比／死者の居場所をめぐってなど所収。

Ａ５判並製本体二〇〇〇円

パウル・ティリッヒ研究

組織神学研究所編

二十世紀の思想、美術などに大きな影響を与えたアメリカを代表する神学者、パウル・ティリッヒの思想を現代世界・日本の状況の中で、主体的に受けとめ、新しい神学を構築しようとする意欲的な論文集。

Ａ５上製本体三八〇〇円

パウル・ティリッヒ研究２

組織神学研究所編

現代社会におけるキリスト教の意味を最も体系的に思索したパウル・ティリッヒの主著『組織神学』をその背後にある哲学・思想を明らかにしながら批判的に捉え直す。

Ａ５上製本体三八〇〇円

政治神学再考

プロテスタンティズムの課題としての政治神学

深井智朗著

「政治神学」の定義は無数にあるが、本書は「宗教と国家の関係」という視点からの「政治神学類型論」を試みている。いわゆるコンスタンティヌス体制における宗教と国家との関係における政治神学をタイプＡとし、それに対してアングロサクソン世界に展開したプロテスタンティズムの政治神学をタイプＢとして、後者のコンテクストで日本における「宗教と国家との関係」の考察を試みている。四六判上製本体二六〇〇円